동영상 강의(나눔복지교육원, www.hrd-elearning.com)
저자 직강의 동영상 강의(유료 제공)로 학습 효율성 향상

나눔Book

청소년상담사 면접가이드

2025

1·2·3급 공통

김형준·유상현 공저

면접에서 출제되는
핵심적인 중요 질문과
예시답변 수록

사례형 질문
실제 출제된 질문내용과
예시답변 수록

시사 이슈,
청소년 정책, 통계 등
알찬 부록내용 수록

PREFACE
이 책의 머리말

2025년 청소년상담 전문가의 면접시험 합격을 진심으로 기원합니다.

우리 사회는 청소년 상담활동의 구심점을 마련하고 효과적인 청소년 상담활동의 체계적 확립과 전문 인력을 확보하는 것이 필요합니다. 또한 관련 분야 종사자들의 청소년상담 전문성을 증진함으로써 청소년 선도 효과를 극대화하며 청소년에게 질 높은 상담서비스를 제공하여야 합니다.

[2025 청소년상담사 면접가이드]는 청소년상담사 면접에 대한 가이드가 필요함을 인식하고, 그 경향을 소개하고, 실제 면접에서 수월하게 답변할 수 있도록 도움을 드리기 위해 출간하였습니다.

[2025 청소년상담사 면접가이드]의 주요 특징은 다음과 같습니다.

첫째, 면접시험에서의 중요 질문들을 구성하고 예시답변도 제시하였습니다.
    답변을 위한 학습으로 면접시험의 실전감각을 높일 수 있어, 보다 효율적인 학습이 가능합니다. .

둘째, 사례형 질문의 경우, 출제된 질문 위주로 정리하였으며 사례형 질문에 관한 예시답변을 수록하였습니다.
    면접시험의 사례형 질문은 전문가로서의 개입방법을 구술로 평정하기 때문에, 기출사례 또는 유사 사례에 대한 내용을 정리하는 것이 꼭 필요합니다.

셋째, 사례형 질문뿐만 아니라, 시사 이슈, 청소년관련 정책, 통계 등을 수록하여 다양한 학습이 가능합니다.
    청소년정책, 이슈, 통계 등의 정보는 최신 통계를 기준으로 서술하였습니다.

2025 청소년상담사 면접가이드

넷째, 저자 직강의 동영상 강의(나눔복지교육원, www.hrd-elearning.com)와 호환이 가능하여 학습의 편의성을 도모하였습니다.

막연히 교재로 보는 것보다 자세한 설명을 동영상 강의로 보신다면 학습효과가 더욱 높을 것입니다.

감사의 말씀을 전합니다.

[2025 청소년상담사 면접가이드] 출간을 위해 힘써주신 유상현 교수님과 (주)고시고시 대표님과 임직원 여러분께 감사드립니다. 부디 2025년에 청소년상담사 면접시험에 합격하여 명실상부한 청소년상담 전문가로 거듭나시길 진심으로 기원합니다.

부디 2025년에 청소년상담사 면접시험에 합격하여 훌륭한 청소년상담 전문가가 되시기를 진심으로 기원합니다.

편저자 대표 **김형준** 씀

INFORMATION
이 책의 정보

1. 면접시험의 개요

필기시험에서는 응시자의 지식의 양 또는 질은 저울질 할 수 있지만, 필기시험으로 검증된 지식 그대로 직무에 활용된다고 할 수는 없다. 또한 필기시험이 면제된 응시자의 경우 응시자의 인성을 모두 알 수 없기 때문에, 직접 대면을 통해 잠재적인 능력이나 창의력·사고력 등을 알아낼 필요가 있다. 결론적으로 면접시험은 최종적으로 응시자의 인성 및 지식의 정도 등을 알아보는 구술시험이며 인물시험이라고 할 수 있다.

면접시험에서 응시자의 답변은 구체적이고 명확하며 경험적이어야 한다. 그러나 많은 응시자들이 청소년상담사의 업무나 청소년분야의 정책들에 대해 잘 숙지하지 못해 감점을 당하는 경우가 많다. 따라서 청소년상담사의 업무는 무엇인지, 청소년분야에서 어떠한 정책들이 이루어지고 있는지 등에 대해 관련 분야의 홈페이지 등을 잘 살펴서 구체적으로 알아두어야 한다. 또한, 질문을 받았을 때는 무작정 답변을 하기보다 예상답변을 압축해 표현하는 기술을 익히는 것이 바람직하다.

2. 면접시험의 평가항목 및 합격기준

1 평가항목

(1) **청소년상담사로서의 가치관 및 정신자세**
   청소년에 대한 기본적 이해, 사명감과 지도철학, 사회적 책임 등

(2) **청소년상담을 위한 전문적 지식 및 수련의 정도**
   청소년관련 법령 및 정책에 대한 이해, 청소년분야에 대한 기초 및 전문지식, 청소년상담프로그램에 대한 이해 및 운영능력 등

(3) **예의, 품행 및 성실성**
   사용용어의 적절성, 자질 및 태도, 성실한 답변을 위한 노력 등

(4) **의사표현의 정확성과 논리성**
   질문내용에 대한 이해 및 답변의 정확성, 논리적 의사표현능력, 원활한 의사소통을 위한 전문성 등

2025 청소년상담사 면접가이드

(5) **창의력, 판단력 및 지도력**

환경변화에 따른 창의적인 청소년 상담능력, 긴급 위기상황 발생 시 문제해결 및 대처능력, 개인적 역량강화 및 발전방안

2 합격자 결정

면접시험 합격자 결정에 있어서 면접위원의 평정한 합계가 각각 15점 이상을 얻은 자를 합격자로 결정. 다만, 면접위원의 과반수가 어느 하나의 평가사항에 대하여 1점으로 평정한 때에는 평정점수 합계와 관계없이 불합격함

3. 면접시험 수험자 유의사항

1. 면접시험 일시 및 장소는 면접시험 원서접수 전 선착순에 따라 본인이 일시 및 장소를 사전에 선택하여 접수할 수 있다.
2. 수험자는 반드시 면접시험 수험표를 출력하여 본인의 시험일시 및 장소를 확인하여야 한다.
3. 수험자는 시험당일 수험자 입실시간까지 신분증, 수험표, 필기도구를 소지하고 해당 시험장 수험자 대기실에 착석하여 대기한다.(신분증 인정범위 : 주민등록증, 운전면허증, 공무원증, 유효기간 내 여권, 외국인등록증 및 재외동포 국내거소증, 복지카드(장애인등록증), 국가유공자증, 신분확인증명서 및 주민등록발급신청서, 중·고등학교학생증 및 청소년증, 국가자격증 등(단, 사진부착 및 주민등록번호가 기재된 경우만 허용)

제2차 시험 면접 수험자 유의사항

1. 수험자는 일시·장소 및 입실시간을 정확하게 확인 후 신분증과 수험표를 소지하고 시험당일 입실시간까지 해당 시험장 수험자 대기실에 입실하여야 합니다.
   ※입실시간 이후에는 시험 응시가 불가하므로 시간 내 도착하여야 함
2. 소속회사 근무복, 군복, 교복 등 제복(특정인임을 알 수 있는 모든 의복 포함)을 착용하고 시험장에 입실할 수 없습니다.

INFORMATION
이 책의 정보

4. 면접 시 고득점 10계명

1 자기소개는 짧게(30초~1분) 관심분야와 장점이 부각되게 하라.

자기소개는 짧은 단어나 문장으로 자신을 명쾌하게 표현할 수 있는 헤드라인을 만드는 것이 필요하며 유행어나 화려한 수사어구를 남발하는 것은 바람직하지 않다.

2 결론부터 이야기하는 두괄식의 표현으로 답변하라.

부연설명은 그 다음에 구체적으로 조리 있게 말한다.

3 올바른 경어를 사용하라.

유행어는 피하고 경어를 사용하는 것이 좋다.

4 질문의 요지를 파악하고 최후의 순간까지 최선을 다하라.

질문 요지를 이해하고 질문의 요지에 맞는 명확한 답변을 하는 것이 좋다. 만일, 대답을 잘못했다고 할지라도 포기하지 말고 최선을 다하는 모습으로 임하는 것이 감점의 요인이 되지 않을 수 있다.

5 이완된 상태에서 편안한 분위기를 연출하라.

상황에 맞는 유머는 대화를 활성화시킨다. 다소 딱딱한 주제의 질문이라면, 에피소드를 첨가해 깊은 인상을 심어줄 수 있다.

6 잘못된 버릇은 금물이며 자신을 재점검하라.

면접위원을 불쾌하게 하는 의사전달이나 너무 큰 목소리나 빠른 말투, 불안정한 시선, 자신도 모르는 버릇 등에 주의하며 자신을 점검한다.

7 청소년상담사의 역할과 관련 정책과 제도 등에 대해 100% 파악하라.

청소년상담사의 업무 등에 대한 생각을 정리해 두면 답변에 많은 도움이 된다. 많은 면접질문에 해당하는 것이 청소년 관련 법률과 정책이기 때문에, 청소년분야의 정책에 대한 견해 등 그 내용을 정리해 두면 어떤 질문이라 해도 즉석에서 응용하여 답변하기 쉬울 것이다.

2025 청소년상담사 면접가이드

8 실전과 같은 연습으로 감각을 익혀라.

약 5명 정도 면접스터디 그룹을 구성하여 빈출 면접질문과 최근 시사이슈(아동학대, 학교폭력, 성폭력 등), 청소년 관련정책과 인성 관련 질문지를 만들어 역할분담을 하고 실전과 같은 연습을 하는 것이 좋다.

9 친밀감과 신뢰를 구축하고 자신의 장점을 부각하라.

면접장에 들어오는 태도, 인사하는 법, 앉는 자세, 밝은 미소와 표정도 면접합격을 위한 점수에 반영된다. 그리고 청소년분야에 기여할 수 있는 자신의 장점을 중간 중간에 면접위원에게 보여주는 것이 좋다.

10 면접위원의 말을 성실하게 들으며 경력 등에 대해 거짓말은 피하라.

가장 성공적인 대화는 말하기가 30%, 경청이 70%라고 하듯이, 면접위원의 말을 진지한 태도로 경청하는 것은 자신이 많은 말을 하는 것 못지않게 중요하다. 자신의 청소년상담사로서의 적격성을 높이기 위해 경력 등에 있어서 거짓말을 하면, 계속 이어지는 질문에 거짓말을 더하게 되어 일관성이 없어 보이므로 거짓말은 금물이다.

TIP
면접 상황과 면접 준비 팁

1. 먼저 수험번호에 맞게 면접대기실에서 대기한다.

2. 면접도우미가 온 후 수험번호 순서대로 앞으로 나가, 자신이 직접 면접번호표를 무작위로 뽑는다.

3. 면접이 이루어지는 고사실에는 자신이 뽑은 순서대로 대개 3인 1개조로 들어가게 되는데, 만약 결시생이 있다면 2명이 들어갈 수도 있다.

4. 면접위원은 3명이며 질문은 무작위로 하기 때문에 자신이 가장 먼저일 수도 있으며 가장 나중일 수도 있다.

5. 처음부터 자기소개 질문을 하는 면접위원은 그리 많지 않지만, 질문 중간 중간에 많지는 않아도, 자기소개의 질문이 있을 수 있다.
   주의 소속기관이나 학교 명칭 등은 이야기하지 않는다.

6. 질문의 형태는 하나의 질문을 던져, 답변이 이루어지면 그에 따른 후속질문(일명 꼬리질문)을 계속 받게 된다.

7. 옆에 있는 응시자는 앞 응시자의 질문을 재차 받을 수도 있으며, 전혀 다른 새로운 질문을 받을 수도 있다.

8. 단정한 복장으로 입실할 때와 퇴실할 때 밝은 미소로 면접위원들을 응시하면서 가벼운 목례는 잊지 않는 것이 좋다.

9. 질문의 형태는 지식적인 답변을 요구하는 질문(1차 필기시험의 영역)도 나오기 때문에 이에 대한 숙지가 필요하다.

10. 마지막으로 청소년상담사가 되고자 하는 동기, 자신의 장점, 청소년상담사가 된 후 어떻게 할 것인가 등 자신의 견해를 묻는 질문도 있으니, 이에 대한 대비도 요구된다.

CONTENTS
이 책의 차례

PART 01 비(非)사례 질문(1급·2급·3급 공통)

- **CHAPTER 01** 인성 ··· 12
- **CHAPTER 02** 청소년관련 정책 및 전달 체계 ··· 17
- **CHAPTER 03** 전공 지식 ··· 34
- **CHAPTER 04** 청소년 관련 이슈 ··· 52
- **CHAPTER 05** 최근 면접 질문(1급 질문 위주로) ·· 56

PART 02 사례 질문과 모범답변(급수별 정리)

- **CHAPTER 01** 상담사례의 개념화(사례 개념화) ··· 76
- **CHAPTER 02** 단순사례 질문 ··· 82
- **CHAPTER 03** 복합사례 질문 ··· 89

PART 03 부록

- **CHAPTER 01** 청소년 관련 통계 요약 ·· 188
- **CHAPTER 02** 최근 면접 질문 기출 리스트(스터디용) ··· 190
- **CHAPTER 03** 학습자의 주요 질문과 답변(Q&A) ·· 206

PART 01
비(非)사례 질문
(1급·2급·3급 공통)

CHAPTER 01 인성

CHAPTER 02 청소년 정책

CHAPTER 03 전공지식

CHAPTER 04 청소년 관련 이슈

CHAPTER 01 인성

01 자기소개하기

(자기소개를 자신의 성장과정과 연결해서 소개, 자기소개는 역량과 경험, 그리고 상담사로서의 활동 포부 등으로 1분 스피치의 분량으로 작성해보기)

주의 소속기관(직급·직위 포함)이나 학교 명칭 등은 이야기하지 않는다.

자기소개 Sample [1·2급]

안녕하십니까?
저는 청소년 상담분야에서 역량을 발휘하고자 다양한 경험을 쌓고 있습니다.
저의 장점은 이타심과 책임감이 투철하다는 것입니다.
다양한 사회경험에서 주어진 임무를 책임성 있게 수행하였으며, 상담의 현장경험 뿐만 아니라, 대학원에 진학하여 다양한 학문적 지식도 소유하고 있습니다.
제가 경험한 청소년동반자 활동, 장애인을 위한 사회봉사활동, 사회성 향상을 위한 집단상담프로그램 진행 등은 자기 계발 노력에 충분한 것이었습니다.
저는 상담전문가로서, 청소년들의 마음을 이해하는 공감능력, 더 나아가 청소년들의 적응을 돕기 위해 저의 모든 역량을 발휘하고 싶습니다.
감사합니다.

자기소개 Sample [3급]

안녕하십니까?
저는 현장에서 상담 봉사활동을 통해 청소년을 만나고 있습니다.
저의 장점은 경청과 소통하는 능력이 남다르다는 것입니다.
실습 및 사회봉사 경험으로 타인과 소통하면서 갈등을 잘 해결해 나갔으며 주어진 임무를 책임성 있게 수행하였으며, 대학에서도 학문적 지식을 함양하는데도 게을리 하지 않았습니다.
최근 위기청소년들이나 일반청소년들의 부적응으로 인한 많은 사회문제가 발생하고 있습니다. 이러한 청소년들의 이야기를 잘 경청하고 소통할 수 있는 저의 역량을 발휘하여 청소년의 아픈 구석구석을 치유하여 주는 상담전문가가 되고 싶습니다.
감사합니다.

02 지금 하는 일은 무엇인가?

(자신의 하는 일들을 간략하게 작성해보기)

> 주의 소속기관(직급·직위 포함)이나 학교 명칭 등은 이야기하지 않는다.

03 청소년상담사를 취득하고자 하는 특별한 계기가 있는지 말해보라.

(자신의 특별한 계기 작성해보기)

04 상담사가 되기 위해 어떤 공부(전공)를 했는지 말해보라.

(상담 관련취득학위와 자신의 전공을 작성하고 준비된 모습이 나타난 답변 작성하기)

> 주의 소속기관(직급·직위 포함)이나 학교 명칭 등은 이야기하지 않는다.

05 상담 실무 경험이 있는지 말해보라.

자신의 경력사항을 묻는 것으로 상담이나 상담과 유사한 경력을 충분히 이야기하는 것이 좋음
(개별적으로 작성해보기)

> 주의 소속기관(직급·직위 포함)이나 학교 명칭 등은 이야기하지 않는다.

06 자신이 청소년상담사가 꼭 되어야 하는 이유를 말해보라. – 상담사 지원 동기

모범답변 최근 청소년 문제에서 위기청소년의 문제가 대두되고 있습니다. 예를 들어 ① 성, 도벽, 약물 등의 비행 관련 문제 ② 왕따, 학교폭력, 가출, 무단결석 등의 학교부적응 관련 문제 ③ 자살 등의 생명경시 문제 ④ 인터넷 중독 등의 문제에 대해 위기개입은 물론, 많은 지역사회 자원을 연계하는 다중체계적 관점 개입으로 청소년의 안전보장을 구축하는 일에 최선을 다하고자 하는 마음이 절실합니다.

07 자신의 청소년기 시절이 어땠는지 지금 상담사가 되려는 이유와 연관시켜 말해보기

모범답변 현재 위기청소년의 영역이라고 불리는 많은 것들과 저의 청소년기 시절과는 사뭇 다른 점이 있지만, 청소년기에 부모님의 경제적인 어려움으로 인하여 온 가족이 힘들게 지냈던 적이 있습니다. 그 시기를 잘 이겨왔던 것은 기독교적 신앙의 힘이었습니다. 또한 주위 많은 이들의 관심과 따뜻한 상담으로 어려웠던 청소년기를 잘 이겨냈습니다. 이것은 제가 충분히 상담사가 되고자 하는 이유가 될 수 있을 것입니다.

08 청소년 상담자로서의 자신의 장점과 단점

모범답변 인본주의적 관점의 인간관인 인간을 존중하는 마음, 수용과 배려, 그리고 공감능력은 저의 장점입니다. 저의 단점은 지나치게 부드러운 이미지를 지니고 있어 자칫 전문적 상담관계를 훼손할 수도 있다는 점이라고 생각합니다. 이에 전문적인 자세를 겸비함으로써 전문적 상담관계가 훼손되지 않은 상태에서, 상담관계를 촉진해 가는 자세를 갖추고자 노력하고 있습니다.

09 상담사로서 요구되는 인간적인 자질은?

모범답변 칼 로저스의 인본주의적 시각에서 요구되는 인간적 자질, 즉 예술가 자질을 갖춘 상담사로서의 자질이 요구됩니다. 그리고 상담의 전문지식을 함양하여 전문성을 갖추어야 하는 과학자적인 자질도 요구된다고 생각합니다.

10 본인이 닮고 싶고 선호하는 상담모델과 학자는? – 청소년 상담자로서 인간관

모범답변 제가 선호하는 모델과 학자는 인간중심모델로서 칼 로저스라는 미국의 심리학자입니다. 인간중심모델은 인본주의 입장을 취하여 긍정적 인간관을 가지고 무조건적 긍정적 수용, 공감적 이해, 진실성의 자세가 상담관계를 촉진할 수 있다고 주장합니다. 저는 이상 3가지가 상담가의 기본적인 자질이라고 생각합니다. 청소년과 그 가족의 아픔을 수용하면서 공감하는 한편, 저의 진실된 모습을 개방적인 자세로 나타내어 내담자와 좋은 관계를 형성하는 노력을 다해 나갈 것입니다.

11 휴가 중에 있는데 상담을 받고 있는 학생으로부터 급하다는 연락을 받았다. 어떻게 대처하겠는가?

모범답변 1차적으로는 휴가 전 주에 상담학생들에게 자신의 휴가 일정을 SMS(문자메시지) 등을 통해 미리 공지해두고, 휴가 중이라도 급한 상담연락을 받았다면 우선 개인 프라이버시와 관련된 사항에 대해서는 전화상으로 가능한 직접 상담을 하겠습니다. 만약 즉시 조치가 필요한 부분이 있다면 가장 신임할 수 있는 다른 상담사에게 요청해 해결해주도록 하겠습니다. 또한 추가적인 상담을 위해 서로 가능한 상담일정을 잡도록 할 것입니다.

12 청소년상담사 취득 후 계획

모범답변

1 1급의 경우

우선 청소년상담사의 전문적 자질을 더욱 함양하기 위해 저의 부족한 부분을 보완하는 노력을 할 것입니다. 전문성의 보완할 수 있는 워크숍 또는 집체교육을 받는 노력을 1차적으로 하고 싶습니다. 그리고 저의 역량을 발휘할 수 있는 기관이 있다면 그 기관에 취업하여 청소년들의 심리적, 정서적 어려움을 해결하고, 긍정적인 성장과 발달을 돕는 역할을 수행하고 싶습니다.

2 2급의 경우

청소년상담사 2급을 취득한 후, 상담 관련 공부를 위해 박사학위 과정을 지원하거나, 청소년상담복지센터에 취업해 청소년동반자, 자원봉사자 등을 관리하면서 많은 청소년들에게 진로선택과 희망을 심어주는 상담전문가로 거듭나고 싶습니다.

3 3급의 경우

청소년상담사 3급을 취득한 후 현재 석사학위를 받은 상태이므로 2급 취득을 위한 공부를 함과 동시에 청소년상담에 관련된 자원봉사를 하며 위기청소년에 대한 연구논문을 쓰면서 연구적인 차원에서 일조하고 싶습니다.

13. 자신의 발전 가능성을 말해보라.

모범답변 저는 향후 청소년상담사로 활동하면서 전문지식의 함양과 함께 직접 현장에서 경험을 쌓아가도록 하겠습니다. 많은 후배 상담자들을 잘 가르치고 인도하는 슈퍼바이저가 될 수 있도록 노력하겠습니다. 그리고 청소년과 가족에게 보다 더 알찬 정보를 제공하여 삶이 보다 더 윤택해질 수 있는 가정을 세우는 데 미력하나마 일조할 것입니다.

14. 마지막으로 하고 싶은 말 - 포부

모범답변 저는 청소년의 건강한 성장과 발전을 위해 도울 수 있는 상담자로서의 기본적인 자질을 함양하고 있습니다. 부족한 점을 보완하고 더욱 노력하는 자세로 '일신우일신(日新又日新)' 즉, 나날이 발전해 나가기 위해 정진하는 상담사가 되겠습니다.

CHAPTER 02 청소년관련 정책 및 전달 체계

01 제7차 청소년정책기본계획(2023~2027년)의 비전 및 목표

비전	디지털 시대를 선도하는 글로벌 K-청소년	
목표	청소년 성장기회 제공	안전한 보호 환경 조성

정책과제	대과제(5개)	중과제(14개)
	① 플랫폼 기반 청소년활동 활성화	1-1. 청소년 디지털역량 활동 강화 1-2. 청소년 미래역량 제고 1-3. 다양한 체험활동 확대 1-4. 학교안팎 청소년활동 지원 강화
	② 데이터 활용 청소년 지원망 구축	2-1. 위기청소년 복지지원체계 강화 2-2. 청소년 자립 지원 강화 2-3. 청소년 유형별 맞춤형 지원
	③ 청소년 유해환경 차단 및 보호 확대	3-1. 청소년이 안전한 온·오프라인 환경 조성 3-2. 청소년 범죄 예방 및 회복 지원 3-3. 청소년 근로보호 강화
	④ 청소년의 참여·권리 보장 강화	4-1. 청소년 참여 활동 강화 4-2. 청소년 권익 증진
	⑤ 청소년정책 총괄 조정 강화	5-1. 청소년정책 인프라 개선 5-2. 지역 맞춤형 청소년정책 추진체계 구축

1-1 제7차 청소년정책기본계획(2023~2027년)에 대하여 설명하라.

모범답변 「제7차 청소년정책기본계획」에서는 '디지털 시대를 선도하는 글로벌 K-청소년'을 비전으로, 「청소년 성장기회 제공」, 「안전한 보호 환경 조성」의 2대 목표를 설정하였습니다. 다양한 청소년 목소리와 급변하고 있는 정책 환경 변화에 적극 대응할 수 있는 과제 발굴 및 강화에 중점을 두었으며, 총 5개 분야 기준으로 5개 대과제, 14개 중과제, 39개 소과제 및 108개 세과제로 구성되었습니다.

1-2 제7차 청소년정책기본계획(2023~2027년)의 5대 과제에 대해 설명하라.

모범답변 「제7차 청소년정책기본계획」의 5대 과제는 플랫폼 기반 청소년활동 활성화, 데이터 활용 청소년 지원망 구축, 청소년 유해환경 차단 및 보호 확대, 청소년의 참여·권리 보장 강화, 청소년정책 총괄 조정 강화로 구성되어 있습니다.

02 제5차 학교폭력 예방 및 대책 기본계획('25~'29)의 기본방향

비전	교육공동체가 함께 만드는 안전한 학교
추진방향	• 교육공동체의 역량을 증진하여 신뢰의 학교문화 구출 • 공정하고 교육적인 학교폭력 대응체계 구축 • 학교폭력 피·가해학생 맞춤형 통합지원

정책영역	추진과제
교육 3주체의 학교폭력 예방역량 강화	1. '어울림'(어울림 더하기)'로 학교폭력 예방교육 연계·통합 2. 교원의 학생생활지도 지원 확대로 학교폭력 사전 예방 3. 학부모 연수·소통 확대를 통한 가정의 교육적 역할 강화 4. 교육공동체가 참여하는 학교문화 책임규약 확산
학생이 안전한 디지털 환경 조성	5. 사이버폭력 예방을 위한 기업 참여 확대 6. 대국민 인식 개선을 위한 Digital SAFE 캠페인 추진 7. 사이버폭력 가해학생 조치 차별화 및 사이버폭력물 삭제 지원 8. 자율성과 책임감을 갖춘 디지털 시민 양성
학교의 교육적 기능 확대 및 사안처리 전문성 제고	9. 학교폭력 사안의 교육적 해결 지원 강화 10. 학교폭력 대응체계 개선·강화 11. 심의 객관성 확보 등 학교폭력대책심의위원회 운영 개선
위기 및 피·가해학생 맞춤형 통합지원 강화	12. 학생맞춤통합지원 체계로 위기학생 조기발견-지원 및 피해학생 보호 강화 13. 가해학생 조치 실효성 제고 및 재발방지 지원

지역맞춤형 학교 폭력 예방 및 대응 기반 구축	
14. 데이터 기반 지역맞춤형 학교폭력 예방 및 대책 수립	15. 안전한 학교 환경 관리 및 사회적 공감대 형성

2-1 제5차 학교폭력 예방 및 대책 기본계획(2025~2029)에 대하여 설명하라.

모범답변 제5차 학교폭력 예방 및 대책 기본계획은 '교육공동체가 함께 만드는 안전한 학교'라는 새로운 비전 하에 5대 정책영역 15개 과제로 구성되어, 보다 통합적이고 예방 중심적인 접근을 강조하고 있습니다. 특히 디지털 환경에서의 사이버폭력 대응 강화, 교육공동체 전체의 역량 강화, 그리고 관계회복 중심의 교육적 접근 확대가 핵심적인 변화라고 볼 수 있습니다.

2-2 제5차 학교폭력 예방 및 대책 기본계획('25~'29)이 제4차 기본계획과 달라진 점은 무엇인가?

모범답변 제4차 기본계획과 비교하여 제5차 학교폭력 예방 및 대책 기본계획의 가장 주목할 만한 변화는 교육3주체의 예방역량 강화, 안전한 디지털 환경 조성, 학생맞춤형 통합지원 강화 등으로 볼 수 있습니다. 특히 '어울림+' 프로그램과 어울림학기제 도입, 디지털 세이프 캠페인, 관계회복 숙려기간 등은 기존 접근법에서 크게 벗어난 새로운 시도들입니다.

> **참고**
>
> **어울림⁺(더하기) 프로그램**
> - 기존 학생 대상 어울림(예방교육 프로그램)을 교육3주체(학생, 교원, 학부모) 대상으로 확대 개발
> - 학교폭력 대응 방안 외 사회정서역량(학생), 생활지도 전문성(교원), 자녀 이해와 소통(학부모) 등 학교폭력 예방역량을 강화
> - 영상자료, 게임, 메타버스 등 대상별 접근성과 활용성을 고려한 디지털 콘텐츠 개발 및 '도란도란'(예방교육 통합사이트) 탑재
>
> **어울림학기제**
> 학교급별 전환학년인 초4, 중1, 고1 대상으로 한 학기 동안 '어울림⁺' 우선 도입 및 사회정서교육 집중 운영
>
> **Digital SAFE(Strategic Actions Fostering E-Safety) 캠페인**
> - 아동·청소년에게 좋은 영향력을 끼치는 인물을 'Digital SAFE 홍보대사'로 위촉하고, 캠페인 추진 및 유튜브 등 송출
> - 대중교통, 편의점, EBS, SNS 등에 사이버폭력 예방 영상을 지속적으로 송출하고, 학교·교육청 행사 등과 연계한 홍보 다각화
> - 네이버, 다음 등 플랫폼 기업과 협력하여 '학교폭력' 검색 시 신고·상담 및 학교폭력 예방 관련 내용이 화면 상단에 노출되도록 개선 추진
>
> **관계회복 숙려기간**
> 경미한 사안이 많은 초등학교 저학년(1~2학년) 간 학교폭력 사안 발생 시 심의 이전에 관계회복 프로그램 실시로 교육적 회복 노력을 우선하고, 종료 시까지 전담기구 심의 유예

03 제5차 청소년보호종합대책('25~'27) 요약

디지털 시대, 새로운 유해환경에 대응한 청소년 보호
제5차 청소년보호종합대책(2025~2027)

❶ 디지털 매체의 건강한 이용환경 조성

- 생성형 인공지능(AI) 서비스 이용자 보호
  - 생성형 AI 이용자보호 가이드라인 제작·확산
- 숏폼, 사회관계망서비스(SNS) 등 미디어 과의존 예방
  - 이용자 연령 확인, 사업자 책무 강화 등 미디어 플랫폼 관리 방안 마련
- 미디어 교육 등 청소년 디지털 대응 역량 강화

❷ 청소년 생활 주변 불법·유해환경 차단

- 무인업소 등을 통한 유해물건 유통 차단
  - 무인 판매업소에서 유해물건 판매 시 청소년 대상 유통 차단 강화 방안 검토
- 청소년 도박 피해 예방
  - 청소년 금융계좌의 온라인 도박 예방조치 마련 검토
  - 청소년 대상 도박 공급 시범에 대한 처벌 강화
- 마약류 등 유해약물 관리 강화
  - 청소년에 대한 의료용 마약류 처방 제한 기준 마련

❸ 위기청소년 지원 및 폭력 피해 대응 강화

- 청소년 안전망 연계를 통한 위기 청소년 사례관리 연계 및 지원 강화
- 딥페이크 성범죄물 신속 삭제 및 처벌 강화
  - 피해자 요청 시 영상물 등 우선 차단 후 심의 요청
  - 청소년 대상 디지털 성범죄 가해자 처벌 강화
- 가해(범죄) 청소년 재발 방지
  - 경찰 단계에서 선도 교육 프로그램 마련 및 지원

❹ 청소년이 안전하게 일할 수 있는 근로환경 마련

- 법·제도 정비 및 법 위반 사업장 감독 강화
  - 대중문화예술 기획업자의 청소년보호책임자 지정 및 운영
  - 임금체불 발생 사업장 대상 근로감독 강화
- 다양한 교육 콘텐츠 개발 등 청소년 맞춤형 근로권익 교육 확대
- 청소년 고용사업자 대상 근로권익 캠페인
  - 사업자, 시민단체와 함께 제도 안내 및 홍보

❺ 청소년 보호정책 추진 기반 강화

- 청소년보호위원회 기능 내실화
  - 청소년유해매체물 심의기관 간 협력을 통한 청소년 보호정책 조정 등
- 주요 업계의 청소년 보호제도 이행 유도
  - 담배, 주류판매업, 요식업 등과 업무협약

3-1 제5차 청소년보호종합대책('25~'27)에 대하여 설명하라.

모범답변 제5차 청소년보호종합대책은 디지털 시대의 새로운 유해환경에 대응하고, 청소년이 건강하고 안전한 환경에서 성장할 수 있도록 지원하는 종합적인 보호 정책입니다. 주요 내용으로는 AI 확산에 따른 개인정보 보호 및 유해 콘텐츠 차단, 무인매장·온라인 담배·술 판매 규제 강화, 딥페이크 성범죄 대응 및 청소년 정신건강 지원 등이 포함됩니다. 또한 최저임금 준수 점검을 통해 청소년 근로권 보호를 강화하고, 지역사회 협력을 기반으로 청소년 보호 정책을 체계적으로 운영할 계획입니다. 이러한 대책을 통해 청소년의 안전을 확보하고 건강한 성장 기반을 마련하는 것이 목표입니다.

04 학교밖청소년지원센터 꿈드림

모범답변 [꿈드림]은 '꿈 = 드림(Dream)', '꿈을 드림('드리다'의 명사형)'이라는 중의적인 표현으로 학교 밖 청소년에게 새로운 꿈과 희망을 드리겠다는 의미를 지니고 있다. 학교 밖 청소년의 개인적 특성과 요구를 고려하여 학업복귀나 사회진입을 도와 건강한 사회구성원으로 성장할 수 있도록 지원한다.
2025년에 꿈드림 홈페이지가 청소년1388 홈페이지로 통합되었다.

실력다지기

서비스 대상
9세~24세 청소년 중 아래에 해당하는 자
- 초·중학교 입학 후 3개월 이상 결석하거나 취학의무를 유예한 청소년
- 고등학교에서 제적·퇴학 처분을 받거나 자퇴한 청소년
- 고등학교 미진학 청소년

주요 서비스
- 상담지원
- 교육지원(학업동기강화, 검정고시, 대학입시 등)
- 직업체험 및 취업지원(진로탐색, 직업역량강화 프로그램, 진로체험 등)
- 자립지원(자기계발, 건강검진, 급식지원, 생활지원 등)

05 청소년상담1388

모범답변 '청소년상담1388'은 청소년은 물론, 학부모, 교사 등 일반국민 누구나 청소년을 위하여 이용하는 상담채널로서 청소년 상담, 긴급구조, 자원봉사 및 수련활동 정보제공, 인터넷 중독치료 등 청소년관련 모든 문제에 대해 365일 24시간 원스톱 서비스 제공을 목적으로 한다. 2024년 기준 청소년상담1388 상담건수는 69만 5천 건으로 집계되었다.

2024년 기준 17개 시·도 및 223개 시·군·구 청소년상담복지센터 등 전국 240개 센터에서 청소년전화 1388을 운영하고 있으며, 모바일은 문자와 카카오톡 및 페이스북, 사이버(www.cyber1388.kr)는 인터넷 채팅 및 게시판 상담 등을 통하여 청소년상담1388을 운영하고 있다.

| 연도별 청소년상담1388 호소 문제 유형별 이용 건수 |

(단위: 건, %)

연도	상담건수	정보제공	정신건강	대인관계	학업진로	학교중단	가족	가정밖	일탈비행	폭력피해	폭력가해, 비행
2020	936,037	171,297	190,330	128,302	84,611	-	97,619	-	31,758	-	-
2021	852,431	170,834	205,373	118,421	79,957	-	84,772	-	30,691	-	-
2022	836,035	160,904	204,731	128,638	82,758	-	76,270	-	36,284	-	-
2023	746,100	64,741	259,747	151,443	69,127	6,499	29,539	6,721	15,638	7,096	7,294
2024	695,186	-	309,770	117,295	60,480	11,833	-	11,372	-	14,254	11,109
구성비	100.0	-	44.6	25.5	8.7	1.7	-	1.6	-	2.1	1.6

연도	성격	근로	성	인터넷사용	과의존중독	생활습관	활동	법률정보	신체건강의식	결핍빈곤	이주배경	기타
2020	31,520	17,820	27,006	23,718	-	16,433	7,543	1,578	-	-	-	106,502
2021	31,722	2,718	19,519	21,390	-	12,316	6,661	1,335	-	-	-	66,722
2022	34,600	587	16,333	19,982	-	13,826	5,362	884	-	-	-	54,876
2023	14,081	2,106	12,106	5,227	24,948	6,042	2,517	331	6,833	1,939	291	51,834
2024	-	4,051	11,266	-	31,840	-	-	-	15,234	3,550	314	32,818
구성비	-	0.6	1.6	-	4.6	-	-	-	2.2	0.5	0.0	4.7

자료 : 여성가족부, 「청소년상담1388 상담실적」 9-24세 청소년 및 청소년 학부모 상담

06 청소년동반자 프로그램

모범답변 2005년 후반, 국가청소년위원회(현재, 청소년위원회)는 위기청소년의 입장을 이해하는 노력의 일환으로 현장중심 지역사회 자원개발 및 연계에 힘쓰고 유기적인 관계형성을 바탕으로 청소년들의 삶을 지원할 수 있는 청소년동반자(Youth Companion) 프로그램을 시범적으로 도입하였다. 청소년동반자들은 위기청소년에게 각종 상담, 심리·정서적 지지, 자활 지원, 학습·진로 지도, 문화체험 등을 제공하는 역할을 하고 있다. 2023년에는 1,398명의 청소년동반자가 전국 청소년상담복지센터에 배치되어 활동함에 따라 41,292명의 청소년이 지원받았다.

| 연도별 청소년동반자 사업 운영 현황 |

(단위: 명)

구분	2008년	2009년	2010년	2011년	2012년	2013년	2014년	2015년	2016년	2017년	2018년	2019년	2020년	2021년	2022년	2023년
청소년동반자 수	470	1,270	880	880	980	985	1,000	1,044	1,066	1,146	1,261	1,313	1,349	1,354	1,363	1,398
수혜 청소년 수	14,510	24,515	25,675	26,324	31,226	31,190	33,471	34,775	35,710	38,456	41,392	43,246	36,974	42,023	42,110	41,292

자료 : 여성가족부(2023).

실력다지기 청소년동반자

1) **청소년동반자란?**
   가출, 비행·폭력, 학업중단, 성매매 피해 등 보다 심화된 위기상황에 직면한 청소년에게 직접 찾아가는 상담을 지원하는 서비스이다.

2) **청소년동반자는 누구인가?**
   청소년상담사, 청소년지도사, 사회복지사 등 국가자격을 소지하거나 일정 기간 청소년상담복지 관련 실무 경력을 갖춘 인력이 근무하고 있다.

3) **청소년동반자로부터 어떤 도움을 받을 수 있나?**
   청소년 동반자가 청소년에게 직접 찾아가서 실시한 상담을 기반으로 해당 청소년의 문제유형과 개별 특성을 고려한 서비스를 제공한다. 전문적인 상담뿐만 아니라 생활·문화·체육활동 또는 주기적인 만남을 통해 관계를 형성하면서 자기계발에 필요한 서비스를 지원한다.

4) **얼마 동안 어떤 주기로 지원해 주나?**
   이용자의 상황에 따라 다르지만 보통 일주일에 1회 이상, 약 3개월간 지속적으로 상담 등의 지원을 받을 수 있다.

5) **누가 지원받을 수 있나?**
   청소년(9~24세) 중 청소년상담복지센터에서 받은 위기 스크리닝 결과 중·고 위험군인 청소년을 우선 지원한다.
   *청소년동반자 우선 지원 대상 : 가출, 비행·폭력, 학업중단, 성매매 피해 청소년 등

6) **청소년동반자와 만나는 시간은 조정할 수 있나?**
   청소년 동반자와 조정하여 원하는 시간, 장소에서 지원받으실 수 있다.

7) **어떻게 신청하나?**
   청소년전화 1388로 전화하거나, 가까운 청소년상담복지센터로 직접 전화 또는 방문하면 된다.

07 청소년방과후아카데미

모범답변 청소년방과후아카데미는 여성가족부와 지방자치단체에서 공적 서비스를 담당하는 청소년 수련시설(청소년수련관, 청소년문화의집 등)을 기반으로 방과후 돌봄이 필요한 청소년(초등 4학년 ~ 중등 3학년)의 자립역량을 개발하고 건강한 성장을 지원하고자 체험·역량강화 활동, 학습지원, 생활지원 등 종합서비스를 제공하는 국가정책지원 사업이다.

2005년 9월부터 46개소를 시범운영하여, 2006년 전국적으로 확대하였으며, 2024년 기준 전국의 청소년수련관, 청소년문화의집 등의 공공시설에서 355개의 청소년방과후아카데미가 운영되고 있다.

| 지원내용 |

구분		세부내용
체험·역량강화활동	디지털 체험활동	• 강습형태가 아닌 디지털분야 체험활동으로 운영 * 디지털분야:코딩, AI, App제작, VR·AR 체험, 드론, 로봇, 영상제작, 미디어, 컴퓨터 활용 등
	진로개발 역량 프로그램	• 강습형태가 아닌 전문적인 체험활동으로 운영 • 청소년 주도의 프로젝트(PBL, Program-Based Learning)방식의 프로그램 운영 권장
	창의·융합 프로그램	
	일반 체험활동	• 강습형태가 아닌 체험활동 위주로 청소년들의 창의·인성 함양을 위한 다양한 체험활동 프로그램 운영(예술체험활동, 봉사활동, 리더십개발활동 등)
	지역사회 참여활동	• 방과후아카데미 자체기획으로 청소년들이 지역사회에서 봉사활동을 하거나, 지역에서 개최하는 각종 지역행사에 의미있는 역할을 담당하여 참여하는 활동으로 주말체험활동과 연계하여 편성
	주말체험활동 (반기별 2회 급식 포함 5시수이상)	• 주말체험활동과정 운영 시 외부활동 권장 * 외부는 단순히 운영시설의 건물 밖 공간을 의미하는것만이 아니라, 다양한 테마 활동이 가능한 외부현장(시설, 공간)을 의미함
	주중자기개발 활동과정	• 청소년들이 중심이 되어 진행하는 활동(자치활동, 동아리활동 등) • 각 운영기관에서 자유롭게 편성하여 운영하는 과정 • 실무자가 중심이 되어 운영하는 프로그램
	주말자기개발 활동과정 (필요시 1회당 2시수이상)	
	특별지원	• 청소년캠프(방학), 보호자 교육, 초청인사 특별강의, 발표회 등
학습지원	보충학습지원	• 청소년들의 자율적인 숙제, 보충학습지도, 독서지도 등의 프로그램 위주로 운영
	교과학습	• 전문 강사진의 교과학습 중심의 학습지원
생활지원		• 급식, 상담, 건강관리, 생활일정 관리(메일링서비스) 등의 생활지원

|운영체계|

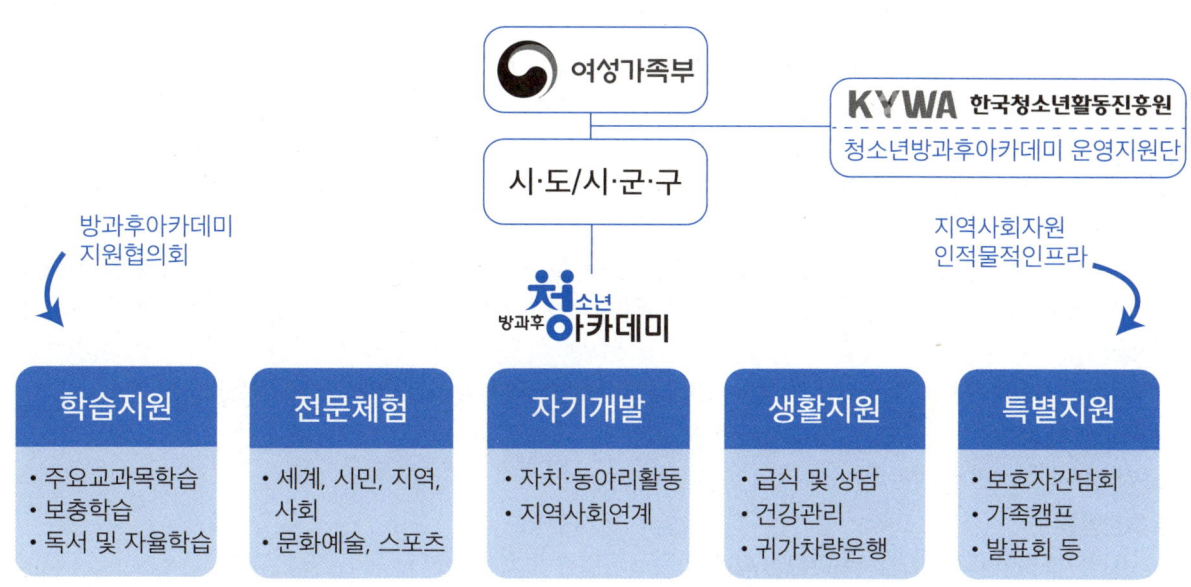

08 청소년상담복지센터

모범답변 청소년복지 지원법(제29조)에 근거하여 광역시 이상의 시도 및 시군구에 설치하도록 되어 있으며 교육청 및 학교와의 연계망을 통한 상담프로그램을 운영하고 있다. 상담복지센터 고유의 역할인 상담활동을 진행하고 있고 전문상담프로그램 개발, 청소년상담 관련 연구 활동 및 학술 심포지움 개최와 전문상담 연수기관으로서의 기능도 수행하고 있다. 더 나아가 청소년에 대한 맞춤형 one - stop 서비스 강화를 위해 청소년통합지원체계(청소년 안전망)를 구축·지원하고 있다.

09 지역사회 청소년통합지원체계(청소년안전망)

모범답변 지역사회 청소년통합지원체계(청소년안전망)는 지역사회 청소년관련 기관 간의 네트워킹을 통한 통합지원체계 구축과 위기청소년에 대한 전화상담, 구조, 보호, 치료, 자립, 학습 등 서비스 제공을 통해 위기 청소년의 건강한 성장과 삶의 역량을 강화하는 것을 주요 목적으로 하고 있다.

실력다지기 | 청소년안전망 운영사업

1) **사업소개**
   청소년안전망 운영사업은 지역사회 내 청소년에게 도움을 줄 수 있는 다양한 자원 즉, 경찰청, 교육청, 학교, 쉼터 및 복지시설 등과 연계하여 학업중단, 가출, 인터넷 중독 청소년을 위한 상담, 보호, 자립 등 맞춤형 서비스를 제공
   *2019년 7월 1일부터 CYS-Net(지역사회 청소년통합지원체계) 사업명칭을 청소년안전망으로 변경

2) **서비스 대상**
   9세~24세 청소년 및 학부모

3) **추진방향**
   - 지역사회 기반의 청소년사회안전망 확대
   - 위기청소년 발견·보호·지원을 위해 '청소년상담1388' 및 '청소년동반자' 운영 확대
   - 지역사회 청소년 유관기관 및 단체 등 협력체계(1388청소년지원단) 강화
   - 지자체 청소년안전망 선도사업 활성화

| 지역사회 청소년통합지원체계(청소년안전망) 체계도 |

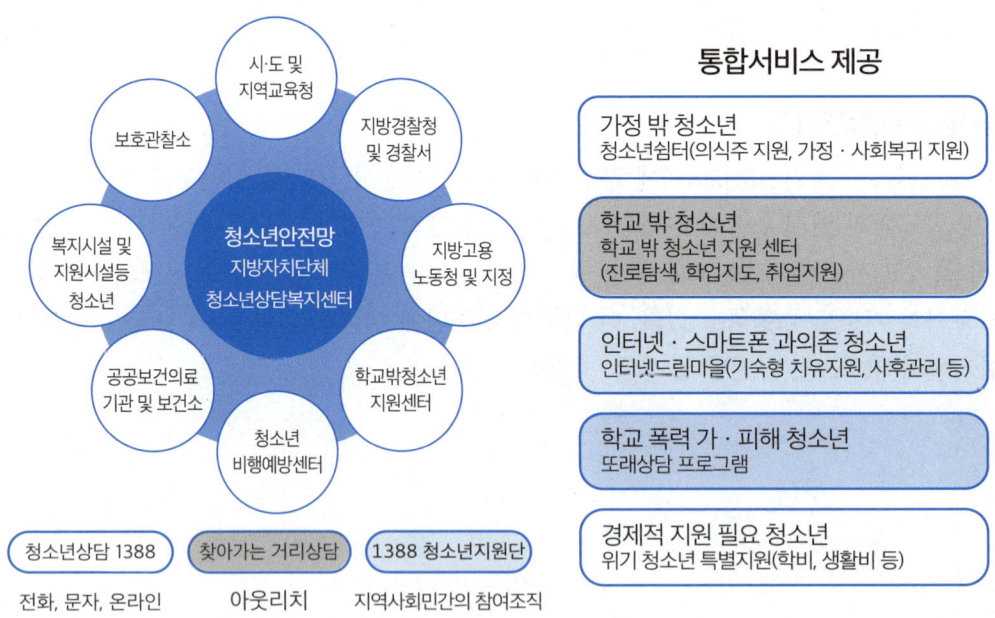

자료: 여성가족부(2023).

10 청소년 특별회의

모범답변

1. 청소년 기본법에 의하여 청소년대표 및 청소년전문가들이 연간 토론과 활동을 통하여 청소년의 시각에서 청소년이 바라는 정책과제를 발굴하여 정부에 건의하여 정책화하는 청소년 참여기구이다.
2. 여성가족부 및 지방자치단체 청소년참여위원회 위원들과 청소년추진단으로 구성되어 있다.
3. 청소년 특별회의에 참여할 수 있는 방법은 매년 2~4월경 여성가족부를 비롯한 각 시·도 청소년참여위원회 위원 및 청소년추진단 공개 모집 시 지원하여 선발될 경우 참여 가능하다.

> **참고**
>
> **청소년 특별회의의 문제점**
> 특별회의 구성원의 대표성 문제, 정책의제에 대한 공감의 부족, 추진 일정의 가변성, 특별회의 구성원의 명확한 역할 정립의 미비 등
>
> **청소년 특별회의의 성과**
> 1) 청소년이 제안한 의제가 관련부처의 정책대안 창출로 이어짐
> 2) 청소년이 청소년정책에 직접 참여하는 계기를 마련함
> 3) 특별회의를 계기로 관련부처 간 유기적 업무연계 및 협력 네트워크 구축 가능해짐

11 위(Wee) 프로젝트

→ 법적 근거 : 위(Wee) 프로젝트 사업 관리·운영에 관한 규정(교육부 훈령 제329호)

모범답변

1) 위(Wee)프로젝트

위(Wee)프로젝트는 학교, 교육청, 지역사회가 연계하여 학생들의 건강하고 즐거운 학교생활을 지원하는 다중의 통합지원 서비스망입니다. 학교에는 위(Wee)클래스, 교육지원청에는 위(Wee)센터, 교육청에는 위(Wee)스쿨, 가정형 위(Wee)센터, 병원형 위(Wee)센터 학교폭력 피해학생전담지원기관, 학교폭력 가해학생특별교육이수기관 117신고센터 등이 개설되어 있습니다.

2) 위(Wee) 클래스에서 하는 일

학생이 재학하고 있는 소속 학교의 상담실을 통해 상담·교육 프로그램을 운영합니다.

3) 위(Wee) 센터에서 하는 일

지역 내 인적자원·물적 자원 연계망을 활용하여 심리평가-상담-치유를 위한 원스톱(one-stop) 서비스를 제공합니다.

4) 위(Wee) 스쿨에서 하는 일

상담을 비롯한 인성교육·직업교육 및 사회적응 프로그램 등을 제공하는 대안교육기관 겸 중·장기 위탁기관입니다.

5) 가정형 위(Wee)센터에서 하는 일

보호·상담·교육을 통해 학생의 적응 환경을 개선하여 가정 및 학교 복귀를 지원하는 중·장기 위탁기관입니다.

6) 병원형 위(Wee)센터에서 하는 일

심리적·정서적 어려움을 겪고 있는 위기 학생들에게 상담·교육·치료와 의료자문 뿐만 아니라, 필요한 경우 전문의의 병원 치료까지 지원하는 위탁 치료형 대안교육 위탁기관입니다.

| Wee 프로젝트 사업 소개[1] |

Wee는
We(우리들)+education(교육)
We(우리들)+emotion(감성)의 합성어입니다.

We(우리들) education(교육)

We(우리들) emotion(감성)

위(Wee) 프로젝트의 뜻: 나(I)와 너(You) 속에서 우리(We)를 발견할 수 있도록 사랑(♥)으로 지도하고, 학생에게 감성과 사랑이 녹아있는 위(Wee) 공간에서 자신의 잠재력을 찾아내자는 의미

12 디지털미디어 피해 청소년 회복 지원 사업

모범답변 청소년상담복지센터는 청소년의 미디어 과의존을 예방하고 치유하기 위하여 대상자 발굴에서부터 사후관리까지 체계적인 시스템을 구축하고 맞춤형 서비스를 제공하고 있다. 미디어 과의존 청소년을 위하여 개별상담과 인터넷·스마트폰 치유캠프, 가족치유캠프 등 특화 프로그램을 운영하고 있다.

실력 다지기 인터넷·스마트폰 중독 또는 과의존 원인과 해결책

1) 청소년의 여가활동의 많은 부분을 인터넷·스마트폰을 사용하고 있다.
2) 인터넷·스마트폰 중독의 원인
   (1) 현실에서 이루지 못한 것을 이루고자 하는 욕망이 있다는 점과 내인 기피 등의 원인을 들 수 있다.
   (2) 또한 청소년은 유행에 민감하고, 또래에 영향을 많이 받기 때문에 스마트폰을 통한 친구들 간의 문자나 전화에 민감하고 중요성을 느끼는 성향에 따라 그 어떤 연령층보다 스마트폰에 집착할 가능성이 크다.
3) 해결책
   (1) 인터넷·스마트폰이 아닌 현실에서 즐거움을 찾을 수 있도록 노력하며 인터넷·스마트폰보다는 다른 취미를 갖는 것도 중요하다.
   (2) 스마트폰 이외의 것에 청소년이 흥미를 느낄 수 있도록 주변에서 도움을 주는 것이 하나의 방법이 될 수 있는데, 부모님과의 대화시간을 늘리거나 친구들과의 오프라인에서의 대화시간을 늘리는 것도 방법이다.

---

[1] 출처: https://www.wee.go.kr

> **참고** 디지털미디어 피해 청소년 회복 지원 사업

1) **미디어 이용습관 진단조사**
   학령전환기 청소년(초1, 초4, 중1, 고1)을 대상으로 K척도(인터넷 과의존 자가진단), S척도(스마트폰 과의존 자가진단), 유아동 스마트폰 과의존 척도, 청소년 도박문제 선별도구(사이버도박용)를 활용한 미디어 이용습관 진단조사를 통해 미디어 과의존 청소년을 조기에 발굴.

2) **청소년 미디어 과의존 상담·치유 서비스**
   미디어 과의존 위험수준별 개인상담, 집단상담, 부모교육 및 치료협력병원 연계를 통한 치료비 지원 등의 서비스를 제공
   (1) 상담·치유서비스
   ① 미디어 이용습관 위험군 청소년에게 개인상담 서비스 제공
   ② 주의군 이상의 청소년을 대상으로 학교로 찾아가는 집단상담 서비스 제공
   ③ 청소년동반자 연계를 통한 지속적인 사후관리
   ④ 주의군 이상 청소년의 올바른 미디어 사용습관 형성을 위한 부모교육 제공
   (2) 치료지원
   ① 종합심리검사 지원
   ② 치료협력병원 연계 및 치료비 지원

3) **청소년 인터넷·스마트폰 기숙치유 프로그램**
   인터넷·스마트폰 과의존 청소년의 연령에 따라 인터넷·스마트폰 치유캠프와 가족치유캠프를 운영
   (1) 인터넷·스마트폰 치유캠프
   과의존 위험군 청소년을 대상으로 인터넷과 단절된 환경에서 7박8일 동안 상담과 다양한 체험 및 대안활동을 통해 인터넷·스마트폰 과의존을 극복하도록 지원하는 프로그램
   - 장소 : 국립청소년인터넷드림마을(무주), 국립대구청소년디딤센터 등
   - 참가비 : 5만원(기초생활수급자, 차상위계층, 한부모가족지원대상자 등 취약계층 청소년 무료)

   (2) 가족치유캠프
   인터넷·스마트폰 과의존으로 인해 부모·자녀 간 갈등이나 학교 부적응 등 어려움을 겪는 청소년과 보호자를 대상으로 초1연령 1박 2일, 초2~6연령 2박 3일 동안 부모교육 및 의사소통 기술훈련 등을 통해 가족관계 개선을 지원하는 프로그램
   - 장소 : 국립청소년수련원, 국립청소년해양센터, 국립숲체원 등
   - 참가비 : 1인당 1만5천원(기초생활수급자, 차상위계층, 한부모가족지원대상자 등 취약계층 청소년 무료)

4) **청소년 미디어 과의존 대응 상담전문인력 양성**
   급변하는 미디어 환경에 선제적으로 대응하기 위하여 청소년 미디어 과의존 개입을 위한 프로그램 개발 및 미디어 과의존 대응 상담전문인력을 양성

13 또래상담

모범답변 또래상담은 일정기간 상담훈련을 받은 청소년이 어려움을 겪고 있는 친구를 조력하는 상담활동이다. 이는 다양한 또래상담 동아리 활동을 통하여 친구들이 서로 돕고 배려하는 학교문화를 형성하는 청소년 자치활동이며 또래상담자는 같은 학교와 학급에서 친구들과 생활하면서 따돌림이나 학교폭력 등 어려움을 겪는 친구를 쉽게 발견하고 이들의 문제해결을 위한 조력활동이 가능하도록 훈련을 받는다.

14 청소년복지 지원법상 청소년복지시설의 종류

1 청소년쉼터

가정 밖 청소년에 대하여 가정·학교·사회로 복귀하여 생활할 수 있도록 일정 기간 보호하면서 상담·주거·학업·자립 등을 지원하는 시설

청소년쉼터는 9~24세의 청소년들을 입소대상으로 하고 있으며, 보호기간은 쉼터유형에 따라 일시 7일 이내, 단기 3개월(최장 9개월) 이내, 중장기 3년(필요시 1년 연장) 이내를 원칙으로 하고 있다.

2 청소년 자립지원관

일정 기간 청소년쉼터의 지원을 받았는데도 가정·학교·사회로 복귀하여 생활할 수 없는 청소년에게 자립하여 생활할 수 있는 능력과 여건을 갖추도록 지원하는 시설

3 청소년 치료재활센터

학습·정서·행동상의 장애를 가진 청소년을 대상으로 정상적인 성장과 생활을 할 수 있도록 해당 청소년에게 적합한 치료·교육 및 재활을 종합적으로 지원하는 거주형 시설

실력다지기 국립 중앙 청소년디딤센터
청소년복지 지원법상 학습·정서·행동상의 장애를 가진 청소년을 지원하기 위해 설치한 거주형 청소년치료재활센터이다.

4 청소년 회복지원시설

「소년법」에 따른 감호 위탁 처분을 받은 청소년에 대하여 보호자를 대신하여 그 청소년을 보호할 수 있는 자가 상담·주거·학업·자립 등 서비스를 제공하는 시설

15 성범죄자 신상정보 공개·고지 제도

모범답변

1 성범죄자의 신상정보를 공개하여 성범죄를 예방하기 위한 제도는 2000년 7월 1일 「청소년의 성보호에 관한 법률」이 최초로 제정·시행되면서 시작되었다.

2 2006년 6월 30일에 개정·시행된 「청소년의 성보호에 관한 법률」에 따라 아동·청소년 대상 성범죄자 신상정보 등록·열람제도가 도입되었고, 2008년 2월 4일에 다시 법을 개정·시행하여 아동·청소년 대상 성범죄자의 신상정보 등록·열람제도가 본격적으로 시행되었다.

3 2010년 1월 1일에는 아동·청소년 대상 성범죄자의 신상정보를 경찰서 열람에서 인터넷에서 공개하는 것으로 개정·시행되었다. 이에 따라 아동과 성인 대상 성범죄자의 신상정보가 20년간 등록·관리 되고 있다. 법원에서 공개명령을 선고 받은 자는 10년 이내에서 신상정보가 공개되고 있다.

16 쿨링 오프제(Cooling Off)

모범답변 청소년의 게임 중독 예방을 위해 교육부에서 만든 게임 제한 제도로 청소년 사용자가 게임을 시작한 지 2시간이 지나면 자동으로 게임이 종료되며, 10분 후 1회에 한하여 재접속을 가능하게 하고, 게임 시작 후 1시간이 지나면 주기적으로 주의경고문을 나타나게 하는 방법을 말한다.

---

2) 출처 : 청소년백서(2017), 여성가족부, 재인용

17 청소년 문화존

모범답변

1. 청소년의 건전한 여가 활용 육성을 위해 놀이마당식 체험 공간에 지역적 특성을 살린 각종 문화 프로그램을 제공하는 사업으로 「청소년활동진흥법」과 국가청소년위원회의 '청소년 문화존 조성지원계획 및 운영'에 따라 각 지자체에서 시행하고 있다.
2. 주 5일 수업제의 확대 실시에 따라 늘어나는 방과 후 시간대에 청소년들 스스로 전국의 광역 생활권 주변에서 쉽게 문화 향수, 문화 감성, 문화 창조 등 다양한 체험 활동을 행할 수 있도록 추진되고 있다.

18 청소년운영위원회

모범답변 생활권 청소년수련시설의 운영 및 프로그램 등을 청소년들이 직접 자문·평가토록 함으로써 청소년의 수요와 의견을 반영하는 청소년이 주인이 되는 시설이 되도록 하기 위해 설치한 위원회를 말한다.

19 청소년참여위원회

모범답변

1. 청소년들이 중앙정부 및 지방자치단체의 정책 및 사업과정에 주체적으로 참여하도록 함으로써 청소년 시책의 실효성을 제고하고 권익 증진을 도모하는 것을 목적으로 한다.
2. 청소년참여위원회는 청소년들이 직접 청소년정책과 사업과정에 적극적으로 참여하여 청소년시책에 효율성을 높이고 청소년 권익증진을 위한 활동을 하게 된다.

20 학업중단 숙려제

모범답변

1 학업중단 징후 또는 의사를 밝힌 초·중·고등학교 학생 및 학부모에게 Wee센터(Wee클래스), 청소년상담복지센터 등에서 외부 전문 상담을 받으며 2주 이상 숙려하는 기간을 갖도록 하는 제도이다.

2 학생에게 신중한 선택을 할 수 있도록 기간을 부여하는 것이 제도의 목적이다.

실력다지기 — 학업중단 청소년에 대한 지원방안

1) 청소년이 학업중단시점에서의 교육부와 여성가족부의 조기 개입체계 구축
2) 청소년동반자를 통한 학업중단 청소년 멘토링 서비스
3) 청소년상담복지센터를 통해 학교 부적응 및 학업중단 청소년을 위한 학습역량강화 프로그램 운영
4) 학업능률 저하 청소년이 기초학습능력을 갖출 수 있도록 '학습클리닉' 실시
5) 학업중단 청소년을 위한 특화 학교 밖 교실인 '해밀 프로그램'을 통해 검정고시 및 복교 준비 지원

21 위기청소년 특별지원

모범답변 보호자가 없거나, 실질적으로 보호자의 보호를 받지 못해 사회·경제적으로 어려움이 있는 만 9~24세 이하 위기청소년에게 생활비·치료비·학업지원비 등을 현금 또는 물품으로 지원해주는 제도이다.

실력다지기 — 위기청소년 특별지원의 종류 및 내용

1) 생활지원(월65만원 이하) : 일상 생활에 필요한 기초생계비
2) 건강지원(연200만원 이하) : 진찰, 검사, 치료, 입원, 재활 등
3) 학업지원(수업료 : 월15만원 이하, 검정고시 : 월30만원 이하) : 입학료, 수업료, 학원비 등
4) 자립지원(월36만원 이하) : 기술 및 기능습득을 위한 비용, 진로상담 및 직업체험 비용
5) 상담지원(월30만원 이하) : 가족상담, 심리검사, 상담프로그램 참가비용
6) 법률지원(연350만원 이하) : 소송 및 법률상담비용
7) 청소년 활동지원(월30만원 이하) : 수련활동비, 문화활동비, 교류활동비 등
8) 기타 : 수치심을 느낄 수 있는 외모나 흉터 교정, 교복 및 체육복 지원, 학용품비 등

CHAPTER 03 전공 지식

01 청소년의 의미

모범답변 청소년은 인간의 행동발달 단계로서 아동의 역할행동은 더 이상 수행하지 않으나 성인의 역할과 행동을 수행하기에는 아직 이른 단계에 있는 자로서, 아동의 특성과 성인의 특성을 부분적으로 가지고 있으면서 양자의 어디에도 속하지 않는 과도기적인 존재입니다. 그리고 청소년은 생애발달 과정의 어떤 시기와도 다른 독특성을 지님과 동시에 한 인간으로서의 인격적 존엄성을 지닌 존재입니다.

02 청소년상담사란?

모범답변 청소년상담사란 청소년기본법 제22조 제1항에 의하면, 청소년상담 관련 분야의 상담실무경력 및 기타자격을 갖춘 자로서 자격시험에 합격하고, 자격연수 100시간을 이수한 자에게 여성가족부장관이 부여하는 국가자격을 말합니다.

03 청소년상담사의 급수별 역할은?

모범답변

1. 1급 청소년상담사는 지도인력으로, 청소년상담을 주도하는 전문가입니다. 기본적으로 청소년들의 심리적, 정서적 어려움을 해결하고, 긍정적인 성장과 발달을 돕는 역할을 수행합니다. 청소년상담 정책 개발 및 행정업무를 총괄하며, 2급 청소년상담사 및 3급 청소년상담사 교육 및 훈련을 담당합니다.
2. 2급 청소년상담사는 청소년 정신을 육성하는 청소년상담사로서 청소년상담의 전반적 업무 수행, 청소년의 각 문제영역에 대한 전문적 개입, 심리검사 해석 및 활용, 청소년상담과 관련된 독자적 연구 설계 및 수행, 그리고 3급 청소년상담사 교육 및 훈련의 역할을 합니다.
3. 3급 청소년상담사는 유능한 청소년상담사로서 기본적인 청소년상담 업무수행, 집단상담의 공동지도자 업무수행, 매체상담 및 심리검사 등의 실시와 채점, 청소년상담 관련 의뢰체계를 활용, 청소년상담실 관련 제반 행정적 실무를 담당합니다.

참고 　**청소년상담사 급수별 역할**[1]

급	주요 역할	세부 내용
1급	청소년상담을 주도하는 전문가 (지도 인력)	1) 청소년상담 정책 개발 및 행정업무 총괄 2) 상담기관 설립 및 운영 3) 청소년들의 문제에 대한 개입 4) 2급 및 3급 청소년상담사 교육 및 훈련
2급	청소년 정신을 육성하는 청소년 상담사 (기간 인력)	1) 청소년상담의 전반적 업무 수행 2) 청소년의 각 문제영역에 대한 전문적 개입 3) 심리검사 해석 및 활용 4) 청소년상담과 관련된 독자적 연구 설계 및 수행 5) 3급 청소년상담사 교육 및 훈련
3급	유능한 청소년 상담사 (실행 인력)	1) 기본적인 청소년상담 업무 수행 2) 집단상담의 공동지도자 업무 수행 3) 매체상담 및 심리검사 등의 실시와 채점 4) 청소년상담 관련 의뢰체계를 활용 5) 청소년상담실 관련 제반 행정적 실무를 담당

04 청소년상담사의 법적 지위는?

모범답변　청소년상담사는 청소년기본법에 의해서 여성가족부장관이 주는 법정 자격을 갖춘 전문가입니다.

05 청소년상담사는 어떤 일을 하는 사람인가?

모범답변　청소년상담사는 고민을 가진 청소년을 돕기 위해서 개별상담, 집단상담 등을 통해서 청소년이 문제를 해결하도록 돕는 사람으로서 상담자, 교육자, 중개자, 옹호자 등의 역할을 수행합니다.

06 청소년상담의 목적은?

모범답변　청소년상담의 목적은 청소년의 전인적 성장을 촉진하는 것이어야 합니다. 소극적인 의미로는 청소년 성장에 장애가 되는 요인을 제거할 수 있도록 돕고 적극적으로는 청소년의 성장을 극대화할 수 있도록 돕는 것입니다.

---

[1] 출처: https://www.wee.go.kr

07 청소년상담사 1급, 2급, 3급의 차이점은?

모범답변 청소년상담사 1, 2, 3급은 법적 기준으로 나눈다면, 검정과목과 응시자격에 차이가 있으며 3급보다는 1급이 더욱 전문성이 있다고 할 수 있으며 1급은 슈퍼바이저로서, 청소년지도자의 역할과 청소년 정책 분야뿐만 아니라 연구방법에 대한 다각적인 활동영역에서의 기여도가 필요하다고 봅니다.

> **참고**
> 청소년상담사 1급은 감독자, 2급은 전문가, 3급은 실무자로서 역할로 구분하여 볼 수 있습니다.

08 청소년기본법 상 알아둘 용어의 정의

모범답변

1. 청소년이라 함은 9세 이상 24세 이하의 자를 말한다.
2. 청소년육성이라 함은 청소년활동을 지원하고 청소년의 복지를 증진하며 근로 청소년을 보호하는 한편, 사회여건과 환경을 청소년에게 유익하도록 개선하고 청소년을 보호하여 청소년에 대한 교육을 보완함으로써 청소년의 균형 있는 성장을 돕는 것을 말한다.
3. 청소년활동이라 함은 청소년의 균형 있는 성장을 위하여 필요한 활동과 이러한 활동을 소재로 하는 수련활동·교류활동·문화활동 등 다양한 형태의 활동을 말한다.
4. 청소년복지라 함은 청소년이 정상적인 삶을 영위할 수 있는 기본적인 여건을 조성하고 조화롭게 성장·발달할 수 있도록 제공되는 사회적·경제적 지원을 말한다.
5. 청소년보호라 함은 청소년의 건전한 성장에 유해한 물질·물건·장소·행위 등 각종 청소년 유해환경을 규제하거나 청소년의 접촉 또는 접근을 제한하는 것을 말한다.
6. 청소년시설이라 함은 청소년활동·청소년복지 및 청소년보호에 제공되는 시설을 말한다.
7. 청소년지도자라 함은 청소년지도사 및 청소년상담사와 청소년시설·청소년단체·청소년관련기관 등에서 청소년육성 및 지도업무에 종사하는 자를 말한다.
8. 청소년단체라 함은 청소년육성을 주된 목적으로 설립된 법인 또는 단체를 말한다.

09 청소년보호법 상 알아둘 용어의 정의

모범답변

1 청소년이라 함은 만 19세 미만의 자를 말한다.

2 청소년유해약물 등이라 함은 청소년에게 유해한 것으로 인정되는 청소년유해약물과 청소년에게 유해한 것으로 인정되는 청소년유해물건을 말한다.

(1) **청소년유해약물**
   ① 「주세법」의 규정에 의한 주류
   ② 「담배사업법」의 규정에 의한 담배
   ③ 「마약류관리에 관한 법률」의 규정에 의한 마약류
   ④ 「유해화학물질 관리법」의 규정에 의한 환각물질
   ⑤ 기타 중추신경에 작용하여 습관성, 중독성, 내성 등을 유발하여 인체에 유해작용을 미칠 수 있는 약물 등 청소년의 사용을 제한하지 아니하면 청소년의 심신을 심각하게 훼손할 우려가 있는 약물로서 대통령령이 정하는 기준에 따라 관계 기관의 의견을 들어 청소년보호위원회가 결정하고 여성가족부장관이 이를 고시한 것

(2) **청소년유해물건**
   ① 청소년에게 음란한 행위를 조장하는 성기구 등 청소년의 사용을 제한하지 아니하면 청소년의 심신을 심각하게 훼손할 우려가 있는 성관련 물건으로서 대통령령이 정하는 기준에 따라 청소년보호위원회가 결정하고 여성가족부장관이 이를 고시한 것
   ② 청소년에게 음란성·포악성·잔인성·사행성 등을 조장하는 완구류 등 청소년의 사용을 제한하지 아니하면 청소년의 심신을 심각하게 훼손할 우려가 있는 물건으로서 대통령령이 정하는 기준에 따라 청소년보호위원회가 결정하고 여성가족부장관이 이를 고시한 것

3 청소년폭력이라 함은 폭력을 통해 청소년에게 신체적·정신적 피해를 발생하게 하는 행위를 말한다.

10 청소년활동진흥법 상 알아둘 용어의 정의

모범답변

1 청소년활동이라 함은 청소년 기본법에 규정된 청소년활동을 말한다.
2 청소년활동시설이라 함은 수련활동·교류활동·문화활동 등 청소년활동에 제공되는 시설을 말한다.
3 <u>청소년수련활동</u>이라 함은 청소년이 청소년활동에 자발적으로 참여하여 청소년 시기에 필요한 기량과 품성을 함양하는 교육적 활동으로서 청소년지도자와 함께 청소년수련거리에 참여하여 배움을 실천하는 체험활동을 말한다.
4 청소년교류활동이라 함은 청소년이 지역 간·남북 간·국가 간의 다양한 교류를 통하여 공동체의식 등을 함양하는 체험활동을 말한다.
5 청소년문화활동이라 함은 청소년이 예술활동·스포츠활동·동아리활동·봉사활동 등을 통하여 문화적 감성과 더불어 살아가는 능력을 함양하는 체험활동을 말한다.
6 청소년수련거리라 함은 수련활동에 필요한 프로그램과 이와 관련되는 사업을 말한다.

11 상담현장에서 만일 심리검사를 하게 된다면 어떤 점을 주의해야 하는가?

모범답변 청소년상담사 윤리강령에 의하면,
첫째, 청소년상담사는 심리검사를 실시하고 해석할 수 있는 능력을 배양해야 합니다.
둘째, 검사 도구를 선택, 실시, 해석함에 있어서 모든 전문가적 기준을 고려하여 사용합니다.
셋째, 청소년이 이해할 수 있는 언어로 심리검사의 잠재적 영향력, 결과, 목적, 성격에 대한 설명을 제공합니다.
마지막으로 심리검사 결과 해석의 사용을 감독하고 다른 이들이 그 정보를 오용하지 않도록 적합한 절차를 취하여야 합니다.

12 인터넷 상담(사이버 상담)의 장점과 단점은?

모범답변 인터넷 상담(사이버 상담)의 장점은 컴퓨터를 이용한 상담시간적 제약 극복, 공간적 제약 극복, 문자 중심의 의사소통, 익명성 등이며 인터넷 상담(사이버 상담)의 한계는 전산기반의 불안정성, 의사소통의 제약, 응급상담시 적극적 대처의 어려움, 대화예절의 파괴 등이 있습니다.

13. 전화상담의 특징은?

모범답변 전화상담의 특징은 익명성, 직접적, 즉시적, 편의성과 내담자의 일방적인 대화중단이 언제라도 발생할 수 있으므로 당면 문제를 재빨리 간파해야 합니다. 내담자가 상담자를 선택하고 상담의 계속 여부도 내담자에게 있으며 시간상 제약이 크기 때문에 근원적인 문제를 다룰 수 없는 전화상담의 특성을 고려할 때 분명한 상담의 목적을 세우는 것은 전화상담에서 시급히 해야 할 일입니다.

14. 청소년복지지원법 상 위기청소년의 정의는?

모범답변 위기청소년이란 가정 문제가 있거나 학업 수행 또는 사회 적응에 어려움을 겪는 등 조화롭고 건강한 성장과 생활에 필요한 여건을 갖추지 못한 청소년을 말합니다.

15. 비행청소년의 심리적 특성은? - 다음의 내용에서 2가지 정도 말하면 됨

모범답변

1. 비행청소년들은 자기에 대한 만족 및 수용 정도가 낮아 자신이 열등하며, 쓸모없고 사랑받을 만한 존재가 아니라고 느끼고 자신의 가정에 대한 만족도가 낮습니다.
2. 비행청소년들은 자신의 감정이나 욕구를 충분히 경험하거나 조절하는 데 어려움이 있습니다.
3. 비행청소년의 많은 경우가 삶의 초기에 부모와의 관계에서 거부, 학대, 상실의 경험이 있어 타인과의 의미 있는 관계를 맺는 것을 힘들어 합니다.
4. 비행청소년들의 공통적인 행동 특징은 충동적이고 주의가 산만하고, 자주 움직이고, 쉽게 흥분하고, 적은 자극에 예민하게 반응하는 경향이 있습니다.

16. 비행문제를 가진 청소년을 상담할 때 유의해야 할 사항은?

모범답변 비행문제를 가진 청소년을 상담할 때는 저항의 극복 및 변화의 동기를 증진시켜야 하며 결핍된 사회적·발달적 영역에 대한 교육이 필요합니다. 그리고 분노조절, 감정조절 능력의 훈련이 요구되며 비행이 가져오는 부정적 결과에 대한 인식을 증진시킬 필요가 있습니다.

17. 자살면담의 경우 상담을 위해 확인해야 할 부분들은?

모범답변 자살징후는 언어적, 행동적, 상징적 표현 등이 다양하게 나타나기 때문에 여러 가지 단서에 대해 미리 알고 이를 세심하게 관찰하여 대처하는 것이 중요합니다. 만약 작은 징후라도 발견되면 학부모에게 알리고 필요한 경우 전문가의 도움을 받도록 안내하고 학생과 가족과의 상담내용을 기록해 두는 것이 좋습니다.

18. 청소년을 만날 때 도움이 되는 구체적인 관계형성의 기법은?

모범답변 상담자는 첫 인상을 잘 관리하되, 청소년에게 호감을 줄 수 있는 소품과 복장 및 행동을 선택하는 것이 좋습니다. 그리고 관계형성을 위해 비밀보장에 관하여 개입 초기에 의논하며 의뢰 받은 내용을 솔직하게 다루어주는 것이 바람직하고 청소년 중심의 개입 목표를 설정하여야 합니다.

19. 청소년상담과 성인상담의 차이점은?

모범답변 청소년상담과 성인상담이 다른 점은
첫째, 청소년상담의 대상은 청소년, 청소년관련인 그리고 관련 기관 사람들이 포함됩니다.
둘째, 청소년상담 목표는 심리치료적인 측면보다는 청소년의 건전한 발달, 성장을 돕는 예방 및 교육적 측면과 위기에 처한 청소년들에 대한 직접 개입 및 지원, 자립이 포함됩니다.
마지막으로 청소년상담 방법은 일대일의 개인면접뿐만 아니라 소규모 또는 대규모 형태의 집단교육 및 훈련, 컴퓨터나 전화 등을 이용한 매체상담 등 다양한 방법을 활용합니다.

20. 청소년에게 있어서 집단상담의 장점은?

모범답변
첫째, 청소년들의 '자신만이 특이하다'는 생각에 또래집단에서 감정과 경험을 나눔으로써 도전의식을 제공합니다.
둘째, 상담자가 제공하는 안전한 구조 속에서 독립적 행동을 연습할 수 있으며 감정이입, 존중, 상대방에 대한 관심 등 새로운 사회적 기술을 연습시킬 수 있습니다.
마지막으로 집단원들의 자아 강도를 높일 수 있는 기회를 제공합니다.

21 집단상담과 개인상담의 공통점과 차이점

모범답변

1 공통점

이해적이고 허용적인 분위기를 조성하는 점과 내담자의 감정을 명료화, 반영, 해석하는 상담자의 역할이나 기법 측면에서 유사성이 있으며 개인적 자질과 개성을 발휘하도록 하기 위해 사적인 정보의 비밀을 보장한다는 점입니다.

2 차이점 - 집단상담만의 특징으로 정리

집단상담은 타인에 대한 태도나 행동반응을 즉각적으로 시도, 확인해 볼 수 있으며 집단상담자는 개인상담자보다 더 복잡한 과제를 갖게 되고, 이야기 되고 있는 대화의 의미를 파악하는 동시에, 참여자들 간의 상호관계의 역동에 민감해야 합니다.

22 부모상담과 학생상담의 차이는?

모범답변 학생상담의 방향은 아이들의 내부에 존재하는 성장하려는 힘을 길러주는 과정이 되어야 합니다. 청소년들의 내부에 잠재해 있는 성장하고자 하는 힘을 일깨워주고, 흔들어주고, 살려내어서, 자기 성장과 관계성장을 이루어서 창의적으로 자기실현을 하도록 도와주는 일이 상담활동의 목표가 되어야 합니다.

반면, 부모상담은 부모가 내담자로서, 부모의 양육방식과 자녀의 문제행동과의 관계를 탐색해야 하며 자녀의 특성을 설명해주고, 부모교육을 실시하는 것으로, 부모와 자녀 사이에 객관성과 비밀을 유지하면서 상담을 실시하는 것이 좋습니다.

23 엘리스의 ABCDE를 설명하면?

모범답변

▶ **엘리스의 ABCDE 모형은 다음과 같습니다.**

① A(Antecedents) : 내담자가 노출되었던 문제 장면 또는 선행사건
② B(Belief system) : 문제 장면에 대한 내담자의 관점 또는 신념
③ C(Consequences) : 선행사건 때문에 생겨났다고 내담자가 보고하는 정서적·행동적 결과
④ D(Dispute) : 비합리적 신념에 대한 상담자의 논박
⑤ E(Effect) : 내담자의 비합리적 신념을 직면 또는 논박한 효과

24. 청소년 내담자와 성인 내담자의 차이점은?

모범답변 청소년은 여러 면에서 성인과 다릅니다. 청소년들은 주변 어른과 어떤 관계를 경험했는가에 따라 상담자와의 라포 형성에 차이를 보입니다. 청소년은 권위자에 대해 반항적인 태도를 보이는 면이 있기 때문에 상담자와의 관계에 대해서도 저항하는 모습을 보일 수 있습니다.

25. 다문화가정의 학생을 상담하게 된다면 주의해야 할 점은?

모범답변 상담자가 다문화가정의 학생에 대한 상담을 일반 상담과 다르게 접근할 것인가, 아니면 변별력을 두지 않고 접근할 것인가의 문제를 결정하는 것은 쉬운 일이 아닙니다. 다문화가정의 뿌리를 인정하려는 소수 민족 정책의 일환으로 접근하는 방법과 한국 문화에 동화를 목표로 하는 접근 방법에 근거하여 달라질 수 있기 때문에 사회적 차원(따돌림 등), 문화적 차원(학습지도 등), 언어적 차원(한글 등 의사소통), 개인적 차원(결손 가정 등)의 네 가지의 틀로 접근하는 것이 바람직할 것입니다.

26. 성(性)과 관련된 전화상담에서 상담자가 주의해야 할 점은?

모범답변 성(性)과 관련된 전화상담에서 상담자가 주의해야 할 점은
첫째, 비밀의 완전보장을 해 주어 상담내용을 철저하게 비밀유지를 해줌으로써 아이가 상처를 받지 않게 합니다.
둘째, 객관적·무비판적으로 대하고 상담자의 경험을 절대화 시키지 않으며, 지나치게 교훈적이거나 비판적으로 대하지 않아야 합니다.
셋째, 충분한 기다림을 가져야 하며 성급히 단정 짓거나 말을 끊어 더 이상 이야기가 진전되지 못하도록 하는 잘못을 범해서는 안 됩니다.
넷째, 무엇을 어떻게 해야 하는지 주저하는 청소년들에게 상담자의 적절한 질문은 대화 촉진의 중요한 힘이 될 수 있습니다. 마지막으로 성상담은 정보와 교육의 역할이 크다고 볼 수 있으므로 정확한 정보를 제공해 줍니다.

27 인터넷 중독자의 특성은?

모범답변 인터넷(게임) 중독의 일반적인 증상은 대부분 시간을 게임을 하는 데에 보내는 강박적 집착과 사용, "1분만 더!" 증후군(one more minute syndrome)이라는 시간 왜곡 경험, 만족하기 위해 더 많은 시간을 인터넷 사용에 보내는 내성과 금단현상, 일상 생활 장애, 만성 피로감, 심장마비 등의 신체적 증상, 게임을 하지 않아도 장면이 머릿속에 떠오르는 잔영 현상 등이 나타납니다.

28 청소년상담에서 비자발적 내담자를 상담에 참여시키는 방법은?

모범답변 비자발적 내담자를 상담에 참여시키는 방법은 내담자의 분노, 좌절, 방어 등을 예견해야 하고 비판단적, 수용, 인내, 이해 등을 보여주는 것이 중요합니다. 그리고 내담자를 합리적인 방법으로 설득하면서, 때에 따라서는 직면을 하여 다른 행동 방식을 발달시키거나 문제에 대한 새로운 인식을 얻게 하는 것이 바람직합니다.

29 학교폭력의 징후

모범답변

1. 갑자기 옷이 지저분하거나 단추가 떨어지고 구겨져 있다.
2. 안색이 좋지 않거나 평소보다 기운이 없다.
3. 친구가 시키는 대로 그대로 따른다.
4. 항상 힘겨루기 대상이 되고 패자가 된다.
5. 발표를 하거나 무슨 일을 할 때 전에 없이 자주 흠칫 거린다.
6. 친구 심부름을 하는 경우가 많아진다.
7. 혼자 지내는 모습이 두드러지게 많아진다.
8. 험담을 들어도 반발하지 않는다.
9. 몸이 아프다며 결석과 양호실 출입이 잦다.
10. 성적이 갑자기 떨어지고 이유를 잘 말하지 않는다.

30. 성폭력을 당한 학생의 징후

모범답변

1. 신체적 손상, 비뇨기와 관련된 질병이나 두통, 위장장애와 같은 신체적 질병의 징후
2. 평소와 다르게 까다롭거나 갑작스러운 극도의 수줍음
3. 안정감 상실과 정상적인 시간표에 부적응이 생기며 학교생활에 변화가 옴
4. 음식을 거부하거나, 선호하는 오락, 텔레비전 프로그램, 활동 등을 즐기지 못함
5. 낯선 사람에 대한 지나친 공포, 어둠에 대한 갑작스런 공포
6. 잠들기 어렵거나 악몽에 시달림
7. 생식기를 자주 씻음
8. 고민이 있는 것처럼 보이며 안절부절 하고 잦은 분노감정의 폭발
9. 우울, 자살 경향, 술이나 약물 중독, 가출 등

31. 청소년 자살에 대한 이해

1 청소년 자살의 특성

발달 단계적 특성상 자살 시도율이 높은 시기이다.	• 전두엽 발달이 완전하지 못하여 종합적 사고가 어려운 시기 • 신체적·정서적 많은 변화로 인한 격동의 시기 • 지적 변화로 기존의 가치나 규범에 도전하는 시기 • 자아정체성이 확립되지 않은 정체성 혼란의 시기 • 학교생활과 학업 스트레스가 많은 시기
계획적인 경우보다 충동적인 경우가 많다.	• 무가치하다고 생각될 때 충동적으로 선택 • 부모나 주변 어른들의 잔소리가 싫어질 때 충동적으로 선택 • 여러 사람 앞에서 비난이나 꾸중을 들을 때 충동적으로 선택
자기 나름대로의 분명한 자살동기를 갖는다.	• 자살을 준비하던 중 "나가 죽어라"라는 말이 방아쇠가 되어 바로 시도 • 고통의 끝이나 문제해결의 대안으로 선택 • 분명한 이유를 만들어 합리화하는 경향 • 남을 조정하거나 보복하려는 동기로 선택
동반자살 및 모방 자살 가능성이 있다.	• 피암시성이 강함 • 자살사이트를 통한 관심 • 연예인이나 추종자의 죽음으로 연쇄 자살
죽음에 대한 환상을 갖고 있다.	• 판타지 소설류나 인터넷 게임의 영향 • 대중매체가 전하는 자살소식을 여과장치 없이 받아들임 • 죽음을 문제해결방법으로 잘못 생각

2 위험요인과 보호요인

(1) 위험요인

위험요인이란 개인을 둘러싸고 있는 내·외적 환경이나 개인의 특성 중 부정적인 영향을 미치는 요인을 말한다.

① 위험요인을 가진 취약한 학생은 자살 위험이 낮다가도 갑자기 높아질 수 있다.
② 자살경고 징후에 관한 완벽한 리스트는 없다.
③ 자살은 항상 다차원적이다.
④ 만약 위험요인을 줄일 수 있다면 자살위험성을 줄일 수 있다.

(2) 보호 요인

보호요인이란 개인의 발달에 부정적인 영향을 감소시키고 개인의 위험요인을 감소시킬 수 있도록 도와주는 요인을 말한다.

① 주어진 상황에서 오는 자극과 스트레스를 잘 견디고 해결해 나갈 수 있는 능력을 기르는 것이 중요하다.
② 가족 간에 긍정적인 가치관을 가지고 서로를 지지하는 분위기를 만드는 것이 가장 중요하다.
③ 교사의 지지와 허용이 가장 중요하며, 위험을 감지하고 처리할 수 있는 관리체계 구축이 필요하다.
④ 위험에 처해 있는 청소년들에게 구조적으로 도움을 줄 수 있는 사회지지 기관과 제반 법률들이 구성되어야 한다.

32 가정 밖 청소년 귀가 후 대처방법

모범답변

1 편안하게 맞이하기

(1) 마음 준비하기

가출했던 자녀가 집으로 들어오면 부모는 여러 마음이 교차, 반갑기도 하고 원망스러운 마음이 들기도 하지만 이러한 마음을 접어두고 중요하게 생각해야 할 것은 돌아온 아이를 편안하게 맞이하는 것이다.

(2) 따뜻하게 받아들이기

자녀를 따뜻하고 진정으로 반기는 마음으로 안아주거나 등을 쓰다듬거나 손을 꼭 잡아준다.

(3) 반겨주는 말 표현하기

자녀에게 애정이 어린 말을 한다.

2 정서적으로 안정을 찾을 수 있도록 돕기

(1) 신체적 상태를 관심 있게 살피기

잘 먹이고, 쌓였던 피곤을 풀 수 있도록 목욕을 시키거나 충분히 자게하고 다친 곳은 없는지 세심하게 살펴본다.

(2) 안정된 시간 갖기

서로의 감정을 가라앉히기 위해서는 어느 정도 안정할 시간이 필요하며 이때 가출한 동안 있었던 일과 이유에 대해 다그쳐 묻거나 아이의 눈치를 보면서 어쩔 줄 몰라 하면 서로 간의 긴장을 더 높이게 된다.

3 가출하게 된 자녀의 밑 마음 알아보기

부모 자신의 놀란 마음을 전달하거나, 자녀를 교육, 설득하기에 앞서 자녀가 왜 집을 나갔는지에 대한 밑마음을 이해하고 적절한 대처방안을 찾아야 한다.

4 부모의 기대를 분명히 전달하기

가출에 대한 부모의 의견을 분명히 이야기하고 부모 자신이 가정 내 변화를 위해 어떤 노력을 할 것인지를 약속하며 가출만 하지 않으면 무엇이든 다 해주겠다는 태도를 절대 보여서는 안 된다.

5 새로운 계약 맺기와 힘 북돋아주기

가출하지 말자는 새로운 계약과 가출에 대처할 수 있는 방법들을 같이 정한다.

6 가출 자녀를 둔 부모의 감정 읽기

(1) 부모는 자녀의 가출 사실을 다른 사람들에게 비밀로 하는 경우가 많고, 상황을 수습하느라 자신의 감정을 정리할 경황이 없다.

(2) **불안, 두려움**

자녀에게 무슨 나쁜 일이 일어나지 않을까 하는 불안과 걱정이 크다.

(3) **실망, 분노, 배신감**

어쩌면 이렇게 부모 속을 썩일 수 있나 생각하며, 아이에 대해 몹시 화가 나고 실망하고 배신감을 느낀다.

(4) **당혹감, 무력감, 좌절감**

아이의 돌출행동에 대해 당혹스럽고, 자녀교육에 실패했다는 생각에 무력감과 좌절감을 느끼게 된다.

(5) **슬픔, 우울, 수치심**

시간이 지나면서 실망과 분노, 좌절감이 수치심과 슬픔, 우울한 감정으로 변하게 된다.

(6) 부모들의 감정들이 충분히 정리되지 않을 때 부모는 우울증이나 무기력증에 빠질 수 있고, 자녀가 귀가했을 때 감정적으로 퍼부을 가능성이 높다.

33 경청의 방법 2가지

(모범답변) 경청의 방법은 소극적 경청과 적극적(반영적) 경청이 있다.

1 소극적 경청

(1) **정의**

수동적으로 들어주는 형태로써, 상대방의 이야기에 대해 질문하거나 반박하는 것과 같은 외현적 표현을 하지 않고 들어주는 것으로, 쉽게 말하면 침묵이라고 표현할 수 있다.

(2) **소극적 경청의 효과**

소극적 경청은 상대방으로 하여금 더 많은 이야기를 털어놓도록 격려해 주는 효과적인 비언어적인 메시지이며 침묵하면서 상대방의 이야기를 수용하면서 경청하면 공감을 전달할 수가 있다.

2 적극적(반영적) 경청

(1) **정의**

자신이 상대방의 이야기를 집중하고 있다는 것을 상대가 지각할 수 있도록 외현적인 표현을 하면서 듣는 형태로, 대화중의 불확실하거나 이해되지 않는 부분에 질문과 공감의 표시를 할 수 있다.

(2) **적극적 경청의 효과**

적극적 경청은 내담자의 문제를 스스로 해결하도록 도와주며 내담자의 말을 경청하는 주의력을 높여주며 또한 내담자 - 상담자 관계가 친밀해지고 의미 있는 관계로 된다.

34 로저스가 강조한 인간중심치료 이론에서 치료자의 특성(태도) 3가지

모범답변

1 일치성 또는 진실성
치료자가 자신을 숨기려하지 않고 꾸밈없이 자신의 모습을 있는 그대로 내담자에게 나타내 보이는 것이다.

2 공감적 이해
내담자가 경험하고 있는 감정들의 의미들을 치료자가 정확하게 감지하고 민감하게 이해하는 동참하는 능력이다.

3 무조건적인 긍정적 존중
내담자의 모든 것을 있는 그대로 조건 없이 가치 있는 것으로 받아들이고 존중하는 것이다.

35 인지행동치료 ABCDE에 기초하여 치료계획을 세우면 어떻게 할 것인가?

모범답변

1) 엘리스의 합리정서행동치료 모델의 개입과정을 ABCDE의 모델로 간단히 도식화하고 있으며 이 도식에 의하면 사건 (A)가 (C)의 정서나 행동 상태를 일으키는 원인이 아니라, 사건 (A)에 대한 개인의 신념체계인 (B)가 (C)를 유발하는 주요 원인이라고 보는 것이다.
2) 따라서 (B) 지점이 가장 중요한 부분으로 간주되어 개인이 가지고 있는 비합리적인 신념체계를 발견하여 이를 철저히 논박함(D)으로써 합리적인 신념체계를 바꾸어 주도록 시도한다.

인지행동치료 ABCDE에 기초한 단계별 치료계획을 세우면 다음과 같다.

(1) 1단계
   ① 치료자는 내담자가 어떠한 비합리적인 생각과 신념을 가지고 있는지를 재빨리 찾아내어 이를 내담자에게 보여준다.
   ② 그리하여 내담자로 하여금 자신에게 비합리적이고 자학적인 사고방식과 태도가 있다는 것을 분명히 자각하고 인식하도록 한다.

(2) 2단계
   내담자의 신념이 어떻게 심리적 고민과 정서적 혼란의 원인이 되고 있는가를 보여준다.

(3) 3단계

내담자가 갖고 있는 비논리적인 신념들이 사실은 내면화된 자기 독백의 내용으로 어떻게 연결되고 있는가를 깨닫도록 인도하기 위해 치료자는 내담자가 갖고 있는 머릿속의 신념을 구체적인 문장으로 정확하게 표현해 준다.

(4) 4단계

비합리적인 신념을 논박해 보도록 자기의 사고방식을 분석하고 교정하는 시간을 가짐으로서 지금까지와는 다른 새로운 신념체계인 합리적이고 융통성 있고 효율적인 사고로 바꾸게 한다.

36 상담의 초기 단계에 반드시 이루어져야 하는 내용

모범답변

1 관계 형성

상담자는 내담자와 신뢰로우며 허용적인 분위기를 형성하는 관계가 중요하다.

2 내담자에 대한 이해와 평가

상담자는 내담자가 상담을 받으러 온 계기와 내담자의 개인적 특성과 정보를 파악하여 내담자의 문제를 보다 명료화하고 이를 이해하여야 한다.

3 상담의 구조화

(1) 상담자는 상담의 구조화를 하여야 하는데, 이는 상담의 효과를 극대화하기 위해 필요한 것이다.
(2) 상담의 구조화는 상담자와 내담자와의 관계의 본질, 상담의 한계 및 목표 등을 정하고 상담자와 내담자의 역할, 바람직한 태도 등 상담의 모든 조건에 대해 명확히 하는 과정이다.

4 목표 설정

상담의 목표는 상담방향을 제시하고 상담전략을 계획할 수 있도록 하는데 도움이 되며 상담자가 판단을 하는 기준이 되기 때문에 내담자와의 협의를 통해 상담목표를 설정하여야 한다.

37. 바람직하게 상담을 종결하기 위해 상담관계를 마무리하면서 해야 할 일

모범답변

1 이별의 감정 다루기

내담자가 분리 불안을 잘 다루면서 스스로 설 수 있도록 지지하여야 하며 종결 후에도 상담이 가능하다는 것을 알려 주어 내담자에게 심리적인 안정감을 줄 수 있도록 해야 한다.

2 상담 성과에 대한 평가와 문제 해결력 다지기

(1) 상담 과정을 통해서 변화하고 성장한 것은 무엇인지, 상담을 통해 해결하지 못한 것은 무엇인지 탐색해 본다.
(2) 일상생활에서 상담 성과가 유지되기 위해서 필요한 노력을 구체화한다.

3 의존성 감소하기

내담자의 의존성을 줄여나가는 노력이 요구되며 이를 위해 회기간격을 늘리는 것이 좋다.

4 추수상담에 관해 논의하기

추수상담은 내담자의 행동 변화를 지속적으로 점검하고, 내담자가 잘하는 점을 강화하고 부족한 점을 보완할 수 있다.

38. 인터넷 게임 중독의 증후

모범답변

1 인터넷 게임에 과도하게 몰입하여 계속 하기를 원하고 게임을 하고 있지 않을 때 불안, 초조감을 느끼는 금단 현상을 경험한다.
2 게임을 끊으려는 시도를 하지만, 여러 번 실패한 경험이 있다.
3 게임에 매달리는 일이 시간과 돈의 낭비이고 건강에도 좋지 않다는 것을 알면서도 게임을 끊기 매우 힘들어한다.
4 게임을 하면 할수록 더욱 오래해야만 만족하거나 더욱 폭력적이고 자극적인 게임을 해야만 만족하게 되는 내성을 경험한다.
5 불규칙한 식사와 수면부족으로 일상의 리듬이 깨어지고 건강을 해치게 된다.
6 게임에 몰입하여 오랜 시간을 보냄으로 인해서 학업 문제를 비롯한 현실 생활에서 어려움을 경험한다.
7 혼자 게임에 빠져 가족이나 친구 등 대인관계에 문제가 발생한다.
8 거의 매일 하루 평균 4시간 이상 게임을 한다.

39 인터넷 중독이 의심될 때 중독에서 벗어날 수 있도록 일반적으로 추천하는 방법

모범답변

1. 컴퓨터를 가족의 공동 장소인 거실에 두어 내담자의 부적절한 인터넷 사용을 방지한다.
2. 컴퓨터 사용시간을 계획하도록 하여 내담자 스스로 자신의 컴퓨터 사용을 통제하도록 유도한다.
3. 컴퓨터 이외의 다른 취미활동이나 운동을 권유함으로써 관심 영역을 분산시키는 동시에 신체적·정신적 건강을 도모하도록 한다.
4. 내담자 자신이 해야 할 일을 먼저 완수하도록 한 후, 일종의 보상으로서 정해진 시간만큼 컴퓨터를 사용할 수 있도록 유도한다.
5. 평소 대화 시간을 늘림으로써 일상생활이나 대인관계 등의 고민에 대해 온화한 분위기에서 이야기를 나누도록 한다.

40 상담자가 내담자의 비밀보장을 할 수 없는 경우

모범답변

1. 법률에 의해 위임된 경우
2. 필요한 전문적 서비스를 제공하거나 적절한 전문적 자문을 구하기 위한 경우
3. 내담자/환자 자신, 심리학자 또는 그 밖의 사람들을 상해로부터 보호하기 위한 경우
4. 내담자/환자에게 에이즈와 같은 감염성 질병이 있는 경우
5. 내담자가 범죄행위와 같은 위법행위 계획을 밝힐 경우

CHAPTER 04 청소년 관련 이슈

01 아동학대[1]의 원인은 무엇이라고 생각하는가?

모범답변 아동학대 원인으로는 문제가 있는 가정이나 이혼, 별거 등으로 불완전한 가족구조의 증가와 경제적 어려움으로 인해 가정의 양육역할이 제대로 이루어지지 못하는데 있다고 봅니다. 또한 친권의식이 강한 우리나라에서 아동을 부모의 소유물로 생각하는 부모나 사회 구성원의 사회적 인식에 따라 발생하기도 한다고 봅니다.

02 아동학대에 대한 해결책은 무엇이라고 생각하는가?

모범답변 아동학대의 해결책으로는 가장 먼저 예방이 우선되어야 한다고 생각합니다. 양육기능이 약화된 가정을 발견하고 도움이 되는 프로그램으로 기능회복을 도와줌으로써 아동학대를 방지하고 아동의 권리에 대해 시민에게 홍보함으로써 가정에서 뿐만 아니라 사회에서도 보호받아야 하는 존재로서 인식하게 하는 것이 가장 중요한 것 같습니다.

03 청소년의 게임중독과 그 원인

모범답변 청소년의 게임중독은 게임에 몰입하고 만족하기 위해 게임시간을 더 늘리는 내성현상이 있으며, 반복적인 접속으로 인해 학업에 소홀히고 현실의 일상생활에 흥미를 잃어 인간관계보다 게임에 몰두하고 게임을 하지 않으면 불안, 초조, 환상 등의 금단현상을 경험하는 것입니다.

청소년의 게임중독의 원인으로는 게임 자체의 특성, 게임을 하는 청소년의 심리적인 부분, 사회적인 분위기를 들 수 있습니다. 단계적으로 이루어진 대부분의 게임은 처음에는 쉽다가 점차 어려워지는데, 청소년은 어려운 단계에서 아슬아슬하게 게임이 끝나게 되면 아쉬움과 그 게임을 정복하고자 하는 승부욕으로 끝까지 도전하게 된다는 것입니다.

---

[1] 긴급전화 : 1577-1391, 보건복지상담콜센터 129, 직무상 신고의무자 미 신고시 1,000만 원 이하의 과태로 부과

04 가정 밖 청소년 귀가 후 대처방법을 부모에게 알려준다면?

모범답변 우선 편안하게 맞이해주는 것이 좋을 것입니다. 가정밖에 있던 자녀가 집으로 들어오면 부모는 여러 마음이 교차하면서 반갑기도 하고 원망스러운 마음이 들기도 하지만, 이러한 마음을 접어두고 중요하게 생각해야 할 것은 돌아온 아이를 편안하게 맞이하는 것입니다. 자녀를 따뜻하고 진정으로 반기는 마음으로 안아주거나 등을 쓰다듬거나 손을 꼭 잡아주어 정서적으로 안정을 찾을 수 있도록 돕는 것이 중요합니다. 그리고 가정밖에 머물렀던 것에 대한 부모의 의견을 분명히 이야기하고 부모 자신이 가정 내 변화를 위해 어떤 노력을 할 것인지를 약속하는 것이 필요합니다.

05 가정 밖 청소년의 선도방안 및 예방대책을 말해보라.

모범답변 가출은 가족문제, 학교 내에서의 스트레스와 같은 요인들의 복잡한 상호작용으로 일어나기도 합니다. 가정 밖 청소년의 공통적인 특징은 대인관계에 서투르고 자의식이 강하여, 무시당하는 것에 쉽게 분노하며 판단이 충동적입니다. 이에 대해서는 조기예방이 가장 중요할 것입니다. 가정에서의 불만이 가출의 직접적 원인인 만큼 권위적이기 보다는 민주적인 가정 분위기가 중요합니다. 그리고 청소년의 흥미와 적성을 고려한 교육경험을 제공하며 성장과 발달을 돕는 교우관계 기술도 가르쳐야 합니다. 더 나아가 가정과 학교, 지역사회의 원스톱적인 접근이 필요합니다.

실력 다지기 — 가정 밖 청소년을 위한 활동

가정 밖 청소년 아웃리치 활동
1) 가정 밖 청소년 아웃리치 활동으로 가정 밖 청소년의 조기발견을 통한 가정복귀 및 복지적 지원을 함
2) 비행·폭력과 약물중독, 성관련 문제 등 2차적 문제행동에 빠지게 될 가능성이 높아 초기에 집중구호를 함
3) 아웃리치 과정에서 발견된 가정 밖 청소년에게는 가정복귀를 돕거나 청소년통합지원체계(청소년 안전망)의 정보 및 자원을 활용해 청소년쉼터 보호 등 다양한 지원을 제공함

가정 밖 청소년에 대한 견해
청소년 가출은 부모의 불화나 학대, 폭력, 부모의 방임 등 청소년이 숨막히는 상황에서 벗어나고자 가출을 하게 된다. 그리고 청소년 가출은 비행, 약물중독, 학교 중퇴, 성매매 등의 범죄에 노출될 수 있다는 것이 문제이다. 따라서 사후적인 개입보다는 사전적인 예방책이 중요하다고 본다.

06 우리 사회에서 자살률이 높은 이유를 청소년을 대상으로 견해를 말해보라.

모범답변 청소년 대상의 자살률이 높은 이유를 생활 스트레스 측면에서 본다면 학습에 대한 스트레스, 가족문제에 대한 스트레스, 학교생활에서 친구관계로부터의 스트레스 등으로 우울에 빠져들 가능성이 매우 높고 이 상황이 자살로 이어질 확률이 높다고 봅니다. 그리고 사회적 측면으로 본다면, 가족의 비조직화와 응집성이 결여되어 갈등이 더 높은 상황에서 청소년이 자살에 이를 확률이 높다고 봅니다.

07 자살을 해결하는 방법을 청소년을 대상으로 말해보라.

모범답변 자살을 예방하고 치료하는 방법은 자살에 대해 말하는 청소년과 이전에 자살을 시도한 청소년들은 매우 심각하게 고려할 필요가 있으며 그들이 재빨리 도움을 얻을 수 있도록 해주어야 합니다. 그리고 자살각성 프로그램의 하나인 '다시 생각하기' 운영과 학교와 지역사회가 친구의 자살 이후에 청소년들에 대한 정서적 지원을 제공해 줄 필요가 있을 것입니다.

08 학교폭력의 원인과 문제점을 말해보라.

모범답변 학교폭력 원인에는 학업적 스트레스, 개인적인 성품의 문제 등 많겠지만, 제가 생각하는 한 가지는 친구들과의 관계에서 찾아볼 수 있을 것입니다. 다시 말하면, 또래 친구에 대한 배려나 이해의 부족이 문제라고 생각합니다. 또래 친구에게 경멸감을 갖거나, 복종감을 요구하는 등의 잘못된 관계 의식이 원인이라고 봅니다. 학교폭력의 문제점은 가해자의 가해도 문제이지만, 피해자의 입장에서 낮은 자존감 형성, 따돌림과 같은 왕따 문제, 우울증 유발, 더 나아가서는 끔찍한 자살로 이어지는 문제가 생길 수 있습니다.

> **실력 다지기** **학교폭력의 원인**
>
> 학교폭력의 원인으로 첫째, 핵가족화와 대중문화의 영향으로 예절 교육이 부족하기 때문이라고 생각합니다. 둘째, 개인 이기주의의 심화를 들 수 있습니다. 성적우선주의로 진정한 대화 상대보다는 학원의 학습문화에 길들여지고 잠시 짬이 나더라도 인터넷을 이용하면서 스트레스를 풀다보니 악플과 폭력성 게임 등으로 폐쇄된 생활에 익숙해지고, 놀이문화와 건전한 청소년 공간이 부족하기 때문입니다.

09 사이버 모욕을 해결하기 위한 대안을 말해보라.

모범답변 사이버 모욕을 해결하기 위한 대안은 2가지로 말씀드리고 싶습니다. 첫째, 청소년들에게 악플 예방교육을 실시하는 것입니다. 일부 학생들은 학교 등에서 평소에 안하던 욕을 쏟아내고 연예인에 대한 근거 없는 소문을 냅니다. 학생들을 대상으로 악플에 대해 예방·교육을 하며 미래에 대한 대비를 해야 합니다. 둘째, 포털 사이트의 행동이 요구됩니다. 포털 사이트는 자신들의 내용에 관한 책임이 없다고 이야기를 하지만, 분명 그에 따르는 책임이 있으므로 책임을 질 필요가 있다고 봅니다.

10 학교폭력이 발생하였을 때 청소년상담사로서 어떻게 대처할 것인가?

모범답변 제가 근무하는 곳에서 학교폭력이 발생하였을 때 우선 안전을 고려하여, 먼저 폭력 피해자와 주변 학생들이 안전하도록 조치를 취하겠습니다. 학교 폭력의 경우 당사자 모두가 결국 피해자가 되는 경우가 많기 때문에 피해의 정도를 파악하여 추후 폭력예방 대책을 마련하고, 상담을 통해 상처를 치유할 수 있도록 최선을 다할 것입니다. 마지막으로 폭력 가해자와 피해자, 그리고 그 가족에게 도움을 줄 수 있는 지역사회 자원을 지속적으로 연계(청소년 안전망 활용)하여 2차 피해를 예방하고 건강하게 학교생활을 할 수 있도록 돕겠습니다.

11 약물중독 문제가 있는 청소년에 대한 개입에 대해 말해보라.

모범답변 법적규제로 청소년들이 유해약물에 접근하는 것을 차단하는 것도 중요한 부분이지만, 약물중독의 사전예방적 차원이 무엇보다 중요하다고 봅니다. 그러한 차원에서 청소년을 보호하기 위해 가족과 학교, 지역사회가 서로 연계하여 지속적으로 노력하는 것이 필요하며 정부 차원에서는 약물중독 집단프로그램 개발과 운영, 전문치료기관과의 연계체계 구축이 필요하다고 생각합니다.

> **실력 다지기** 　**청소년 남용 약물의 종류**
> 1) **중추신경 흥분제** - 뇌신경 세포의 기능을 흥분시키는 약물로써 담배, 카페인, 암페타민류(필로폰), 코카인 등이 있다.
> 2) **중추신경 억제제** - 뇌신경 세포의 기능을 억제시키는 약물로써 술, 마약류, 신경안정제 등이 있다.
> 3) **환각제** - 뇌신경 세포의 기능을 흥분시키기도 하고, 억제시키기도 하는 약물로써 대마초 등이 있다.

12 청소년기의 상상의 청중과 개인의 우화에 대하여 설명하고, 요즘 청소년들이 연예인들을 따라하는 것에 대해 어떻게 생각하는지?

모범답변 상상적 청중과 개인의 우화 모두 자기중심성에서 나타나는 것입니다. 상상의 청중은 자의식의 과잉으로 자신이 타인의 집중적인 관심을 받고 있다고 착각하여 과장된 행동을 하는 것입니다. 개인적 우화는 자신이 남과는 다른 특별하고 독특한 존재라고 생각하여 자신을 불멸의 존재로 착각하고 무모한 행동을 일삼는 것입니다. 청소년들이 연예인들을 따라하는 것은 일종의 동일시 현상이라고 생각합니다. 이는 자연스러운 현상일 수도 있겠지만, 무비판적인 몰입은 청소년의 성장에 문제가 있을 수 있으므로 청소년이 자신을 돌아볼 수 있는 기회를 주고, 가정과 학교에서의 지도교육으로 사전에 문제가 될 수 있는 소지는 막아야 한다고 생각합니다.

CHAPTER 05 최근 면접 질문(1급 질문 위주로)

01 청소년상담에서 슈퍼비전이란 무엇인가요?

모범답변 청소년상담에서 슈퍼비전은 상담자가 보다 전문적이고 윤리적인 상담을 수행할 수 있도록 경험 많은 전문가가 상담 과정을 지도하고 점검해주는 교육적·지원적 관계라고 생각합니다.

슈퍼비전은 단순한 상담기술의 피드백을 넘어서 상담자의 자기 이해를 돕고, 내담자에 대한 통찰을 확장시키며, 윤리적 판단을 함께 검토하는 과정입니다. 청소년상담에서 슈퍼비전은 상담자의 전문성과 윤리성을 유지하고, 상담의 질을 높이기 위한 핵심적인 교육·성찰·지원 체계라고 할 수 있습니다.

02 슈퍼바이저로써 슈퍼비전의 역할에 대해서 말해보세요.

모범답변 슈퍼비전의 역할은 단순히 상담 기술을 가르치는 것을 넘어서 상담자의 전문성, 자기성찰, 윤리의식까지 함께 성장하도록 돕는 과정이라고 생각합니다. 슈퍼바이저는 상담자의 사례 개념화 능력과 임상적 판단력, 감정 반응을 함께 탐색하고 조율하는 역할을 수행합니다. 또한 슈퍼비전 관계 안에서 일어나는 상호작용을 통해 상담자의 역전이나 한계점을 점검하고, 건강하게 개입할 수 있도록 지원하기 때문에 안전하고 개방적인 학습의 장을 마련하는 것이 핵심이라고 생각합니다.

03 슈퍼바이저가 슈퍼비전 시간이나 날짜를 계속 변경한다면 슈퍼바이지인 당신은 어떻게 하실 건가요.

모범답변 슈퍼비전이 지속적으로 변경될 경우, 처음에는 슈퍼바이저의 일정이나 상황을 이해하려는 태도로 기다릴 수 있을 것 같습니다. 하지만 일정 변경이 반복되면 슈퍼비전의 흐름이 끊기고 상담에 대한 성찰과 학습 기회가 제한될 수 있기 때문에 조심스럽게 저의 입장을 전달할 필요가 있다고 생각합니다.

저는 먼저 슈퍼바이저의 상황을 여쭤본 후, 슈퍼비전이 제게 얼마나 중요한 시간인지 솔직하게 말씀드릴 것 같습니다. 직접적인 표현보다는 "제가 놓치는 게 있는 것 같아 걱정된다."는 식으로 정중하면서도 진심이 전달되도록 말하겠습니다. 이 과정을 통해 서로의 입장을 이해하고 슈퍼비전이 안정적으로 유지될 수 있는 방향을 함께 모색하고 싶습니다.

04 슈퍼바이지에게 슈퍼비전을 할 때 슈퍼바이저로써 통합 접근 모델을 어떻게 적용하실 건가요?

모범답변 슈퍼바이저인 저는 슈퍼바이지의 발달 수준과 사례의 특성에 따라 통합적 슈퍼비전 모델을 유연하게 적용할 것입니다. 기술지도, 사례 개념화, 자기 성찰 등 슈퍼바이지에게 필요한 개입을 상황에 맞춰 조절하며 때로는 다른 이론적 접근을 보완적으로 제시해 상담적인 사고의 폭을 넓히도록 돕습니다. 또한 슈퍼비전 관계 안에서 나타나는 감정 반응이나 역동을 함께 탐색하여 상담자로서의 자기 인식과 전문성을 함께 성장시킬 수 있도록 지원할 것입니다.

05 슈퍼비전을 거부하는 상담자에게 어떻게 할 것인가요?

모범답변 슈퍼비전을 거부하는 상담자에게는 먼저 그 거부의 이유를 경청하고, 슈퍼비전에 대해 갖고 있는 오해나 부담을 함께 풀어가려는 태도로 접근하겠습니다. 슈퍼비전이 전문성 점검이 아니라, 상담자 자신을 지지하고 보호하는 장이라는 점을 안내하고 경험적으로 긍정적인 슈퍼비전 사례를 공유하겠습니다. 필요하다면 점진적으로 참여할 수 있는 방식부터 제안하여 자발적 참여를 유도하겠습니다.

06 슈퍼비전으로서 상담이론과 전문의 진단에서 서로 다른 의견이 발생한다면 어떻게 대처할 것인가요?

모범답변 상담이론과 전문의 진단 간에 이견이 발생할 경우, 먼저 각 관점의 근거와 목적을 명료화할 것입니다. 진단은 주로 증상의 분류와 치료 방향에 초점을 두고, 상담은 내담자의 맥락과 의미를 이해하는 과정이기 때문에 두 입장이 충돌이 아닌 상호 보완이 될 수 있도록 내담자에게 안내할 것입니다.
슈퍼비전에서는 슈퍼바이지가 다양한 관점을 균형 있게 고려하면서 내담자에게 가장 적절한 접근을 선택할 수 있도록 도와주는 태도를 가질 것입니다.

07 만일 슈퍼바이지가 덜 성실하고 상담을 제대로 못할 때 슈퍼바이저로써 어떻게 슈퍼바이지를 대할 것인가요?

모범답변 슈퍼바이지가 성실하지 않거나 상담 수행에 반복적인 어려움을 보일 경우, 먼저 판단보다는 관찰과 질문을 통해 그 이면의 맥락을 이해하는 것이 필요합니다. 실제 역량의 부족인지, 피로감이나 동기의 저하 때문인지, 혹은 조직 내 갈등과 같은 상황적 요인이 있는지를 함께 탐색하며 대화를 시도할 것입니다. 필요시에는 구체적인 피드백과 실천 가능한 목표를 설정하고, 성장을 위한 지원과 동시에 전문직 윤리에 대한 안내도 병행할 것입니다.

08. 좋은 상담자는 좋은 슈퍼바이저가 될 수 있다고 보나요? 그렇다면 근거는 무엇인가요?

모범답변 좋은 상담자가 반드시 좋은 슈퍼바이저가 된다고는 단정할 수 없지만, 좋은 상담자는 내담자를 존중하고 공감하며 성장하도록 돕는 태도를 지닌다는 점에서 좋은 슈퍼바이저로 성장할 수 있는 가능성이 높다고 생각합니다. 슈퍼비전도 관계 기반의 전문적 개입이기 때문에 상담에서의 경청, 반영, 윤리적 태도는 슈퍼바이저 역할 수행의 토대가 될 것입니다.

09. 슈퍼바이저의 문지기(gatekeeper) 역할에 대해 말해보세요.

모범답변 슈퍼바이저의 문지기 역할은 슈퍼비전 과정에서 상담자의 전문성과 윤리적 역량을 점검하고, 적절한 시점에 전문직 진입 여부를 판단하는 책임 있는 역할이라고 생각합니다.
상담자는 단순한 기술자이기보다 사람의 삶에 깊이 관여하는 전문직 종사자이기 때문에 슈퍼바이저는 슈퍼바이지가 윤리적 기준, 임상적 판단력, 자기성찰 능력을 충분히 갖췄는지를 지속적으로 관찰하고 피드백을 해야 합니다. 특히 슈퍼바이지가 반복적으로 윤리적 판단에 오류를 보이거나, 역기능적 태도를 고치지 못하는 경우, 슈퍼바이저는 더 이상 단순한 조력자가 아니라 내담자와 기관, 전문직 전체를 보호하는 문지기 역할로서 개입해야 한다고 생각합니다. 슈퍼바이저는 성장 촉진자이자, 전문성 수호자라는 두 가지 균형 잡힌 관점을 유지하며 문지기 역할을 수행해야 한다고 생각합니다.

10. 슈퍼바이저로써 슈퍼바이지를 지도할 때 어떤 부분을 중점적으로 지도할 것인가요?

모범답변 저는 슈퍼바이저로써 슈퍼바이지의 사례 개념화 능력과 상담이론에 대한 이해가 실제 개입과 잘 연결되고 있는지를 중점적으로 살펴볼 것입니다. 또한 내담자와의 관계에서 나타나는 정서적 반응이나 역전이를 함께 탐색하면서 상담자의 자기인식을 돕는 과정도 중요하게 생각합니다. 더불어 윤리적 판단과 전문적 태도를 유지할 수 있도록 지속적인 피드백과 지지를 제공하려고 합니다.

11. 슈퍼바이지가 슈퍼비전을 받는 과정에서 학회나 관련 기관 지침 윤리강령에 없는 윤리적 잘못을 하였다는 것을 확인하였을 때 어떻게 대처할 것인가요?

모범답변 슈퍼바이지가 지침에 명시되지 않은 윤리적 문제를 보였을 경우, 우선 그 상황의 맥락과 내포된 의미를 함께 탐색하며 슈퍼바이지 스스로 윤리적 인식을 하도록 안내할 것입니다. 명시적 규정은 없더라도 상담자의 책임감, 전문성, 내담자에 대한 태도 측면에서 문제가 될 수 있음을 설명하고, 윤리적 판단 기준을 함께 검토할 것입니다. 반복되거나 개선의 여지가 없을 경우에는 슈퍼비전 외부 자문이나 기관 차원의 논의가 필요하다는 점을 슈퍼바이지에게 사전에 안내합니다.

12. 상담자와 슈퍼바이저는 역할이 다른데, 슈퍼바이저의 역할은 무엇입니까?

모범답변 슈퍼바이저는 상담자의 임상적 판단, 사례 개념화, 윤리적 개입을 지도하고 성장을 돕는 상위 전문가로서 상담자가 자신의 역동과 개입 방식을 객관적으로 바라보고 점검할 수 있도록 안전한 학습의 장을 마련해 주는 역할을 합니다. 또한 전문직으로서의 태도와 책임성을 강화할 수 있도록 지속적인 피드백과 정서적 지지를 제공하는 것이 중요하다고 생각합니다.

13. 슈퍼비전을 장려해야 하는데, 제대로 실천이 안 될 때 기관장으로서 어떻게 할 것인가요?

모범답변 상담자들이 슈퍼비전을 회피하거나 부담스러워할 수 있기 때문에, 기관 차원에서 슈퍼비전을 '평가'가 아닌 '성장'의 기회로 인식할 수 있는 분위기를 만드는 것이 중요하다고 생각합니다.
자율적 참여를 높이기 위해 외부 전문가와의 주기적 연계, 소규모 사례 회의, 동료 피드백 등 다양한 방식의 슈퍼비전 환경을 마련하고, 안전하고 개방적인 조직 문화 안에서 슈퍼비전이 자연스럽게 자리 잡을 수 있도록 지원할 것입니다.

14. 우리나라 청소년 상담의 문제점을 말해보세요.

모범답변 우리나라 청소년 상담의 주요 문제는 ① 상담 접근성, ② 서비스의 질적 편차, ③ 예방보다는 사후 개입 중심의 구조라고 생각합니다. 특히 청소년이 상담을 필요로 해도 정보 부족, 낙인 인식, 지역 격차 등으로 인해 제 때에 상담에 연결되지 못하는 경우가 많고, 상담의 질 역시 기관과 상담자에 따라 편차가 큽니다. 이러한 한계를 극복하기 위해서는 접근성 개선과 더불어, 상담자의 전문성 강화, 예방 중심의 체계 구축, 지역사회와의 연계 협력 강화가 필요하다고 봅니다.

> **참고 청소년상담의 문제점**
> 1) 상담 접근성의 제약, 사후 개입 중심의 구조, 기관 간 연계 부족
> 2) 위기청소년일수록 상담 연결이 늦어지는 경우가 많아 초기 개입의 어려움
> 3) 해결방안 : 조기 발견 체계 강화, 예방 중심의 프로그램 확대, 지역사회와의 연계 협력 체계의 구축

15. 만약 청소년상담복지센터 기관장으로 있을 때, 예상되는 직원들 간 갈등의 원인과 해결방안을 말해보세요.

모범답변 청소년상담복지센터에서 직원 간 갈등은 주로 ① 업무 분담의 불균형, ② 의사소통 부족, ③ 역할에 대한 기대 차이에서 비롯된다고 생각합니다. 특히 위기개입이나 사례관리와 같은 고강도 업무에서 업무 과중감이나 책임 전가 문제가 갈등으로 나타나기 쉽습니다. 이러한 갈등을 예방하고 해결하기 위해서는 정기적인 소통 구조와 역할 조율에 대한 회의, 그리고 상호 존중 기반의 조직문화 형성이 중요합니다. 저는 기관장으로서 갈등을 문제로 보지 않고, 팀 성장을 위한 신호로 인식하고 개방적으로 다룰 수 있는 분위기를 만드는 데 주력할 것입니다.

16. 청소년상담복지센터에서 위기청소년을 위한 상담과 더불어 다양한 사업을 진행하고 있는데 이에 대해 어떻게 생각하나요?

모범답변 청소년상담복지센터에서 위기청소년 상담뿐만 아니라, 다양한 사업을 함께 운영하는 것은 청소년의 실제 삶을 다각도로 지원할 수 있다는 점에서 매우 중요하다고 생각합니다. 상담만으로는 해결이 어려운 경우가 많기 때문에 자립지원, 진로탐색, 부모교육 같은 프로그램이 함께 이루어질 때 효과가 훨씬 높아질 수 있습니다. 이러한 통합적 접근은 청소년의 회복과 성장에 실질적인 도움을 줄 수 있는 방향이라고 생각합니다.

17. 가출한 청소년이 전화로 돈이 없다고 하면 어떻게 할 것인가요?

모범답변   가정 밖 청소년이 전화로 금전적 지원을 요청할 경우, 우선 내담자의 현재 위치와 안전 상태를 확인하고 정서적으로 지지하는 것이 가장 중요합니다. 직접적인 금전 제공은 어렵지만, 1388 청소년지원단이나 쉼터, 긴급지원이 가능한 지역 자원과의 연계를 통해 현실적인 도움을 받을 수 있도록 안내할 것입니다. 또한 신뢰를 바탕으로 보호자나 기관과의 연계 필요성을 조심스럽게 설명하고 내담자의 동의를 이끌어내기 위한 대화를 시도할 것입니다.

18. 청소년이 전화를 걸어서 차비가 없다고 돈을 빌려달라고 하면서 집에는 알리지 말아달라고 한다면 어떻게 하실 건가요?

모범답변   청소년이 차비가 없어 돈을 빌려달라고 요청할 경우에는 직접적인 금전 지원보다는 상황을 먼저 충분히 듣고 정서적으로 안정시켜 주는 것이 필요하다고 생각합니다. 그 이후에는 지역 청소년안전망이나 긴급지원이 가능한 기관과의 연계를 통해 현실적인 도움을 받을 수 있도록 안내하겠습니다. 또한 집에 알리지 말아달라는 요청에 대해서는 청소년의 입장을 존중하면서도 안전 확보 차원에서 보호자나 관련 기관과의 연결 필요성을 신중히 설명하고 협의하겠습니다.

19. 청소년 상담사가 왜 국가 자격증이라고 생각하나요?

모범답변   청소년상담사는 청소년의 정서, 발달, 위기 상황에 전문적으로 개입하는 역할을 수행하기 때문에 공공성과 전문성을 동시에 요구받는 직무라고 생각합니다. 특히 생명과 직결되는 위기 개입이나 학대, 자살 예방 같은 영역에서는 윤리성과 개입 역량이 검증된 전문가가 개입해야 한다는 사회적 신뢰가 중요합니다. 이러한 이유에서 청소년상담사는 국가가 자격을 공인하고 관리하는 것이 타당하다고 봅니다.

20. 청소년상담사 자격을 국가에서 관리해야 하는 이유는 무엇이라고 생각하십니까?

모범답변   청소년의 권익 보장과 청소년의 안전을 유해환경으로부터 보호하고, 상담 서비스의 질적 수준을 통일성 있게 유지하기 하면서 청소년의 건강한 발달, 위기 상황에 전문적으로 개입하는 역할을 하는 청소년상담사는 국가 차원의 전문성 인정과 관리가 필요하다고 생각합니다.

21. 1급 청소년 상담사와 2급 청소년 상담사의 차이점은 무엇이며, 1급 청소년상담사의 역할은 무엇인가요.

모범답변 청소년상담사 2급과 1급의 차이점은 크게 역할의 범위, 개입 수준, 자격 요건에서 구분됩니다. 2급 청소년상담사는 주로 개별 청소년의 심리적 어려움에 직접 개입하고 상담을 수행하는 실무 중심의 역할을 담당합니다. 1급 청소년상담사는 이에 더해 상담 사례의 통합적 관리, 기관 내 전문적 조정, 슈퍼비전과 자문 역할까지 수행하는 상위 자격자로서의 책임이 요구됩니다.

22. 본인이 기관장으로 있는 지역의 학교에서 자살사건이 발생할 경우 어떻게 처리할 것인가요.

모범답변 학교에서 자살 사건이 발생한 경우, 기관장으로서 가장 먼저 학교 및 교육청과 긴밀히 협의하여 초기 대응 체계를 마련하고, 혼란을 최소화하는 데 주력할 것입니다.

현장에는 즉각적으로 위기개입이 가능한 전문상담 인력을 파견하여, 학생·교직원·학부모에 대한 심리적 응급처치(PFA)를 실시하고 필요한 경우 외부 전문기관과의 연계도 지원하겠습니다. 유가족에 대해서는 신중하고 조심스러운 태도로 접근하며 비공개적·개별적 지지를 제공하고, 2차 피해가 발생하지 않도록 배려하겠습니다. 또한 학교 구성원 전체를 대상으로 집단상담, 추모 방식 조율, 회복 탄력성 교육 등을 단계적으로 진행할 계획입니다. 이후에는 해당 사건을 계기로 지역 내 자살 예방 교육과 정신건강 자원 연계 체계를 점검하고 강화해 나갈 것입니다.

23. 기관장으로서 가져야 할 윤리의식을 말해보세요.

모범답변 기관장으로서 가장 중요한 윤리의식은 공공성과 책임감을 기반으로 한 의사결정과 조직 운영이라고 생각합니다. 상담자와 내담자 모두에게 신뢰받을 수 있는 구조와 윤리 기준을 마련하고, 현장에서 발생할 수 있는 다양한 윤리적 갈등 상황에 대해 사전 예방과 개입이 가능하도록 체계를 갖추는 것이 필요합니다. 또한 조직 구성원 간의 원활한 소통과 상담자의 전문성 보호를 위한 환경 조성도 기관장의 중요한 윤리적 책무라고 생각합니다.

24. 본인이 생각하기에 상담 현장에서 청소년상담사 윤리강령 중 가장 문제가 되는 윤리강령은 무엇인가요? 그리고 문제가 되는 윤리강령 상황에 처했을 때 대처방안을 말해보세요.

모범답변 상담 현장에서 가장 문제가 되기 쉬운 윤리강령은 비밀보장의 한계에 대한 이해 부족이라고 생각합니다. 특히 청소년이 자해나 자살 생각을 표현했을 때 상담자는 비밀보장과 보호자 개입 사이에서 갈등을 경험할 수 있습니다. 이러한 경우 상담 초기에 비밀보장의 예외 조항을 충분히 설명하고, 내담자와 협의 과정을 거쳐 보호자나 유관기관에 적절히 연계하는 방식으로 대처하는 것이 필요합니다.

25. 학업을 중단한 초등학생, 중학생, 고등학생에 대한 각각의 개입방법은 무엇이 있을까요?

모범답변 학업을 중단한 초등학생, 중학생, 고등학생은 발달 단계와 학업 중단의 원인이 다르기 때문에 각각의 특성을 고려한 맞춤형 개입이 필요하다고 생각합니다.

1. 초등학생의 경우, 정서적 안정과 보호 환경조성이 우선이기 때문에 놀이 중심의 접근과 보호자 상담을 통한 양육 환경 탐색이 필요합니다.
2. 중학생의 경우 자아 정체성과 또래관계가 핵심 과제이기 때문에 자기표현의 기회 확대와 또래의 지지 환경 마련, 그리고 진로 탐색을 병행한 상담이 효과적이라고 생각합니다.
3. 고등학생의 경우 자립과 진로에 대한 불안이 클 수 있기 때문에 직업 체험, 입시 준비, 자립생활 기술 교육 등 실질적 지원과 동기강화 상담이 필요할 것입니다.

> **참고** **초등학생, 중학생, 고등학생의 상담 접근방법**
>
> 1) 초등학생 : 정서 표현과 언어적 표현이 미숙하기 때문에 놀이, 그림, 이야기 등 비언어적 매체를 활용한 접근이 필요하다.
> 2) 중학생 : 자아정체성 형성과 또래관계가 중요하며, 자기표현의 기회를 늘리고 또래 관련 이슈를 안전하게 탐색하는 것이 필요하다.
> 3) 고등학생 : 진로, 자립, 대인관계 문제 등 현실 과제가 많기 때문에 현실적인 문제 해결과 자기결정 능력을 키워주는 상담을 중심으로 하는 것이 필요하다.

26 다양한 청소년정책 및 사업을 수립하고 실시할 때 예상되는 다양한 어려움들이 있을 텐데, 이런 문제에 대한 기관장으로서의 견해를 말해보세요.

모범답변 청소년 정책과 사업을 수립·실행할 때 가장 큰 어려움은 현장의 다양성과 변화 속도를 정책이 충분히 반영하지 못하는 점이라고 생각합니다. 또한 예산과 인력의 제약, 유관기관 간의 협력 부족으로 인해 실질적 연계나 지속 가능한 실행이 어려운 경우도 많은 것으로 알고 있습니다.

청소년 정책과 사업을 수립하고 실시할 때, 기관장으로서 청소년의 실제 욕구를 반영한 기획, 지역 자원과의 유기적 협력, 사업의 효과성에 대한 평가체계를 갖추는 것이 핵심 과제라고 생각합니다.

> **참고** 청소년 정책 및 사업 수립·실시 시 예상되는 어려움과 기관장으로서의 견해
>
> 1) 정책과 사업이 현장에 적용되는 과정에서 가장 큰 어려움은 청소년의 다양성과 지역 상황이 충분히 반영되지 못하는 부분이다.
> 2) 예산 부족, 인력 부족, 기관 간 연계 부족으로 정책의 실효성이 떨어질 수 있다.
> 3) 기관장으로서의 견해
>   (1) 청소년의 실제 욕구와 현장의 목소리를 정책 기획에 반영한다.
>   (2) 지역 자원과의 유기적 협력을 위한 유관기관과의 협력체계를 강화한다.
>   (3) 청소년 정책 및 사업의 효과성에 대한 평가체계를 갖춘다.
>   (4) 지속 가능한 정책 또는 사업의 실행 기반을 마련하는데 역점을 둔다.

27 기관의 관리자로서의 알아야 할 윤리는 무엇이 있을까요?

모범답변 기관의 관리자로서 가장 중요한 윤리는 공정성과 투명성을 기반으로 한 의사결정과 조직 운영이라고 생각합니다. 상담자의 전문성을 보호하고 내담자의 권익을 보장하기 위해서는 개인적 가치가 아닌 윤리기준에 따라 일관되게 판단하는 태도를 가져야 하며, 직원 간의 갈등이나 부당한 상황에 대해 침묵하지 않고 책임 있게 조정할 수 있는 용기와 균형 감각도 관리자에게 요구되는 중요한 윤리적 자세라고 생각합니다.

28 기관장으로서의 역할을 말해보세요.

모범답변 기관장으로서의 역할은 조직을 안정적으로 운영하면서 청소년과 상담자를 모두 지지할 수 있는 구조를 마련해야 합니다. 기관장은 상담자의 전문성을 존중하고 윤리적 기준과 상담의 질을 유지할 수 있도록 시스템을 관리하는 책임이 있습니다. 또한 지역사회 및 유관기관과의 협력을 통해 청소년에게 실질적인 도움이 되는 자원 연계와 같이, 자원 활용이 가능하도록 조정하는 역할도 중요하다고 생각합니다.

29 청소년 상담과 성인 상담의 차이점과 그에 따른 상담사의 자질은 무엇이라고 생각하나요?

모범답변 청소년 상담은 성인 상담과 달리 발달과정 중에 있는 내담자를 대상으로 하며, 가족·학교·또래 등 다양한 환경 요인을 함께 고려해야 한다는 점에서 차이가 있습니다. 청소년상담사는 청소년 발달에 대한 이해, 관계 형성 기술, 보호자 및 유관기관과의 협력 능력이 특히 중요하다고 생각합니다. 특히, 청소년의 자율성과 표현방식을 존중하면서도 안정적인 구조를 제공할 수 있는 유연한 태도가 필요합니다.

> **참고** 청소년상담과 일반상담의 차이점
>
> 1) 청소년상담은 발달과업이 진행 중인 내담자를 대상으로 하며, 학교, 가족, 또래 등 다양한 환경 요인을 함께 고려해야 한다.
> 2) 청소년은 감정 표현과 자기 인식 능력이 아직 미숙한 경우가 많아, 상담자가 정서적 민감성과 관계 형성 능력을 더욱 세심하게 발휘한다.
> 3) 청소년상담은 개별 상담뿐 아니라, 보호자와 학교 등 주변 체계와의 협력이 함께 이루어져야 효과적이다.

30 청소년 안전망에 대해서 설명하고, 청소년의 특성과 연결 지어서 설명하세요.

모범답변 청소년안전망은 위기청소년을 조기에 발굴하고, 상담·보호·교육·자립 등 다양한 지원을 유관기관이 연계해 제공하는 지역 기반 통합지원체계입니다. 청소년은 발달상 자율성과 의존성이 공존하며, 또래 관계와 정체성 형성이 중요한 시기로, 주변 시선에 민감해 어려움을 숨기려는 경향을 보일 수 있습니다. 이러한 특성을 고려할 때, 청소년 스스로 위기를 인식하거나 표현하는 데 한계가 있을 수 있어, 체계적이고 예방적인 개입이 가능한 청소년안전망 구축을 통해 청소년이 적시에 적절한 도움을 받을 수 있는 기반을 마련하는 것이 중요합니다.

> **참고** 청소년안전망(구. CYS-Net)
>
> 1) 청소년안전망(구. CYS-Net)은 지역사회 청소년 통합지원체계라고 한다.
> 2) 청소년안전망은 위기청소년을 발굴하고, 상담·보호·의료·법률·교육 등 필요한 서비스를 지역 내 유관기관이 연계하여 통합적으로 지원하는 시스템이다.
> 3) 2019년부터 CYS-Net은 청소년안전망으로 명칭이 변경되었으며, 시·군·구 청소년상담복지센터가 중심 허브 역할을 수행하고 있다.

31. 기관의 정책이 상담사와 추구하고자 하는 방향이 다르다면 어떻게 할 것인가요?

모범답변 기관의 정책 방향이 상담사로서 지향하는 가치와 다를 경우, 우선 정책의 취지를 정확히 이해하고 제가 지닌 상담사로서의 관점과 어떤 부분에서 차이가 나는지 신중히 살펴볼 것입니다. 그 후에는 전문가로서의 입장을 견지하면서 내부 소통이나 회의를 통해 의견을 제시하고, 조율 가능한 방안을 찾으려 노력할 것입니다. 다만, 내담자의 권익이나 윤리적 기준과 직접 충돌하는 상황이라면 전문직으로서의 소신을 지키기 위한 논의와 외부 자문도 함께 고려하겠습니다.

32. 부모가 상담을 거부할 경우 어떻게 할 것인가요?

모범답변 부모가 상담을 거부하는 경우, 먼저 그 거부의 이유를 경청하고 공감하는 태도로 접근하겠습니다. 상담은 부모를 탓하거나 비난하기 위한 것이 아니라, 자녀의 어려움을 함께 이해하고 지지하기 위한 과정임을 설명 드리고, 부모님이 상담의 중요한 협력자임을 자연스럽게 인식할 수 있도록 도와드릴 것입니다. 또한 처음에는 부담 없이 참여할 수 있는 방식부터 제안하여 점차 신뢰를 형성하고 협력적인 관계로 이어질 수 있도록 노력하겠습니다.

33. 청소년 관련법은 현장에서 어떻게 활용하고 있을까요?

모범답변 청소년상담 현장에서 청소년 관련법은 상담사의 전문성과 윤리적 판단을 뒷받침하는 중요한 기준으로 활용됩니다. 예를 들어, 「청소년복지지원법」은 위기청소년에 대한 조기 발견과 개입을 가능하게 하며, 「청소년기본법」은 청소년의 권리와 참여를 보장하는 근거가 됩니다. 또한, 「청소년보호법」은 유해환경으로부터 청소년을 보호하기 위한 기준을 제시하여 상담사가 내담자의 상황을 판단하고 적절한 개입을 설계하는 데 도움을 줍니다.

> **참고** 청소년 상담 시 알아야 할 청소년 관련법
>
> 청소년기본법, 청소년복지지원법, 청소년활동진흥법, 청소년보호법, 학교폭력예방 및 대책에 관한 법률, 아동·청소년 성보호에 관한 법률, 아동복지법, 아동학대범죄의 처벌에 대한 특례법, 개인정보보호법 등

34. 자꾸 전화를 하는 내담자에 대한 윤리적 접근 및 의사소통 방식에 대해 말해보세요.

모범답변 자주 전화를 거는 내담자의 경우, 먼저 그 행동 이면에 있는 정서적 욕구나 불안을 이해하려는 태도로 접근하는 것이 필요합니다. 윤리적으로는 상담자의 역할과 상담시간의 경계를 명확히 유지하는 동시에 내담자가 거절당했다는 느낌을 받지 않도록 공감적인 언어로 상담 구조를 설명할 것입니다. 저라면 "전화해 줘서 고마워요. 지금은 상담시간이 아니어서 충분히 이야기 나누기 어려운데, 다음 상담시간에 지금 이야기를 더 자세히 나눠요."처럼, 정서적 수용 후에 상담구조를 안내하는 방식으로 이야기 할 것입니다.

35. 비자발적인 내담자가 상담자와의 관계에서 예상되는 반응과 대처방법을 말해보세요.

모범답변 비자발적인 내담자는 상담자에게 무관심하거나 방어적인 태도, 혹은 반항적인 반응을 보일 수 있습니다. 이런 반응은 상담 자체에 대한 거부라기보다는, 관계에 대한 불신이나 통제당하는 느낌에 대한 반작용으로 이해하고, 정면으로 대응하기보다는 공감과 선택권을 존중하는 태도로 신뢰를 쌓아가려는 접근이 필요합니다.
저라면, "지금은 말하고 싶지 않을 수도 있어요. 괜찮아요. 준비되었을 때 편하게 말해줘요"와 같은 표현으로 내담자의 자율성을 지지하면서 관계를 형성해 나갈 것입니다.

> **참고 비자발적인 청소년 내담자에 대한 개입**
>
> 1) 상담 초기에 관계형성과 정서적 안정감 조성에 초점을 두고 진행한다.
> 2) 내담자의 저항을 문제로 보지 않고 그 안에 담긴 감정과 경험을 이해하려는 태도로 접근한다.
> 3) 내담자를 존중하는 마음을 가지고 대화를 통해 점차 신뢰를 쌓아간다.
> 4) 상담을 진행하면서 상담의 목표를 함께 조율하고 내담자 스스로 선택하도록 하면서 자율성을 회복하도록 돕는다.

36. 본인이 기관장이 되었을 때, 청소년 내담자의 부모가 결혼도 안 한 상담자에게 자녀를 맡길 수 없다고 강하게 항의한다면 어떻게 대처할 것인가요?

모범답변 부모의 반응에는 상담자에 대한 오해나 편견, 또는 자녀에 대한 보호 욕구가 담겨 있을 수 있기 때문에 우선 그 감정과 우려를 충분히 경청하고 공감하는 태도로 접근할 것입니다. 그 후에는 상담자의 개인적 배경이 아닌 전문성과 윤리, 자격기준에 따라 상담이 이루어진다는 점을 설명 드리겠습니다. 필요하다면 기관의 상담자 배치 기준과 상담 진행방식에 대해 안내하고 신뢰 회복을 위한 소통을 이어갈 것입니다.

37. 청소년정책의 전달체계에 대해 이야기해보세요.

모범답변 청소년정책의 전달체계는 여성가족부를 중심으로 광역자치단체·기초자치단체, 청소년상담복지센터, 학교 등 다양한 기관이 연계하여 실행하는 구조로 이루어져 있습니다. 중앙정부에서 수립한 정책은 시·도 및 시·군·구 청소년 관련 기관을 통해 지역특성에 맞게 운영되고, 청소년안전망(CYS-Net)을 통해 현장과 긴밀히 연결됩니다. 이러한 전달체계는 청소년의 실제 욕구에 맞춘 서비스 제공을 가능하게 하며 기관 간 협력이 원활할수록 효과성이 높아집니다.

38. 자해를 하는 청소년의 심리적 원리에 대해 이야기해보세요.

모범답변 자해를 하는 청소년은 내면의 고통이나 혼란을 말로 표현하기 어려울 때, 신체를 통해 감정을 해소하거나 존재감을 확인하려는 방식으로 자해를 선택하는 경우가 많습니다. 이는 청소년들이 발달상 정서조절 능력이 충분히 발달되지 않았기 때문에 자기 처벌, 감정 해소, 혹은 타인과의 연결 시도로 작용할 수 있습니다. 자해가 단순한 위험행동이 아니라, 도움을 요청하는 비언어적 신호일 수 있기 때문에 내담자 스스로의 감정을 인식하고 상담자는 내담자와 대체 행동을 함께 다루는 접근이 필요합니다.

39. 청소년 상담기관을 아는 대로 말해보세요.

모범답변 청소년상담기관으로는 학교 내 Wee클래스, 교육지원청의 Wee센터, 시·군·구의 청소년상담복지센터, 학교 밖 청소년 지원센터인 꿈드림, 청소년쉼터, 청소년지원시설, 청소년전화 1388 등이 있습니다.

40. 현재 우리나라 청소년 문제 중 가장 중요하다고 생각하는 문제는 무엇입니까?

모범답변 저는 정신건강 문제의 조기 발견과 개입이 가장 시급하다고 생각합니다. 우울, 자해, 자살 등 정서적 어려움이 증가하고 있지만, 청소년이 스스로 도움을 요청하지 못하는 구조가 가장 큰 문제입니다.

41. 시·군·구 청소년상담복지센터와 학교와의 연계 방안에 대해 설명해주세요.

모범답변 교육지원청의 Wee센터와의 협력 체계를 강화하고, 청소년안전망을 기반으로 학교 사례회의에 주기적으로 참여하며 상담 및 심리검사, 부모교육, 교사 연수 등 예방-개입-사후관리 연계 프로그램을 체계화하는 방안이 있습니다.

42. 청소년상담기관에서 교육 프로그램을 실시할 때 예상되는 실제적인 문제점과 해결 방안은 무엇입니까?

모범답변 청소년상담기관에서 교육 프로그램을 실시할 때 예상되는 실제적인 문제점은 낮은 참여율, 프로그램 지속성의 부족, 인력과 예산의 제약 등이 있을 것입니다. 이를 해결하기 위해서는 청소년의 요구 반영, 체험형·참여형의 프로그램 구성, 지역사회와의 협력 강화를 통해 실효성을 높일 수 있다고 봅니다.

43. 현재 우리나라 청소년 정책 중 긍정적으로 평가되는 정책은 무엇이며, 그 이유는 무엇입니까?

모범답변 저는 학교 밖 청소년 지원센터 정책(꿈드림을 통한 정책)을 긍정적으로 평가합니다. 학업 중단 청소년의 발굴, 상담, 직업훈련, 검정고시 지원 등 맞춤형 통합서비스 제공 체계가 효과적으로 운영되고 있다고 생각하기 때문입니다.

44. 관내 학교폭력 발생 시 청소년안전망에서 어떻게 개입할 수 있습니까?

모범답변 관내 학교폭력 발생 시 학교, Wee센터, 청소년상담복지센터, 경찰, 정신건강복지센터가 함께 연계된 청소년안전망 사례회의를 통해 맞춤형 개입이 이루어지고 있습니다. 피해 학생·가해 학생 모두에게 상담 및 치료 연계, 부모교육, 법적 지원 등을 제공하고 있습니다.

45. 청소년상담사로서 사회에서의 역할은 무엇이라고 생각하십니까?

모범답변 청소년상담사는 청소년의 성장을 돕는 전문가인 동시에, 지역사회의 구성원으로서 다양한 역할을 수행합니다. 청소년의 건강한 발달을 돕고, 문제해결을 돕는 것은 물론, 지역사회의 청소년 복지 향상에도 기여합니다. 특히, 청소년 상담실 운영, 위기 청소년 지원 체계 구축, 상담 행정 및 정책 활동 등 다양한 영역에서 사회적 역할을 수행하고 있습니다.

46. 개인주의와 가족 이기주의가 만연한 사회에서 청소년상담사로서의 가치관과 이를 위해 실천하고 있는 것은 무엇입니까?

모범답변 저는 타인과의 관계 형성을 통한 관계 회복과 공동체적 감수성을 가치로 두고 있습니다. 이를 위해 학교, 지역사회와의 협력과 가족상담 및 부모교육을 통한 체계적인 개입을 실천하고 있습니다.

47. 우리나라 청소년 정책 중 보완하거나 추가해야 할 부분이 있다면 무엇이라고 생각하십니까?

모범답변 청소년 정신건강에 대한 지역사회 통합 지원체계와 조기개입 시스템이 더 확대되어야 한다고 생각합니다. 현재는 위기 발생 후, 사후 개입 중심으로 이루어지고 있지만, 위기 예방과 일상생활의 지원 중심으로 한 정책보완이 필요하다고 생각합니다.

48. 아동 내담자, 성인 내담자와 다른 청소년 내담자만의 특징과 가장 고려해야 할 점은 무엇입니까?

모범답변 청소년 내담자는 성장 과정 중 각종 변화가 심하고, 또래관계, 학업과 미래에 대한 불안 등 다양한 문제에 직면할 수 있습니다. 따라서 상담을 할 때 청소년의 발달단계, 정서적 특성, 상황적 요인 등을 고려하고, 개인의 경험과 감정을 존중하며, 긍정적이고 지원적인 상담 환경을 조성하는 것이 중요합니다. 또한 집단상담 등 다양한 상담방식을 활용하여 청소년 내담자의 성장과 발달을 돕는 것이 필요합니다.

49 청소년의 비밀보장과 전문가 간의 협력 방안은 무엇이라고 생각하십니까?

모범답변 비밀보장은 신뢰 형성의 핵심입니다. 다만, 자신이나 타인의 생명이나 안전에 위협이 있을 경우 제한될 수 있음을 상담 초기에 설명해야 합니다. 전문가 간 협력 시에는 정보 공유의 목적과 그 범위, 내담자의 사전 동의를 원칙으로 삼아야 합니다.

50 상담을 받은 청소년이 성적으로 접근할 때 어떻게 대처하시겠습니까?

모범답변 먼저 내담자의 감정 이면의 관계 욕구나 애착 결핍을 이해하며 감정을 정중히 다루되, 상담자의 역할과 관계의 경계를 명확히 설명하고 유지합니다. 필요시 슈퍼비전과 기관 내 윤리적 개입을 병행합니다.

51 청소년을 만날 때 도움이 되는 구체적인 관계형성 기법에는 어떤 것들이 있습니까?

모범답변 도움이 되는 관계형성 기법으로는 적극적 경청, 감정이입, 자기결정권의 존중, 유머와 피드백, 관계 안에서의 일관성 유지 등이 중요합니다. 특히 청소년과의 관계에서는 강요하지 않고 기다려주는 태도가 핵심입니다.

52 청소년 동반자는 청소년에게 어떻게 도움을 줄 수 있나요?

모범답변 청소년 동반자는 위기청소년을 일상 속에서 만나 직접 찾아가며 정서적 지지와 사회적 자원을 연결해주는 역할을 합니다. 청소년이 상담실을 방문하기 어려운 상황일수록 동반자가 관계의 연결고리로 작용하며 심리적 안정 기반을 형성할 수 있습니다.

53 청소년상담사로서의 자신의 강점과 약점은 무엇이라고 생각하십니까?

모범답변 저의 강점은 청소년의 감정에 잘 공감하고, 관계 형성을 안정적으로 이끌어가는 능력입니다. 또한 다양한 발달단계와 가족체계를 함께 고려하는 통합적 시각으로 개입하려는 태도도 장점 중 하나입니다. 반면, 아직은 복합사례나 다문화 상황에서의 개입경험이 부족하여 관련된 연수와 슈퍼비전을 통해 보완하고자 노력하고 있습니다.

54. 청소년 상담 관련 뉴스나 최근 이슈에 대해 알고 있는 것이 있습니까?

모범답변 최근 청소년 사이에서 디지털 자해 콘텐츠 소비나 온라인상 자살 암시 게시물 확산 문제가 주목 받고 있습니다. 이는 단순한 위험행동이 아니라, 관계 안에서 인식되고 싶은 욕구나 고통에 대한 비언어적 표현일 수 있다는 점에서 상담자의 민감한 접근이 필요합니다. 이에 따라 청소년상담기관에서는 디지털 리터러시 교육[1]과 온라인 위기 모니터링 체계를 강화해 나가야 할 시점이라고 생각합니다.

55. 상담자로서 가장 중요하다고 생각하는 가치는 무엇입니까?

모범답변 저는 존중과 신뢰를 상담자로서 가장 중요한 가치로 생각합니다. 내담자가 자신을 온전히 드러낼 수 있는 공간은 상담자가 그 사람을 있는 그대로 수용할 수 있을 때 비로소 가능해진다고 믿기 때문입니다. 상담자의 기술보다도 관계 안에서의 진정성과 윤리적 태도가 상담의 방향을 결정짓는 핵심이라고 생각합니다.

56. 힘들어하는 청소년을 어떻게 지지하고 옹호할 수 있을까요?

모범답변 힘들어하는 청소년을 지지하기 위해서는 청소년의 말에 귀 기울이고, 청소년이 처한 환경을 함께 이해하려는 태도가 우선되어야 한다고 생각합니다. 또한 필요한 경우 제도적 보호나 자원의 연계가 이루어질 수 있도록 상담자의 옹호적 개입이 필요하며, 청소년이 자신의 감정을 표현하고 선택할 수 있는 권리를 회복하도록 돕는 것이 중요합니다. 상담자는 청소년이 '내 편이 되어줄 수 있는 어른'을 경험할 수 있도록 관계 안에서 지속적인 지지를 제공해야 한다고 생각합니다.

---

1) 디지털 리터러시 교육은 디지털 사회에서 필요한 기본 소양을 키우기 위한 교육으로, 디지털 기술을 이해하고 활용하여 정보를 탐색, 관리, 창작하는 능력을 향상시키는 것을 목표로 한다. 특히, 온라인 환경에서의 안전 및 윤리적 태도 함양, 비판적 사고 능력 훈련, 책임감 있는 콘텐츠 생산자로서의 역할 수행을 강조한다(출처: 김수환(2017). 디지털리터러시의 교육과정 적용 방안 연구. 한국교육학술정보원).

57. 지금 청소년들만의 특별한 문화가 무엇이 있는지 말해보세요.

모범답변 최근 청소년 문화는 디지털 기반 소통과 짧고 강렬한 자극에 반응하는 특징이 두드러집니다. 예를 들어 인터넷 밈(Internet meme)[2], 짧은 영상(숏츠, 짤방 등) 소비, 실시간 피드백, 은어 사용 등이 있으며, 이는 또래 내 정체성과 소속감 형성에 중요한 역할을 합니다.

58. 청소년들만의 특별한 문화를 상담 시 어떻게 반영할 것인가요?

모범답변 상담 시 청소년 문화에 대한 이해 없이는 비언어적 저항이나 거리감이 커질 수 있기 때문에 언어·콘텐츠·소통 방식에서 청소년의 대화 내용상 맥락을 존중하고 활용하는 유연한 접근이 필요합니다.

59. 의존적인 내담자의 상담 종결 요구에 대한 상담자의 대처 방법을 말해보세요.

모범답변 의존적인 내담자가 갑작스럽게 종결을 요청할 경우, 상담자는 그 요청의 감정적 배경을 우선 탐색해야 합니다. 이는 거절에 대한 두려움, 시험 행동, 또는 상담자에 대한 실망의 표현일 수 있기 때문입니다. 종결을 바로 수용하기보다는 종결 욕구가 어떻게 형성되었는지, 그 감정은 어디서부터 시작되었는지를 함께 탐색하고, 안전하고 의미 있는 종결 경험이 될 수 있도록 계획적인 종결 구조를 제안할 것입니다.

60. 상담자의 자기분석이 왜 필요한가요?

모범답변 상담자의 자기분석은 전이·역전이 상황에서 자신의 감정과 반응을 구분하고, 내담자의 감정을 왜곡 없이 수용하기 위한 필수적 과정입니다. 자기분석 없이 상담을 진행한다면 상담자의 가치관이나 미해결 감정이 개입되어 상담의 객관성과 중립성이 훼손될 수 있습니다.
특히 위기 청소년이나 반사회적 경향을 보이는 내담자와의 상담에서는 상담자의 무력감, 상담자의 분노 또는 회피 욕구가 작용할 수 있기 때문에 이를 인식하고 조절할 수 있는 정서적 자기 조율 능력이 필요합니다.

---

[2] 인터넷 밈(Internet meme)은 인터넷 커뮤니티나 SNS 등지에서 퍼져나가는 여러 문화의 유행과 파생·모방의 경향, 또는 그러한 창작물이나 작품의 요소를 총칭하는 용어이다. 본래 1976년 동물학자 리처드 도킨스가 저서 이기적 유전자에서 처음 제시한 학술 용어인 '밈(meme)'에서 파생된 개념으로, 밈은 마치 인간의 '유전자(진, gene)'와 같이 '자기복제적' 특징을 갖고, 번식해 대를 이어 전해져 오는 종교나 사상, 이념 같은 정신적 사유'를 의미했다. 이것이 '패러디되고 변조되며 퍼지는 작품 속 문화 요소'라는 의미로 확대된 것은 1990년대 후반에서 2000년대 초반으로, 인터넷이 보급된 뒤 폭발적으로 늘어나는 새로운 방식의 문화 전파 현상을 도킨스의 표현을 빌려 나타낸 것이다(출처: 나무위키).

61. 상담한 청소년들 중 어려웠던 사례와 그 이유를 말해보세요.

모범답변 1   제가 가장 어려웠던 사례는 겉으로는 순응적인 태도를 보이지만, 정작 자신의 감정이나 문제에 대해 말하지 않는 청소년이었습니다. 겉으로는 상담자에게 협조적이고 공감에도 반응하지만, 정작 중요한 문제에 대해서는 회피하거나 침묵으로 일관하기 때문에 상담이 깊어지지 않고 관계가 정체되는 경험을 했습니다. 특히 가족 내 의사소통 문제가 깊고, 내담자가 갈등을 표현할 수 없는 환경에서 자라온 경우 상담실에서조차 '좋은 아이 역할'을 수행하려는 경향이 있어 진심에 다가가기까지 시간이 오래 걸렸습니다.

모범답변 2   제가 경험한 청소년 내담자 중 가장 어려웠던 사례는 '선택적 함구증'을 보였던 중학생 여자청소년이었습니다. 가정에서는 말이 많은 편이지만, 학교나 상담실 등 특정 상황에서는 전혀 말하지 않거나 눈도 마주치지 않는 모습을 보였습니다. 문제는 이 함구증이 단순히 수줍음의 문제가 아니라 불안에 기반 한 심리적 방어기제로 작동하고 있었다는 점이었습니다.
상담 초기에는 상담자와의 관계형성이 매우 어려워서 놀이, 비언어적 상호작용, 감정카드 활용 등으로 간접적인 소통의 틀을 만들고, 상담실이 안전한 공간임을 반복적으로 경험하게 하는 것이 필요했습니다. 이 사례를 통해 저는 상담자의 기다림, 침묵의 수용, 그리고 관계의 속도를 청소년에게 맞추는 태도가 얼마나 중요한지를 체험하게 되었습니다.

62. 관심을 가지고 있는 청소년 상담 분야는 무엇인가요?

모범답변 1   제가 관심을 갖고 있는 청소년 상담분야는 학교폭력 및 위기 청소년 상담입니다. 위기상황에 처한 청소년들은 대개 말할 수 없는 고통을 오랜 시간 혼자 감내하는 경우가 많고, 그로 인해 정서적 외상이나 자존감 손상으로 이어지기 쉽습니다.
저는 청소년이 위기 상황에서도 '안전하게 말할 수 있는 어른'과 연결되는 경험이 회복의 출발점이 된다고 믿고 있으며, 실제로 위기 청소년 조기 개입과 보호자·교사와의 연계를 통해 안전한 기반을 조성하는 상담에 큰 의미를 두고 있습니다.

모범답변 2   제가 관심을 가지고 있는 청소년 상담분야는 자해 및 자살과 관련된 위기개입 영역입니다. 이 문제에 관심을 가지게 된 이유는 실제 상담 현장에서 자해를 반복하던 청소년을 만난 경험이 계기가 되었습니다. 겉으로는 무기력해 보였지만, 그 행동 안에는 관계에 대한 절실함과 감정을 표현할 언어가 없다는 깊은 고통이 담겨 있었습니다. 그 이후로 저는 청소년의 자해·자살 행동을 단순한 위험신호가 아닌, 이해하고 함께 풀어가야 할 정서적 신호로 바라보게 되었고, 관련된 개입방법에 꾸준한 관심을 가져왔습니다.

PART 02
사례 질문과 모범 답변 (급수별 정리)

- **CHAPTER 01** 상담사례의 개념화 (사례 개념화)
- **CHAPTER 02** 단순사례 질문
- **CHAPTER 03** 복합사례 질문

CHAPTER 01 상담사례의 개념화(사례 개념화)[1]

01 이론학습

1 사례개념화의 정의

사례개념화는 내담자에 대한 정보를 모아서 조직화하고, 내담자의 상황과 부적응적 패턴을 이해하고 설명하며, 상담을 안내하며 초점을 맞추고, 도전과 장애를 예상하고, 성공적인 종결을 준비하기 위한 방법 및 임상적 전략이다(Sperry, 2010).

2 사례개념화의 기능

(1) 정보를 모아서 조직화하기
① 내담자와의 면담을 통해 내담자의 호소, 기대 및 역동에 관한 잠재적 가설을 세운다.
② 이러한 가설들은 내담자의 현재 및 과거의 삶에서 촉발요인, 유발요인 그리고 유지요인에 관한 패턴들 특히, 부정적인 패턴들을 찾기 위해 종합적인 평가를 수행하면서 계속적으로 검증된다.

(2) 설명하기
① 내담자의 부정적 패턴에 대한 윤곽이 드러나고 가설들이 정립됨으로써 진단적·임상적·문화적 공식화가 구체화된다.
② 이러한 공식화 안에는 내담자가 과거, 현재 그리고 상담의 개입이 없다면 미래에 보이게 될 반응의 원인이 되는 요인들에 대한 가능성 있는 설명이 포함된다.
③ 그리고 이런 설명은 내담자의 욕구, 기대, 문화 그리고 성격역동에 적합한 상담개입을 수립하는 근거가 될 수 있다.

(3) 상담을 안내하고 초점 맞추기
설명을 바탕으로 상담개입 공식화가 구체화 되는데 여기에는 상담목표 구체화 전략, 상담개입과 상담전략의 실행방법이 포함된다.

---

1) 출처 : Len Sperry·Jonathan Sperry 공저, 이명우 역(2015)『상담실무자를 위한 사례개념화 이해와 실제』학지사.

(4) 도전과 장애 예상하기

① 효과적인 사례개념화는 상담과정에서 있을 수 있는 장애와 도전을 얼마나 예상하느냐에 따라 달려 있다.
② 즉, 상담과정에의 적극적 관여와 헌신, 집착, 저항, 양가감정, 동맹의 결렬, 전이 재현, 재발, 종결 등이 포함된다.

(5) 성공적인 종결 준비하기

① 사례개념화는 상담자가 가장 중요한 상담목표가 성취된 때를 인식하고, 언제, 어떻게 종결을 준비해야 하는지 알 수 있도록 도와준다(Cucciare & O'Donhue, 2008).
② 예컨대, 의존적인 내담자, 거절에 민감한 내담자, 버림받은 경험이 있는 내담자에게는 상담 종결과정이 상당한 스트레스가 될 수 있는데, 이런 점을 예상한 효과적인 사례개념화는 내담자에게 종결을 준비시키는 데 매우 유용하다(Sperry, 2010).

3 사례개념화의 요소

(1) 사례개념화는 네 가지 구성요소 즉, ① 진단적 공식화, ② 임상적 공식화, ③ 문화적 공식화, ④ 상담개입 공식화로 이루어진다(Sperry, Backwell, Gudeman & Faulkner, 1992; Sperry, 2005, 2010).

구성요소	설명
진단적 공식화	내담자의 호소문제와 촉발요인 또는 유지요인과 더불어 기본적인 성격 패턴을 기술하고, '무엇'에 대한 질문, 이를테면 '무슨 일이 일어났는가?'에 대한 답을 한다.
임상적 공식화	내담자의 패턴을 설명하고, '왜'라는 질문, 이를테면 '그것이 왜 일어났는가?'에 대한 답을 한다. 사례개념화에서 중심이 되는 구성요소로, 진단적 공식화와 상담개입 공식화를 연결한다.
문화적 공식화	사회적·문화적 요인을 분석하고 '문화가 어떤 역할을 하는가?'라는 질문에 대한 답을 한다. 문화적 정체성, 문화 적응과 스트레스의 정도, 문화적 설명, 문화적 역동과 성격역동 간의 상호작용을 구체화한다.
상담개입 공식화	상담개입 계획을 위한 명확한 청사진을 제공한다. 진단적 공식화, 임상적 공식화 그리고 문화적 공식화의 논리적 확장으로, '어떻게 변화 시킬 것인가?'에 대한 답을 한다. 여기에는 상담목표, 상담의 초점, 전략과 구체적인 상담 개입, 이런 목표를 달성하는 과정에서 예상되는 도전과 장애물들이 포함된다.

(2) 네 가지 각 구성요소는 아래와 같은 사례개념화 요소로 이루어진다(예컨대, 진단적 공식화의 경우에는 호소문제, 촉발요인, 부적응적 패턴의 요소들로 구성됨).

호소문제	호소하는 문제, 촉발요인에 대한 특징적인 반응
촉발요인	패턴을 활성화하여 호소 문제를 일으키는 자극
부적응적 패턴	지각, 사고, 행동의 경직되고 효과가 없는 방식
유발요인	적응 또는 부적응적 기능을 촉진하는 요인
유지요인	내담자의 패턴을 지속적으로 활성화하여 호소문제를 경험하게 하는 자극
문화적 정체성	특정 민족집단에 대한 소속감
문화 : 적응과 적응 스트레스	주류 문화에 대한 적응 수준(심리사회적 어려움 등을 포함한 문화 적응 관련 스트레스)
문화적 설명	고통, 질환, 장애의 원인에 대한 신념
문화 대 성격	문화와 성격역동 간의 상호작용 정도
적응적 패턴	지각, 사고, 행동의 유연하고 효과적인 방식
상담목표	단기 - 장기 상담의 성과
상담의 초점	적응적 패턴의 핵심이 되는 상담의 방향성을 제공하는 중요한 치료적 강조점
상담전략	보다 적응적인 패턴을 달성하기 위한 실행 계획 및 방법
상담개입	상담목표와 패턴 변화를 달성하기 위해 상담전략과 관련된 세부 변화 기법 및 책략
상담의 장애물	부적응적 패턴으로 인해 상담과정에서 예상되는 도전
문화적 상담개입	해당 사항이 있을 경우, 문화적 개입, 문화적으로 민감한 상담, 개입의 구체화
상담의 예후	상담을 하거나 하지 않을 경우, 정신건강 문제의 경과, 기간, 결과에 대한 예측

4 사례개념화 평가 – 사례개념화 평가를 위한 세부적 기준

(1) 심리이론이 어느 정도 문제와 증상을 설명하고 있는가?

(2) 그것이 충분히 일관성 있게 구체화되고 있는가?

(3) 선택한 이론의 핵심 구성요소가 포함되어 있는가?

(4) 그것이 충분히 호소 문제를 설명하고 있는가?

(5) 진단적 공식화와 임상적 공식화의 모든 요소가 상담개입 공식화와 상담계획에서 연결되어 다루어지고 있는가?

(6) 상담개입 공식화와 상담계획이 진단적 공식화, 임상적 공식화와 논리적으로 일관성 있게 이어지고 있는가?

(7) 상담계획에는 단기 - 장기의 분명한 상담목표가 포함되어 있고, 잠재적 위험신호와 상담자가 제공할 수 있는 것 이외의 자원들이 포함되어 있는가?

5 사례개념화의 형태

(1) 잠정형 사례개념화

내담자를 초기에 평가하는 동안 형성되며, 미완성의 추론이므로 추가적인 정보와 면밀한 조사에 따라 바뀌게 될 수 있다.

(2) 종합형 사례개념화

진단적·임상적·문화적·상담개입 공식화의 거의 모든 요소가 포함되며, 잠정형 사례개념화에 비해 보다 정교하게 내담자의 스토리와 패턴을 반영하여 충분한 설명력과 예측력을 가지고 있어서 합리적인 상담 실행과 효과적인 변화를 일으킬 수 있다.

(3) 간편형 사례개념화

진단적 공식화, 임상적 공식화, 문화적 공식화, 상담개입 공식화의 몇몇 요소(예 호소문제, 촉발요인, 패턴, 상담목표, 상담개입)가 선택적으로 포함되며, 종합형 사례개념화 진술문보다 짧고 간단하지만, 간단한 사례요약은 아니다.

> **예시**
> 1) 내담자의 주된 문제는 ~이다.
> 2) 이러한 문제는 ~의 증상으로 나타나고 있다.
> 3) 내담자 문제 및 증상의 원인은 ~이다.
> 4) 상담개입은 ~ 방향으로 나아가거나 ~ 목표를 성취할 필요가 있다.
> 5) 상담 개입방향 및 목표를 성취하기 위해 ~ 방법을 사용할 수 있다.

6 사례개념화를 하는 세 가지 방법

(1) 구조화 또는 표준화된 사례개념화 방법

이론 기반의 방법 또는 표준화된 방법으로, 사례개념화의 질과 신뢰도가 훈련과 경험을 통해 보장될 수 있으나, 복잡하고 이를 숙련하기까지 공식적 교육 훈련과 상당한 경험이 필요하다.

(2) 비표준화된 사례개념화 방법

직감적인 방법으로, 일상의 상담현장에서 사례를 개념화하기 위해 자기 자신만의 독특한 양식을 만들고 발전시켜 온 상담실무자들에 의해 활용되며, 상담실무자가 사례를 개념화하는 방식에 대해 자신만의 주인의식이 있지만, 사례개념화 방법의 질과 신뢰도가 떨어질 수 있다.

(3) 통합적 사례개념화 방법

심리치료 전문가를 대상으로 한 델파이 조사를 통해 사례개념화의 통합적 모형이 개발되었으며, 사례개념화 모형들에 공통된 부분을 발견한 이후 통합적 사례개념화 모형과 그 구조적 특징을 제시하고 있다.

7 사례개념화 능력 개발 전략

(1) 높은 수준의 사례개념화를 수행하기 위한 필수요건을 알아야 한다.

(2) 사례개념화의 가치를 손상시키는 오해를 버리는 것이 좋다.

(3) 꾸준히 연습하여야 한다.

(4) 당신의 사례개념화에 대한 피드백을 받는 것이 좋다.

(5) 다양한 사례개념화, 특히 모범 사례를 개관하고 연구하여야 한다.

(6) 사례개념화의 통합적 방법을 배우고 자주 연습하여야 한다.

02 사례 적용 – 사례 개념화를 위한 질문

1 상담자가 파악한 내담자 문제의 성격은 무엇인가?

→ 호소문제, 증상, 문제 상황을 내담자 문제의 성격이나 핵심과 관련지어 봄

> **사례** 진수의 경우, 중3이 되면서 많은 급우들이 진수의 이름이 TV에 출연하는 개그맨의 이름과 같다는 이유로 놀리는 상황에 처하게 되었다. 진수는 본인이 원치 않는 이런 상황에 대해 적절한 해결책을 찾지 못했고, 사태는 급기야 진수가 전학을 갈 생각이 들 정도로, 피하고 싶은 심각한 스트레스를 느끼게 하는 상황으로까지 발전하게 되었다. 또한 이런 스트레스 상황이 지속되는 가운데 학업과 친구관계, 그리고 학교생활 전반에 걸쳐서 점점 자신감을 잃게 되고 자신에 대한 부정적인 생각과 부적절감 그리고 무능감을 갖게 되었다.

2 문제가 생기게 된 경로나 원인은 무엇인가?

→ 촉발사건이나 계기, 문제에 영향을 미친 가족력이나 개인력 등의 요인

> **사례** 진수의 경우 중3 급우들의 놀림과 놀림을 당하는 상황에서 적절히 대응하지 못한 실패경험이 문제를 촉발시킨 계기가 되었다. 진수는 가정에서 막내로, 대체로 지지적이고 수용적인 분위기에서 곱게 자란 착한 아이 같은 인상을 준다. 특히 조용하고 말수가 적은 아버지보다는 어머니, 누나와 더 편안하고 친밀한 관계를 형성해 왔다. 진수는 상대방의 감정을 무시하고 거친 언행을 하는 또래인 남자친구들의 문화에 익숙하지 않고 자신에 대한 공격이나 놀림에 맞서서 자신을 보호할 수 있는 대처전략들을 개발시켜 온 경험이 부족하다. 그 결과 급우들로부터 반복적으로 놀림을 당하고 무시당하는 경험에서 진수는 또래관계에서 자신감을 잃게 되었고, 상실된 자신감은 진수의 학업수행에도 영향을 미쳐 급격한 성적하락으로 이어졌고, 성적하락은 진수에게 자신감 상실의 또 다른 원인을 제공하게 되었다.

3 문제를 지속시키는 내적 역동은 무엇인가?

→ 문제를 유발하거나 지속시키는 역기능적 사고(신념), 감정, 행동, 방어기제 등

> **사례** 청소년들은 자신이 또래들에게 어떤 모습으로 비치는가에 매우 민감한 경향이 있다. 진수는 한편으로 급우들의 놀리는 행동이 수준 이하라고 무시하고 비웃었지만, 급우들의 언행이 자신에게 개그맨의 이름을 부르며, 놀리는 일이 반복되면서 자신이 급우들에게 그 개그맨처럼 푼수 같고 엉뚱하고 멍청한 사람으로 보일 것이라는 생각을 갖게 되었다. 즉, 급우들의 반응과 자신의 생각을 확고하게 분리시키지 못하고 자신도 모르는 사이에 개그맨의 부정적인 이미지를 내면화시키면서 자신에 대해 부정적인 생각과 감정에 휩싸이게 된 것이다. 이 때문에 학교생활에서 자신의 행동과 급우들의 반응에 지나칠 정도로 민감한 반응을 보이게 되었다. 사회적 상황에서 경험하는 불편감과 불안 때문에 진수는 급우들과 현재의 상호교류에 주의를 집중하지 못하고, 자기 생각에 빠져 가끔 급우들 눈에 엉뚱하게 보이는 행동을 하게 되었고, 이런 행동은 또 다른 놀림거리를 제공하게 되는 악순환의 연속이었다.

4 문제를 지속시키는 외적 역동은 무엇인가?

→ 문제를 강화 지속시키는 가족 역동, 주위 반응, 물리적 환경 등

> **사례** 진수의 성적이 급격히 하락하고 학교생활의 부적응이 지속되면서 포기하는 듯한 태도를 보인 진수 아버지의 반응은 문제 상황에 대한 진수의 무기력한 태도와 유사한 면이 있다. 아버지의 이런 태도는 진수의 부정적인 자아개념을 강화하는 역할을 했을 것이다.

5 문제해결이나 극복을 위해 내담자가 필요로 하는 것은 무엇인가?

→ 내담자에게 필요한 기술이나 능력, 문제해결을 촉진시킬 수 있는 상담자 - 내담자 관계 특성 등

> **사례** 진수는 무엇보다 자신감과 통제감을 회복하는 것이 시급하다. 이를 위해 우선 진수는 자신의 내적반응, 즉 역기능적인 신념, 생각, 감정 등에 대한 성공적인 통제를 경험할 필요가 있다. 뿐만 아니라 진수처럼 문제 상황에 처해 위축되고 자신감을 상실한 내담자의 경우, 상담자와의 관계에서 자신의 생각과 감정, 그리고 의사를 충분히 표현하고 존중받는 경험이 필요하다. 따라서 상담자는 진수에게 일방적으로 해결책을 제시하고 이를 따르도록 요구하기보다는 진수와 함께 문제 상황을 검토해 보고, 친구들과 진수 자신이 각각 문제에 기여한 부분을 살펴보며, 대안적인 행동을 모색함으로써 진수를 문제해결과정에 적극적으로 참여시키는 것이 바람직하다.

CHAPTER 02 단순사례 질문

01 자기학교 학생을 상담 의뢰한 후 학교교사가 전화로 상담내용을 질문하면 어떻게 할 것인가?

모범답변 학교교사에게 상담내용을 전달하는 것은 원칙적으로 문제가 된 상황입니다. 하지만, 학교교사가 함께 개입하여 학생의 문제를 해결해 줄 수 있는 경우라면 상담내용을 공유할 수도 있을 것입니다.

02 내담자의 부모님이 상담 내용을 알려 달라고 하면 어떻게 해야 하나?

모범답변 비밀보장의 예외사항이 아닌 경우에는 비밀보장이 원칙입니다. 부모님의 경우라도 비밀보장이 필요합니다. 다만 부모님이 아는 것이 내담자에게 이익이 된다면 내담자가 스스로 부모님께 알리도록 하거나, 내담자의 동의를 얻어서 부모님께 알려야 할 것입니다.

03 낙태를 결정한 학생이 있으면 부모에게 알려야 하는가?

모범답변 윤리규정상 생명존중의 원칙과 비밀보장의 원칙이 상충되는 경우입니다. 일반적으로 생명존중의 원칙이 우선시 된다고 할 수 있습니다. 내담자에게 낙태가 법적처벌의 대상이 된다는 것을 알리고, 부모에게 동의 없이 알릴 수 있다는 내용을 설명하고 적절한 조치가 취해지도록 개입하는 것이 필요합니다.

04 임신한 청소년이 상담을 왔을 때, 비밀보장을 할 것인가?

모범답변 정신적·신체적으로 불안한 상황에 놓여 있으므로, 안정을 위해 비밀은 보장해 주어야 합니다. 하지만 문제의 해결을 위해서는 결국 부모와 함께 협의되어야 하므로 시간의 여유를 두고 상담을 해야 할 것입니다.

05. 내담자가 상담자에게 누나나 엄마 등의 호칭 변화를 주며 친근감을 표시할 경우?

모범답변 내담자가 상담자에게 친근감을 표현하는 것을 긍정적인 전이감정이라고 할 수 있습니다. 하지만 전이감정은 결국 효과적인 상담관계를 방해하게 되기 때문에 적절한 시기에 다루어주는 것이 필요합니다. 내담자가 상담자에게 친근감을 표현하는 것에 대해서는 공감적으로 이해하지만, 상담자는 엄마나 누나가 될 수는 없다는 것을 이해하도록 하는 것이 필요합니다. 이런 상황에 상담자라면 "○○가 상담선생님이 엄마처럼 생각되는구나. 그렇게 친근하게 표현해줘서 고마워. 그런데 ○○는 상담선생님이 어떤 면이 엄마처럼 느껴졌을까?"라는 질문을 통해서 상담자와 엄마는 다른 사람이라는 것을 인식하게 해주는 것이 필요합니다.

06. 내담자가 상담자에게 누나나 엄마 등의 호칭 변화를 주며 친근감을 표시할 경우?

모범답변 내담자가 부정적이든 긍정적이든 전이감정을 느낀다는 것은 효과적인 상담관계를 방해하게 됩니다. 그렇다고 이런 전이감정을 무시하거나 거절한다면 상담관계를 악화시키게 되기 때문에 전이감정을 상담관계로 이끌어서 상담의 재료로 사용하는 것이 좋습니다. 이런 상황에서 상담자는 "○○가 상담자를 어머니처럼 느끼는 것 같구나."라고 상담자의 느낌을 진솔하게 전달하는 것을 통해서 상담자가 전이대상이 되었다는 것을 인식하게 하는 것이 필요합니다. 이후에 어떤 면이 상담자를 어머니로 느끼게 되었는지를 탐색하면서 상담을 진행한다면 효과적인 상담이 될 것입니다.

07. 청소년들이 상담자를 깔보면 어떻게 해야 할까요?

모범답변 상담자를 깔보는 태도가 어디서부터 비롯되었는지 인식하는 것이 중요합니다. 상담자가 권위적이어서는 안되겠지만, 권위를 갖는 것은 필요합니다. 청소년 내담자가 상담에 참여하고자 할 때 해야될 것들에 대해서 구조화하는 것이 필요합니다. 만약 깔보는 태도가 반복된다면 이는 저항의 양상으로 볼 수 있습니다. 따라서 그 저항의 의미를 살펴 개입하는 것이 좋을 것입니다.

08 인터넷에 돌고 있는 음란물에 노출된 학생들을 어떻게 상담하겠는가?

모범답변 요즘 청소년들은 음란물을 너무 손쉽게 접합니다. 하지만 음란물에 노출되더라도 제대로 된 성교육을 받은 학생과 그렇지 않은 학생들 간에는 음란물을 받아들이는 태도에 차이가 있습니다. 학생에게 청소년기에 성에 대한 관심이 높아지는 것은 자연스러운 것이지만 음란물을 통해 배우는 성에 대한 지식은 잘못된 것임을 교육시키겠습니다. 다만, 방법에 있어서는 과하게 나무라지 않고, 학생의 눈높이에서 열린 마음으로 학생에게 잘 흡수될 수 있도록 하겠습니다. 다음으로는 음란물에 노출되는 상황을 최소한으로 할 수 있도록 음란물 접근을 제한하는 소프트웨어를 설치하고, 부모님께는 컴퓨터를 가족이 함께 공유하는 장소에 놓아두도록 유도하며, 또한 학생이 밤늦은 시간에 컴퓨터를 사용하지 못하도록 사용제한 시간을 걸어 두도록 권하겠습니다.

09 한 학생이 상담을 받으러 왔는데 자신이 동성애자라고 말한다. 어떻게 상담하겠는가?

모범답변 내담자가 동성애자라고 커밍아웃하는 것은 큰 용기가 필요합니다. 내담자의 용기를 격려하고 지지하는 것이 무엇보다 중요하다고 할 수 있겠습니다. 다만 동성애자를 상담할 때 상담자가 성적인 편견이 있지 않은지 자기 인식이 필요한 부분입니다. 동성애자를 상담한 경험이나 교육받은 경험이 없다면 내담자에게 상담자의 한계를 솔직하게 이야기하고, 동의를 얻어 상담을 진행하거나 LGBT[1] 전문상담기관으로 의뢰하는 것이 윤리적으로 옳은 방향이라고 생각됩니다.

> 성소수자 전문상담기관에는 청소년성소수자위기지원센터 '띵동', 한국레즈비언상담소, 별의별상담연구소 등이 있다.

10 상담 중에 학생이 집에 갈 차비가 없다고 이야기 할 때 어떻게 할 것인가?

모범답변 청소년 상담의 경우 내담자가 돈을 요구하는 경우가 있을 수 있습니다. 이런 상황은 우선적으로 이중관계 문제를 생각해야 할 것입니다. 금전관계는 이중관계에 해당되므로 지양되어야 할 것입니다. 다만 내담자가 차비가 없을 정도로 경제적으로 어려운 경우라면 복지서비스를 연계하는 방법도 필요할 것입니다.

---

[1] LGBT란 Lesbian(레즈비언), Gay(게이), Bisexual(양성애자), Transgender(성전환자)를 집합적으로 지칭하는 축약어이다.

11. 상담을 오는 학생이 계속 거짓말을 하고 있다는 것을 알았다. 어떻게 상담을 이끌어 가겠는가?

모범답변 내담자가 거짓말을 할 수 밖에 없는 심리적인 상태를 공감적으로 이해하는 것이 무엇보다 중요한 상담자의 태도입니다. 대부분 이렇게 거짓말을 하는 내담자는 쉽게 타인을 신뢰하지 못하기 때문에 비판적인 태도는 상담관계를 악화시키게 됩니다. 이런 상황에서 상담자는 내담자를 있는 그대로 수용하는 것이 필요합니다. 수용적인 태도 속에서 신뢰로운 관계형성이 된다면 거짓말하는 내담자의 행동이 내담자에게 긍정적이지 않다는 것을 인식하게 할 수 있을 것입니다.

12. 상담을 하고 있는 학생의 어머니가 찾아와 기분이 나쁘다며 따지신다. 상담자로서 어떻게 하겠는가?

모범답변 우선은 직접 찾아오시고, 기분이 나쁘다며 따진다는 것은 이해의 부족으로 오해가 있거나 자기 자식에 대해 모르는 부분이 있어서 흥분한 상태일 것입니다. 흥분을 가라앉힐 수 있도록 하고, 상황판단을 정확하게 하여 현실적인 이해를 시켜야 합니다. 또한 부모의 입장에서도 공감대가 형성될 수 있도록 하는 한편 학생의 마음도 표현해 줌으로써 학생의 입장을 이해할 수 있도록 도움을 줄 것입니다. 특히, 상담이 끝난 후에 상담내용이 그 자식에게 미칠 영향을 생각해 부모의 역할까지도 충분히 조언할 수 있어야 합니다.

13. 내담자 부모가 상담자가 아이를 양육해 본 경험이 없다는 이유로 상담자를 신뢰하지 못할 경우 어떻게 할 것인가?

모범답변 내담자 혹은 내담자 부모가 상담자를 신뢰하지 못하는 상황이 있을 수 있습니다. 이런 상황에서 상담자는 "그렇게 생각하셨다면, 상담자를 신뢰하지 못하실 수 있을 것 같아요."라는 공감적인 반응을 하고, 그런 이야기를 해주는 것이 내담자의 상태를 알 수 있게 되는 좋은 정보가 된다는 것을 이해합니다. 이후 상담자는 상담자에게 한계가 있을 수 있다는 것을 수용함으로써 내담자 부모가 상담에 조력자가 되도록 하는 것도 하나의 방법이 될 수 있습니다. 예를 들어 "상담자라고 하더라도 모든 부분을 다 알 수는 없을 겁니다. 어머님이 걱정하시는 부분도 그런 부분이라고 생각됩니다. 효과적인 상담을 위해서 어머니께서 도움을 주신다면 내담자에게 긍정적인 변화가 생길 것이라고 생각됩니다."라고 이야기 할 수 있습니다.

14 문제가 있는 학생의 부모가 와서 크게 걱정할 경우 어떻게 상담하겠는가?

모범답변 문제가 있는 학생의 부모를 만날 때는 가정환경과 학생의 문제점 등을 정확히 알고 있어야 하며, 그 문제점을 부모가 알고 있는가도 중요할 것입니다. 또한 부모는 자식의 부족한 면, 성적부진 등으로 열등감을 가지고, 걱정은 하지만 상담자에게 의지하며 대안을 요구하는 형태가 대부분이기 때문에 문제학생의 부모를 만날 때에는 더욱 특별한 준비가 필요합니다. 부모와 함께 공유하고 공감할 수 있는 부분과 그 학생의 장점, 그 학생이 가지고 있는 끼를 발굴해 개발할 수 있는 지원프로그램과 문제점을 하나하나 해결하며 부모와 학생 모두가 자신감을 회복할 수 있도록 지도하는 방법이 필요하고, 부모와 상담사의 역할을 분담하여 학생에게 관심을 가져주는 지혜도 필요할 것입니다.

15 학생인데도 임신이나 잦은 학교 결석과 같이 상담자가 잘 공감이 가지 않는 내담자에 대한 상담을 어떻게 할 것인지?

모범답변 내담자에 대한 바람직하지 못한 행동에 대해서 선입관이나 편견을 가져서는 안 되며 내담자를 수용하는 자세로 상담을 이끌어가는 것이 중요합니다. 즉, 내담자가 바람직하지 못한 행동이나 약점이 있다 하더라도 내담자를 가치 있는 인간으로 인정하는 마음자세가 중요합니다.

16 모든 일을 남의 탓으로 하는 내담자가 왔을 때 어떻게 하겠는가?

모범답변 직접적인 해결책에 집중하여 해결하도록 하고, 부정적으로 생각하는 부분에 대해 협력하며 책임감을 가질 수 있도록 조언하는 것이 중요합니다. 학생이 불평하는 그 상황에 대하여 그의 마음과 공감하여 상담을 하도록 하겠습니다. 다만, 긍정적인 마인드와 상대방의 입장에서 생각하며 남을 배려할 수 있는 마음을 가질 수 있도록 이해시키겠습니다.

17 귀를 뚫으려는 청소년이 내담자로 온다면, 청소년 상담 중 내담자의 부모가 내용을 알고자 할 때 어떻게 할 것인가?

모범답변 원칙적으로 청소년 내담자에 대한 대화의 내용은 비밀보장이 이루어져야 합니다. 다만, 그러한 내용이 법에 위반되거나 내담자나 타인에게 해를 입힐 수 있는 것이라면 이는 비밀보장의 제한사유가 될 수 있을 것입니다.

18. 중간에 감정에 북받쳐 울먹인 면접생(청소년상담사 시험 피면접자를 말함)에게 자신의 감정을 조절하지 못하는 사실이 나중에 내담자를 만났을 때 어떤 악영향을 미칠 것 같은가? 그리고 그것에 대해서 어떻게 대처할 것인가?

모범답변 물론 내담자와 상담을 하는 데 있어 상담자의 전문성 발휘에 문제가 있을 수 있습니다. 경우에 따라 다를 수 있겠지만 면접생은 그 상황을 창피하게 생각하고, 여성의 경우는 수치심까지도 느껴 차후의 면담을 꺼릴 수도 있고, 문제해결의 기대나 의지, 신뢰도는 낮을 것입니다. 따라서 마음으로 함께 아픔을 나눌 수 있는 진정한 상담이 되도록 해야 합니다.

19. 모든 환경(좋지 못한 가정환경, 공부도 못하고, 친구도 잘 못 사귀는 등)이 안 좋은 학생을 상담하려 한다. 어떻게 할 것인가?

모범답변 초기의 관계형성이 중요합니다. 성급하게 관계를 맺으려다 그르칠 수 있으므로 상담초기에는 희망을 심어 주며 학생 스스로가 자신의 생각과 마음을 자유롭게 표현하도록 도와주고, 개인의 프로그램을 억지로 진행하기 보다는 동기를 유발시켜 자발적으로 개입에 참여할 수 있도록 하겠습니다.
이런 상황에서 상담자는 "오늘밤 ○○에게 기적이 일어났다면 내일 ○○는 무슨 일을 하고 있을까?" 라는 기적 질문을 통해서 내담자의 긍정적인 변화 기대에 대한 동기를 강화하는 것도 하나의 방법이 될 것입니다.

20. 자살 의향을 가진 내담자를 상담하는 방법은?

모범답변 자살 의향을 가진 내담자의 경우 위기상담이라고 할 수 있지만, 자살에 대한 위험 평가는 차분하고 직접적으로 합니다. '자살', '죽음'이란 단어를 직접적으로 사용하며 자살 준비에 대해서도 구체적·직접적으로 질문하는데, 대화의 초점은 자살동기에 맞추어져야 합니다. 주의할 것은 내담자의 자살 성공을 의심하거나 내담자의 신념을 직접적으로 부정하거나 비난하는 것은 안 된다는 것입니다.

21. 학교폭력 가해자 학생이 전혀 반성을 않는 모습이라면 어떻게 할 것인가?

모범답변 내담자와의 관계형성을 위해 우선적으로 공감적 태도를 갖는 것이 중요합니다. 신뢰관계가 형성되었을 때, 지지적이면서 부드럽지만 단호하고 직접적으로 가해자의 행동으로 인한 결과를 알려주며, 폭력행위가 정당하지 못하다는 것을 인식시킵니다. 피해자의 입장에서 공감하도록 하면서 자신의 행동에 대한 책임을 지도록 합니다. 내담자의 폭력 행동의 원인을 탐색해보면 가정폭력, 학교폭력의 피해자인 경우가 많으므로 결국 가해자도 다른 면에서는 피해자라는 것을 상담자가 인식하는 태도가 필요합니다.[2]

22. 상담자로서 소진(번 아웃)을 겪을 때 어떻게 할 것인가?

모범답변 현재 상담자가 소진되었다는 것을 인식하고 수용하는 것이 필요합니다. 상담자 변인에 의한 심리내적 원인은 개인상담이나 집단상담, 마음 챙김 명상 등을 통해 자기를 수용하는 것이 요구됩니다. 직무스트레스와 관련된 변인으로 전문성 부족이나 역할 혼란 등은 전문가 양성교육 등에 참석하면서 직무에 효율성을 높이는 것이 좋습니다. 무엇보다도 상담자가 언제든지 소진될 수 있다는 수용적인 태도로 임하며, 소진에 대한 인식을 숨기거나 위축되는 것은 부정적인 결과를 초래할 수 있다는 것에 유념해야 합니다.

23. 기관에 취직을 했는데 선배가 상담윤리규정을 어긴 것을 알게 되었다. 어떻게 할 것인가?

모범답변 선배가 윤리규정을 어긴 것에 대해 인식하게 하고 스스로 조치할 수 있도록 할 것입니다. 사안에 따라서 내담자의 복지에 현저하고 지속적인 저하가 예상되거나, 신고의무자인 경우에는 즉각적인 조치가 필요합니다. 이런 경우 상담자는 슈퍼바이저와 협의하여 윤리위원회에 제소하거나 관계기관에 신고하는 조치가 요구될 수 있습니다.

---

[2] 한국교육정보지원센터 학교폭력 상담매뉴얼 참조

복합사례 질문[1]

01 사례 1   공통

▶ **다음 사례에 대한 물음에 답하시오.**

> **[채팅상담] – 게임중독**
> 내담자는 게임을 그만하고 싶은데 몸과 마음이 따로인 것 같다며 컴퓨터만 켜게 되면 게임을 하게 된다고 하였습니다. 상담자가 왜 게임을 계속하게 되는지 묻자, 자신의 게임캐릭터 레벨이 올라가는 것을 보며 희열을 느끼고 친구들과 이야기를 하다가 친구보다 자신의 캐릭터가 레벨이 높으면 성취감을 느낀다고 하였습니다. 마지막에 가서는 내담자가 공부도 해야 하기 때문에 게임을 그만두고 싶다고 합니다.

1 사례의 내담자만의 강점이 있는데, 무엇인가?

(모범답변) 내담자는 게임을 그만하고 싶다는 생각을 하고 있다는 점과 문제점을 해결하고 공부를 하고자 하는 의지가 있다는 점입니다.

2 내담자의 문제해결을 위한 상담은 어떻게 할 것인가?

(모범답변) 의지가 있으므로 구체적인 계획을 세워 철저하게 이행해 나갈 것을 말해주겠습니다. 게임에 대한 성취감을 학습 등의 다른 것에 성취감을 느낄 수 있도록 조언하고 주말에 친구들이나, 가족들과 등산을 해 볼 것을 권유하겠습니다.

---

[1] 특별한 개별 사례에 대해서는 급수를 별도로 표기하였다.

02 사례 2

▶ 다음 사례에 대한 물음에 답하시오.

> **[전화상담] – 성(性)**
> 남자 청소년이 자위를 너무 많이 하는데 하루에 4~5번 할 때도 있다고 합니다. 그리고 여자의 속옷을 보면 흥분이 되고 그래서 화장실에 몰래가서 자위를 한 적도 있다고 합니다. 최근에는 친구네 집에 놀러가서 친구의 누나 속옷을 하나씩 가져오게 되는데 며칠 전 친구가 자신의 누나 속옷이 자꾸 없어진다는 말을 했다고 합니다. 그래서 이 학생이 고민이라고 전화를 하였습니다.

1 상담자의 입장에서 다음에 이어질 내용을 말로 해보라.

모범답변 "○○님이 흥분을 위해서 속옷을 훔치게 되어서 정말 고민이 많았을 것 같아요. 혹시 친구가 알게 될까봐 걱정도 많았을 것 같아요. 청소년기에는 성적 호기심을 갖거나 자위행위를 하는 것은 정상적인 발달과정일 수 있어요. 하지만 호기심을 갖고 있는 것과 행동하는 것은 다르다는 것을 아는 것이 중요해요. 성적 흥분을 위해 타인의 속옷을 훔치는 행위는 절도죄에 속하고, 법적 처벌을 받을 수 있어요. 또한 이런 행동이 지속되면 성도착증과 같은 정신장애를 유발할 수 있어요."

2 부가적으로 성적인 발언을 서슴지 않는 내담자가 전화를 해서 노골적인 표현을 하면서 전화를 하면 어떻게 반응할 것인가?

모범답변 "○○님이 성적인 이야기를 하는 것이 ○○님에게 어떤 도움이 되었는지 궁금하군요. 만약 단순히 ○○님의 성적 흥분을 위해 다른 사람에게 불쾌감을 준다면 대인관계에서 나쁜 영향을 미칠 것 같아 걱정이 되는군요."
(만약 지속적으로 성적인 발언을 한다면) "○○님의 상담이 지속되길 원하신다면 성적인 발언을 자제하셔야 된다는 점을 말씀드리고 싶어요."

3 만약 남자 고등학생을 상담하던 중, 그 내담자가 "선생님! 사랑해요"라고 말하면 어떻게 반응할 건가요?

모범답변 제가 상담자라면 "○○님이 저를 사랑한다고 말하는 것은 저를 그만큼 친근하게 여긴다는 의미라고 생각되는데 ○○님은 어떠신가요?" 라는 질문을 통해 전이감정의 의미를 탐색함으로써 상담관계로 전환하도록 하겠습니다.

03 사례 3

공통

▶ **다음 사례에 대한 물음에 답하시오.**

> **[메일상담] - 성(性)**
> 고2 남학생이며 친구들은 여자 친구가 있어 스킨십 및 성관계를 갖는다는데 자신은 자위행위를 할 뿐이어서 본인이 한심하다고 생각되며 외롭다고 한다. 한 달 이후면 고3이 되는데 학업에 집중도 안 되고 운동을 권유받아서 일주일에 4일 정도 운동을 하고 있는 상태이며 대인관계는 원만한 편이다. 많이 외로운 상태이고 밤이 되면 더욱 더 외로움을 호소하는 사례이다.

1 사이버상담에서 문제해결을 위한 상담은 어떻게 할 것인가?

(모범답변) 내담자가 여자 친구를 갖고 싶고, 스킨십이나 성적관계를 하고 싶어 한다는 것을 공감하고, 청소년기 발달과정에서 정상적인 호기심이라는 것을 말해 줄 것입니다. 하지만 내담자가 이야기하는 관계가 여자 친구에 대한 관심인지 성적 대상으로서의 여성인지에 대한 구별을 명료화할 것입니다. 여성은 단지 성적 대상이 아니라는 점을 이해하도록 하고 여자 친구를 사귀기 위해서는 내담자가 실천할 수 있는 대안을 논의할 수 있을 것입니다.

2 상담의 목표 설정은 어떻게 할 것인가?

(모범답변) 내담자는 건전한 이성관계가 필요해 보입니다. 따라서 제가 상담자라면 내담자가 상담을 통해 여자 친구를 사귀기 위한 방법들을 알아보고, 실천해보기를 목표로 설정할 것입니다.

3 사례에서 나타난 비합리적 신념은?

(모범답변) 이 사례의 내담자는 '당연히 여자 친구가 있어야 하며 스킨십과 성관계를 해야 한다'는 당위적인 사고가 있고, 때문에 '자위행위만 하는 자신은 한심하다'는 비합리적 사고를 갖고 있습니다.

실력다지기 성(性) 관련 상담에 대한 상담자의 숙지사항

1) **성 상담을 할 때 유의해야 할 점**
   (1) 성 상담자의 자신의 성에 대한 편견, 불안 혹은 부정적 태도가 없어야 한다.
   (2) 성급하게 결론에 도달하여 충고를 주려고 하지 말아야 한다.
   (3) 내담자의 이야기를 요약해서 확인한다.
   (4) 중간 중간에 상대방의 이야기를 요약해 주는 것이 좋다.
   (5) 성 지식 제공 시 정확하고 과학적인 정보를 제공한다.
   (6) 상담자의 한계 인정, 적절한 시기에 전문기관에 의뢰(임신, 성병, 성폭력, 이상 성행동 등의 문제)가 필요하다.
   (7) 성 상담자는 자신의 성에 대한 철학이나 가치관을 내담자에게 강요해서는 안 된다.

2) **내담자의 음란성 상담에 대처 능력이 있어야 한다.**
   사례
   (1) 상담자를 흥분시키기 위해 음탕한 말로 전화를 거는 경우
   (2) 자위행위를 하기 위해 상담자의 목소리를 들으려고 하는 경우
   (3) 성적인 행위를 생생하게 묘사하는 노출증 환자
   (4) 상담자의 성에 대한 태도나 관심 및 성행위 경험담을 듣기를 원하는 내담자

   > **음란성 전화를 하는 내담자의 특징**
   > 1) 성에 집착하고 있다.
   > 2) 성에 관련된 다양한 상상, 행위에 많은 시간 소모, 건설적인 활동이 부족하다.
   > 3) 성적 감정이나 충동을 자연스러운 것으로 받아들이지 못한다.
   > 4) 자신의 성충동이나 성에 대한 느낌을 가까운 사람에게 터놓고 이야기하지 못한다.

3) **음란성 성전화의 대처 방법**
   (1) 음란성 전화를 구분하고, 내담자와 더 이상 이야기하고 싶지 않다고 분명하게 전달하고 전화를 끊도록 권유한다.
   (2) 여성 상담자에게 내담자가 장난을 하는 경우 남자 상담원을 연결하겠다고 한다.
   (3) 내담자의 장난자체에 시간을 5~10분 정도 정해놓고 도움이 필요한 내담자를 위해, 다음에 도움이 필요한 경우 다시 상담하도록 한다.

04 사례 4

▶ 다음 사례에 대한 물음에 답하시오.

> **[채팅상담] - 왕따 문제**
> 초등학교 때 왕따 경험이 있는 고등학교 여학생은 친구들과 친하게 지내고 있으나, 최근 들어 친구와의 다툼으로 힘들고 매일 밤 울며 또 다시 왕따를 당할까 아주 걱정하고 불안하고 우울해 하고 있다.

1 사례에서, 어떤 심리검사를 실시해야 하는가?

(모범답변) 내담자는 우울과 불안을 경험하고 있으므로, MMPI - A를 통해 객관적인 지표를 볼 수 있으며, 간단히 BDI(Beck 우울척도)를 통해 확인할 수 있습니다. 또한 SCT나 HTP와 같은 투사검사를 통해 내담자의 심리내적 지표를 탐색하는 것도 상담에 도움이 될 것입니다.

TIP 심리검사는 사례에 따라 특정된 검사나 척도가 있을 수 있으나, 풀 배터리에 사용되는 검사도구를 이용하여 검사를 하는 것이 일반적이라고 할 수 있습니다.
① 정서 : MMPI - A(청소년인 경우), 로샤검사, SCT, HTP, TAT 등
② 지능 : BGT, 웩슬러지능검사 등
③ 행동 : K - CBCL 등

2 사례에서 상담목표와 방법에 대해 말해보라.

(모범답변) 상담의 목표는 친구들과 친하게 지내고 있는 부분이 있기 때문에 친구들과 함께 있을 수 있는 시간, 예를 들어 학교에서의 동아리활동이나 특별활동, 자원봉사활동을 1주일에 몇 회씩 정기적으로 해 볼 것을 권장하겠습니다.

3 따돌림을 당하는 아이들을 집단상담프로그램으로 진행하려고 할 때, 6회로 진행하려 한다면 어떤 프로그램을 진행할 것인가?

(모범답변) 따돌림을 당하는 아이들을 집단상담프로그램을 한다면 또래상담프로그램을 진행해 볼 것입니다. 최근 청소년이 뽑은 고민상담 대상 1순위인 '또래친구'를 통한 현장상담 프로그램인 솔리언 또래상담을 해 볼 것입니다. 이는 훈련을 받은 청소년이 어려움을 호소하는 또래친구를 지지하고 지원하는 과정을 통해 문제해결을 돕는 프로그램으로 도움이 필요한 청소년과 돕는 청소년 모두가 성장하는 프로그램입니다.

05 사례 5

▶ **다음 사례에 대한 물음에 답하시오.**

> **[메일상담] - 가정폭력**
> 어버이날 아버지가 술에 취해 집에 들어오셔서 TV시청을 하던 내담자는 아버지를 보자마자, TV를 끄고 방에 들어가려 하였다. 아버지는 공부는 안하고 TV만 본다고 내담자에게 소리를 지르셨다. 이를 지켜보던 엄마는 남편(내담자 아버지)에게 들어가서 잠이나 자라고 하자, 열 받은 아버지는 전화기를 때려 부수고 난리를 피웠다. 내담자는 술에만 취하면 폭력을 휘두르는 아버지가 싫고 무섭다고 한다. 아버지가 술에 취해 들어올 때는 내담자와 내담자 엄마는 불안감을 느낀다.

1 청소년 내담자의 강점과 자원을 말해보라.

모범답변 청소년 내담자의 경우, 아버지와 대치하고 저항하는 모습은 보이지 않고 있으며 문제의 상황을 악화시키지는 않기 때문에 해결에 대한 참여가 수월할 것이라고 생각합니다. 이 가족을 도울 수 있는 자원이라면 알코올 상담센터나 가족상담소를 통해 지원이 가능할 것입니다.

TIP 가정폭력의 경우 상담사는 즉시 신고 의무자로 내담자에게 비밀보장의 예외사항이라는 것을 알리고 적극적인 조치를 취해야 합니다.

2 내담자의 강점을 상담에서 어떻게 활용할 것인가?

모범답변 내담자의 강점은 저항하기보다는 문제의식을 갖고 이를 해결하고자 하는 인식이 있기 때문에 가족상담(치료)에 적극적으로 가족의 참여를 독려할 수 있는 자녀로 활용이 가능하리라고 봅니다. 이는 부부 간의 갈등 해결에도 도움이 될 것입니다.

06 사례 6

▶ **다음 사례에 대한 물음에 답하시오.**

> **[메일상담] - 따돌림**
> 중학교 3학년 여학생은 여학생 두 명과 친하지만, 짝을 지을 때면 둘이서만 짝을 짓는 것 같아 소외감을 느낀다고 하였고, 상담자가 싸웠던 적은 없었냐고 질문하니, 싸웠던 적도 있었다고 하였다. 자신은 남자친구들과 장난치면서 잘 노는데, 두 명의 친구가 "너는 남학생들과 더 친한 것 같다. 우리랑 더 친한 게 맞느냐"면서 다투었던 적이 있었다고 하였다. 내담자는 자신은 남자 친구와 노는 것도 재미있지만, 학교생활을 잘 하려면 여자 친구들과 더 친해야 한다고 생각하여 그 이후 화해를 하긴 했지만 가끔씩 짝을 지을 때면 자신을 빼놓고 둘이서만 짝을 짓는 것 같아 소외감을 느낀다.

1 내담자를 MMPI 검사를 했을 때 어떤 결과가 나올 것 같은가?

(모범답변) 사례의 내담자의 주된 호소문제는 소외감과 대인관계문제라고 보입니다. MMPI 검사에서 소외감과 대인관계문제를 주 호소로 하는 임상척도는 2 - 4 코드 타입으로 사례에서 내담자는 억울함과 적대감이 있을 가능성이 있습니다. 아울러 MMPI - A의 경우 내용 척도에 소외척도(A - aln)와 학교문제척도(A - sch)가 있기 때문에 임상척도 2번 4번과 함께 내용척도의 소외척도, 학교문제가 유의미할 것으로 생각됩니다.

2 위의 상담을 어떻게 진행할 것인가?

(모범답변) 내담자는 내적으로 억울함과 적대감이 주된 정서일 수 있으므로, 정서적인 공감이 필요한 사례로 보입니다. 상담자와 신뢰로운 상담관계를 형성하면서, 적절한 시기에 대인관계 기술훈련을 진행하는 것이 필요합니다.

 **사례 7**

▶ 다음 사례에 대한 물음에 답하시오.

> **[메일상담] - 인터넷 중독**
> 중1 여학생은 컴퓨터 앞에만 앉으면 쓸데없는 연예인 기사라든지 인터넷을 돌아다니며 시간을 너무 많이 허비한다는 것에 대한 죄책감과 우울감 등을 호소하고 있다. 학원숙제를 컴퓨터로 해야 하기 때문에 컴퓨터를 켜야 하며 컴퓨터 앞에만 앉으면 인터넷을 하느라 공부할 시간도 다 놓쳐버리고 잘 시간이 되어서야 후회를 하며 자책한다. 컴퓨터를 거실에 가져다 두기엔 집의 구조가 마땅치 않고, 인터넷을 끊어보겠다고 컴퓨터 앞에 한번만 더 하면 죽어버리겠다는 등 자극적인 말들도 써 붙여 봤지만, 끊기가 힘든 상황이다.

1 사례에서 내담자의 강점이 무엇인가?

(모범답변) 내담자의 강점은 스스로 문제를 인식하고 있으며, 변화를 위해 계획하고 시도하였다는 것이 중요한 강점이라고 생각합니다.

2 이 내담자를 상담한다면 어떻게 하겠는가?

(모범답변) 이 내담자를 상담한다면 우선 내담자의 강점을 지지하고, 실패에 대한 좌절감을 공감하도록 하겠습니다. 중독문제는 스스로의 의지만으로는 조절하기 어렵다는 점을 이해하도록 하고, 적극적인 환경변화와 구체적인 대안활동을 통해 자기점검 계획을 세우도록 상담을 진행하겠습니다.

08 사례 8

공통

▶ **다음 사례에 대한 물음에 답하시오.**

> **[메일상담] – 자살**
> 자살을 생각하고 있는 청소년의 사례로서, "잘하는 것도 없고, 이쁘지도 않고, 집도 가난하고.. 긍정적인 생각을 하고 싶은데.. 잘 안 돼요. 며칠 전부터 아무것도 아닌 것에 눈물이 나요.. 힘들다고 친구들에게 이야기하고 싶은데 죽고 싶어요.."

1 사례에 나오는 청소년을 만약에 집단상담에 적용한다면 어떤 치료적 효과를 얻을 수 있는가?

(모범답변) 많은 치료적 효과가 있을 수 있을 것입니다. 우선 자신만 이러한 문제가 있는 것이 아니라는 문제의 일반화의 장점과 다른 사람들의 문제해결 방법에 대해 알 수 있는 정보제공과 희망고취 등의 장점, 자신의 문제해결의 책임은 자신에게 있다는 것을 아는 실존적 요인들이 치료적 효과로 나타날 것입니다.

2 사례에 나오는 청소년들을 위한 프로그램이 어떤 것인지 설명하라.

(모범답변) 첫째, 청소년 자살 예방 프로그램을 통해 죽고 싶다는 생각이 들 정도로 마음이 고통스러울 때 상황을 합리적으로 판단하고 대처할 수 있는 능력이 필요하며, 도움이 필요할 때 요청하는 방법과 외부 관련 기관에 대한 정보를 제공받을 필요가 있습니다. 청소년 자살 예방 프로그램에서는 중고생을 대상으로 학급단위로 실시하는 단회성(2교시) 교육이 제공되고 있습니다.

둘째, 자살위기청소년 상담 개입 프로그램으로서, 청소년의 자살생각, 시도 등의 자살행동을 감소시키기 위해서는 전문적 개입이 필요하며 이를 위해서는 현장의 청소년상담자들이 청소년의 자살위기 수준을 명확하게 평가하고, 효과적으로 자살 위험을 관리하며, 청소년의 자살위험을 높이는 요인들의 영향을 낮추고, 보호하는 요인들의 영향을 높이는 개입 역량이 요구됩니다.

09 사례 9

▶ **다음 사례에 대한 물음에 답하시오.**

> **[메일상담] – 자살**
> 가출한 친구와 같이 있다가, 다음 날 학교도 가지 않고, 엄마에게 전화했는데 엄마는 화가 나셔서 죽이겠다고 하셨다. 그 이유로 집에 가기 겁나고 학교에 가도 아이들이 때리고 공부도 못해 죽고 싶다는 생각을 5번 정도 했고 우울증도 겪고 있다.

1 사례에 대해 어떻게 상담을 진행하겠는가?

모범답변 우선 많이 힘들어하는 청소년의 이야기를 잘 경청하면서 그 마음을 이해하고 공감할 것입니다. 그리고 함께 해결책을 생각해보자고 하여 주위에 도움이 될 수 있는 사람이 있다는 것을 알게 하는 것이 중요할 것입니다. 메일로 상담을 하는 것은 한계가 있으니, 방문하여 상담받을 것을 권유한 뒤, 방문상담을 했을 때 심리검사와 함께 문제해결을 위해 청소년이 충분히 할 수 있는 일부터 목표를 세워 진행할 것입니다.

2 만약 저항하는 청소년이 방문했을 때 상담을 어떻게 할 것인가?

모범답변 저항하는 청소년을 상담하게 된다면 적극적으로 경청하면서 내담자가 저항할 수밖에 없었던 마음을 공감적으로 이해하도록 하겠습니다. 경청과 공감을 통해 내담자가 상담자를 신뢰하게 된다면 내담자가 저항을 하면서도 상담에 오는 것을 선택한 내담자의 긍정적인 바람을 인식하도록 하고, 상담의 동기를 강화하겠습니다. 만약 내담자의 저항으로 상담이 비효과적이라고 판단되면, 내담자가 반드시 상담을 해야 하는 것이 아니라는 것을 알려주고, 스스로 선택할 수 있도록 하는 것이 바람직할 것입니다.

10 사례 10

▶ **다음 사례에 대한 물음에 답하시오.**

[메일상담] – 인터넷 음란물 중독
인터넷 음란물 중독이 된 고등학생이 음란물에 너무 집착하여 일상생활에 장애가 발생할 정도이다. 그런데 그러면서도 음란물을 띄워놓고 그만두고 싶지만 그만둘 수 없으니 도와달라고 상담자에게 말한다.

▶ **위의 사례를 담당하는 상담자라면 그 다음에 무슨 말을 하겠는가?**

(모범답변) 제가 상담자라면 '○○님이 음란물에 집착해서 일상생활에 장애가 발생할 정도라니 걱정이 많으실 것 같습니다. ○○님이 그만두고 싶지만 그만둘 수 없다고 하니 스스로 조절하기 힘들어 괴로우실 것 같아요. 지금까지 ○○님이 음란물에 집착하는 행동을 조절하기 위해 많은 것들을 해보셨을 것 같은데 어떤 것들을 해보셨는지요? 음란물 중독을 벗어나기 위해서 많은 분들이 선택하는 방법은 음란물 차단하기, 컴퓨터를 공용장소로 옮기기, 인터넷 사용시간 조절하기 등과 함께 운동, 산책, 독서, 음악 감상 등의 대안활동이 있습니다. 중독의 문제는 의지만 가지고는 어려울 수 있기 때문에 가까운 상담센터나 클리닉 등에서 도움을 받는 것도 좋은 방법이 될 수 있습니다.'라고 메일로 답변할 것입니다.

11 사례 11

▶ **다음 사례에 대한 물음에 답하시오.**

열다섯 살인 현진이는 절도 및 절도 미수의 소년범으로 경찰서에서 의뢰되었다. 어머니는 오래 전에 가출했고 일용직 노무자인 아버지는 일이 없어 생활이 어려웠다. 물건을 훔치라고 시키는 동네 형들에 대한 두려움으로 대인기피와 불안 증세를 보이며 학교를 자퇴한 이후 하루 종일 집에만 있는 상태이다. 아버지는 집안 형편도 어렵고 좋아질 것 같지도 않으니 시설로 보내겠다고 푸념을 한다.

▶ **현진이와 현진이 가족을 도울 수 있는 상담방법은?**

(모범답변) 현진이는 개인적으로 대인관계의 어려움이 있고 학교를 자퇴한 후 아무 하는 일 없이 집에만 있습니다. 가정적으로 경제적인 어려움이 있고, 아버지의 좌절과 무력감으로 인해 정서적인 지원을 받지 못하고 있습니다. 따라서 현진이의 심리상담 및 진로지도와 함께 무력감에 빠져있는 아버지가 현진이를 양육할 수 있도록 도와주는 환경에 대한 개입이 동시에 이루어져야 할 사례입니다. 우선 현진이 가족이 경제적으로 지원받을 수 있는 사회적 지지기반을 연계하는 것이 필요합니다. 또한 현진이는 학교를 다니지 않고 있기 때문에 학교 밖 청소년을 위한 꿈드림 프로그램으로 연계하여, 학업과 진로에 대한 지원을 받을 수 있습니다. 연계프로그램과 더불어 현진이의 대인기피와 불안 증세를 다루는 심리상담이 병행되어야 할 것입니다.

12 사례 12

공통

▶ **다음 사례에 대한 물음에 답하시오.**

> 열여덟 살의 준희는 초등학교 6학년의 학력이 전부로 현재 미래에 대한 아무런 계획이 없다. 현재 앞니가 다 썩어 들어가 빨리 치료를 받아야 하는 상황이나 식당에서 일하는 어머니는 형편이 어려워 준희의 치과치료는 엄두도 내지 못한다. 준희는 학력뿐만 아니라 외모문제로 인하여 대인관계에서 매우 위축되어 있고 자신감이 없고 소극적이다.

▶ **준희를 도울 수 있는 방법은?**

모범답변 준희는 개인적으로 학업중단, 치아 문제, 심리적 위축, 대인관계의 어려움이 있고, 가정적으로는 경제적으로나 정서적으로 적절한 지원을 받기 어려운 환경에 처해있습니다. 개인적으로나 가정적으로나 스스로 문제를 해결할 수도 지역사회의 자원을 활용할 수도 없이 꽉 막혀있는 상태이므로 지역자원 연계와 함께 학교 밖 청소년을 위한 꿈드림 프로그램을 연계하는 것이 좋을 것입니다. 특히 준희와 같은 경우는 치과치료가 절실하므로 의료비지원 서비스를 연계하여 치료를 받을 수 있도록 하는 것이 필요합니다.

13 사례 13

공통

▶ **인터넷 중독증상을 보이는 청소년의 경우 비자발적으로 의뢰된 사례**

> [청소년 A]
> "우리 엄마는 성격이 너무 이상해서 자기 마음에 조금만 안 들면 나를 이런 데로 끌고 온다."
> [청소년 B]
> "우리 담임선생님 때문에 짜증나 죽겠다. 우리 반에는 나보다 게임 많이 하는 애들이 있는데 나만 들볶고 문제아 취급한다. 짜증나 죽겠다."

▶ **위의 청소년 A, B의 사례에 적절한 개입은?**

모범답변 자신은 아무 문제가 없고 전형적으로 환경이나 타인을 탓하는 경우는 현재 청소년이 말한 바로 그 문제에 대한 직접적인 해결책에 집중하는 것이 효과적입니다. 청소년이 불평하는 그 상황에 대하여 그의 마음을 공감하고, 의뢰한 부모의 생각을 대신 전해주고, 그러한 부분에 대한 청소년의 생각과 마음을 표현하도록 하고, 프로그램이 개입하게 된 것에 대하여 긍정적인 피드백을 하는 것이 효과적입니다.

TIP 비자발적 내담자의 경우 ① 상담자의 공감적 태도, ② 내담자의 강점자원 탐색, ③ 관계성 질문, ④ 양가감정 의식화, ⑤ 긍정적 동기 강화 등의 전략으로 상담을 하면 효과적입니다.

14 사례 14

[청소년 C]
"선생님은 뭐하는 사람이냐? 나는 문제가 없다. 그냥 엄마가 자기 마음대로 이런 거 신청했다. 난 할 말이 없다."
[청소년 D]
시종일관 혼자서 욕하면서 청소년동반자의 질문에는 대답조차 하지 않고 상담실 책상에 엎드려 있는 청소년

▶ **위의 청소년 C, D의 사례에 적절한 개입은?**

(모범답변) 청소년의 화가 나는 마음을 공감하고, 프로그램을 억지로 진행하기보다는 이후의 동기가 있을 때 다시 시작할 수 있다는 이야기를 하여, 무조건 상담이 진행되는 것은 아니라는 인식을 갖도록 하는 것이 상담에 대한 부정적인 생각들을 감소시키는 데 도움이 된다고 생각합니다. 이런 상황에서 상담자는 "다섯 번 정도만 만나보고 결정해볼까?"라는 식으로 청소년 내담자가 스스로 선택하게 하는 것도 좋은 방법이 될 수 있습니다.

15 사례 15

▶ **다음 사례에 대한 물음에 답하시오.**

[전화상담] - 진로
고1 남학생의 사례로서 몇 차례 오디션을 합격한 연예인 지망생으로 머리를 길러야 하는데 담임은 허락하였으나, 교감 선생님이 자꾸 지적을 하시고, 공부하는 것이 시간낭비라고 생각되어 2년제 실업계 고등학교로 전학을 가거나 검정고시를 생각하는 중이다. 부모님은 안 계시고 조부모와 삼촌과 살고 있고, 할아버지는 실업계 진학을 허락하였으나 담임선생님과 삼촌이 실업계 가는 것을 반대하고 있다.

1 사례의 내담자 핵심문제는 무엇인가?

(모범답변) 연예인을 하고자 하는 내담자의 욕구와 학교 및 학업 간의 갈등이 핵심문제라고 생각합니다. 사례에서 내담자는 연예인을 하고 싶어서 오디션에 몇 차례 합격하였지만 머리길이를 지적하시는 교감선생님이 싫고, 학업을 병행하는 것이 쓸모없는 일이라고 여기고 있는 것이 주된 호소 문제라고 보입니다.

2 청소년이 연예인이 되고 싶은 사례인데, 상담자로서 어떻게 접근할 것인가?

(모범답변) 내담자는 부모님이 안계시지만 조부모와 삼촌이 조언하고 있고, 담임선생님 또한 많은 도움을 주고 있는 것으로 보여집니다. 내담자의 진로에 대한 선택을 존중하면서 한 가지 선택만이 아닌 다양한 선택을 두고 장점과 단점을 비교하면서 내담자가 보다 더 좋은 선택을 할 수 있도록 돕는 것이 중요합니다. 이런 상황에서 상담자는 "실업계 고등학교로 전학 가는 것에 대해서 삼촌과 선생님이 반대하는 이유는 무엇일까?"라는 질문을 통해 다양한 선택의 장단점을 탐색해보는 것도 한 가지 방법이 될 것입니다.

16 사례 16

▶ 다음 사례에 대한 물음에 답하시오.

[메일상담] – 학교부적응(성적)
시험을 보기 전에 항상 불안함과 우울증을 호소하는 여학생으로 현재 중3이며 다른 친구들도 열심히 하고 있기 때문에 지금 성적을 유지 못할까봐 불안해하고 있다. 시험보기 한 달 전부터 잠을 못자고 밥도 먹지 못하며 부모님은 별 말씀 안하지만, 기대하고 있는 것 같다고 생각하면서 도움을 요청하였다.

1 사례에서 비합리적 사고는 어떤 부분인가?

모범답변   내담자는 '성적이 지금처럼 유지되어야만 한다.'는 당위적인 사고를 가지고 있으며, '성적이 떨어지면 큰일날거야.'라는 비합리적인 신념을 가지고 있습니다.

2 상담을 진행하기 위해 더 알아야 할 것은 무엇인가?

모범답변   제가 상담자라면 상담을 진행하기 위해서 비합리적 사고가 유지되는 논거가 무엇인지 탐색하겠습니다. 또한 내담자의 정서 상태의 심각성을 객관적으로 알기 위해서 심리검사를 통해 상담의 방향을 설정하는 것도 필요합니다.

17 사례 17

▶ 다음 사례에 대한 물음에 답하시오.

> **[메일상담] – 왕따**
> 이 학생은 풍물동아리활동을 하는 친구인데, 같은 풍물동아리활동을 하는 옆 학교 남학생들과 가깝게 지냈고, 그 이유로 같은 동아리 여학생들과 마찰이 일어났다. 동아리 활동을 그만두겠다고 했지만, 같은 동아리친구들에게 책임감 없다는 비난만 듣고 그만둘 수도 없는 입장이다. 사실은 풍물활동이 좋아서 그만두고 싶지는 않기 때문이다. 축제준비 중이라서 동아리친구들과 연습을 하기 위해 계속 만나야 하는데, 왕따를 당하고 있는 분위기에 많이 불편하다. 왕따 경험이 있어서 평상시에도 친구들과 거리감을 두고 지내는 편이었다. 친하게 지냈던 옆 학교 남학생들도 점점 자신을 멀리하고 있다. 부모님도 자신을 포기한 상태라 부모님께 자신의 고민을 얘기할 수 없으며 지금은 휴학을 할까 고민 중이다.

1 이 사례의 호소문제와 문제의 원인은 무엇인가?

모범답변

(1) **호소문제** : 이 사례에서 내담자의 호소문제는 왕따 경험에 대한 트라우마와 대인관계의 문제입니다. 내담자는 친구들과의 관계에서 지속적으로 왕따를 당하고 있는 분위기에 있으며, 실제로 왕따 경험 때문에 거리감을 두고 지내고 있는 것이 주된 호소문제입니다.

(2) **문제의 원인** : 이 사례에서 내담자가 동아리 활동을 하면서 옆 학교 남학생들과 친하게 지내다가 동아리 친구들과 마찰이 일어났다는 것으로 추정해보면, 내담자의 대인관계 기술이 적절하지 않고, 왕따 경험에 대한 트라우마로 인한 부정적인 정서 상태로 예상됩니다. 또한 부모님도 자신을 포기한 상태라고 하는 내용을 보아 가족문제도 문제의 원인이 될 수 있다고 생각합니다.

2 만약 이 사례의 학생이 내방한다면 어떻게 상담하겠는가?

모범답변 제가 이 학생을 상담하는 상담자라면 대인관계에서 내담자의 행동을 탐색하고, 부적절한 대인관계 패턴을 적절한 행동으로 변화하는 연습을 진행하고, 내담자의 트라우마로 인한 부정적 정서를 공감하면서 내담자가 대인관계에서의 갈등을 적절하게 대처할 수 있도록 돕겠습니다. 추가적으로 내담자와 부모님과의 관계를 개선할 수 있는 상담도 필요하다고 하겠습니다.

18 사례 18

▶ **다음 전화상담 사례에 대한 물음에 답하시오.**

> **[전화상담] – 성(性)**
> 남학생이 자위행위에 중독되어 그 상황에서 벗어나고 싶다고 이야기한다. 자위행위에 중독되어 이제는 성인용품까지 사용하게 되었고 벗어나고 싶지만, 조절이 되지 않고 부모님께서 알게 될까 걱정스럽다. 그리고 현재 전화상담하고 있는 순간에도 야한 애니를 보고 있는 중이라고 이야기한다.

1 사례의 문제 원인을 상담이론에 비추어 설명해보라.

모범답변 이 사례의 경우 자위행위에 대한 중독이 핵심문제이므로 행동주의적인 입장에서 모델링과 조건형성이 원인이라고 생각됩니다. 포르노 비디오나 잡지를 통해서 성행위에 대한 지식을 배우게 되고, 자위행위를 하는 것과 쾌락이 조건형성되면서 점점 집착적인 행동으로 발전했다고 볼 수 있겠습니다.

TIP 참고적으로 정신분석이론에서는 오이디푸스적 갈등의 미해결을 원인으로 보고 있으며, 인지적 이론에서는 역기능적인 신념을 원인으로 설명합니다.

2 사례에서 적용할만한 심리검사는?

모범답변 내담자는 자위행위에 대한 중독으로 인해 죄책감과 불안감이 있을 수 있으므로, MMPI 검사를 통해 객관적인 정서지표를 확인하고, SCT(문장완성검사), HTP(집 - 나무 - 사람검사)를 통해 성적 쾌락과 집착에 대한 투사적 내용을 확인하는 것이 필요합니다. 내담자가 자위행위 행동의 빈도수를 점검하여, 행동조절의 기저선을 측정하는 것도 필요합니다.

19 사례 19

▶ **다음 사례에 대한 물음에 답하시오.**

> **[전화상담] – 따돌림**
> 다문화 가정의 중1 학생으로 다른 사람과 외모가 조금 달라서 다른 사람들이 쳐다보는데 항상 무시했었지만, 중학교에 가게 되어서도 친구들이 놀려 그 부분에 대해 고민이다.

▶ **내담자의 주 호소문제가 무엇이며 심리검사를 실시한다면 어떤 것을 사용할 수 있는가?**

모범답변 이 사례의 내담자는 다문화 가정 청소년으로 남들과 다른 외모 때문에 고민하고 있으며, 친구관계에서 놀림감이 되어 관계 갈등을 겪고 있는 것이 주 호소문제입니다. 이 내담자에게 심리검사를 실시한다면, MMPI를 통해 내담자의 정서 상태를 평가하고, SCT와 HTP 등을 통해 내담자가 가지고 있는 자기상과 주관적 세계에 대해서 탐색하는 것이 필요합니다. 자기보고식 학교 따돌림 척도 등을 이용하는 것도 도움이 될 것입니다.

20 사례 20

▶ 다음 사례에 대한 물음에 답하시오.

[메일상담] - 따돌림과 자살
고등학교 2학년 여자로서 자신은 친구들이 자신을 욕하는 것을 두려워하며, 미술학원을 다니는데 자신이 나이보다 들어 보이는 옷을 입어서인지 선생님이 자신에게 심한 장난을 칠 때가 있다고 한다. 친구들도 자신을 욕하는 것 같고 자신은 친구가 필요 없다고 생각은 하지만, 너무 외롭고 이제는 살고 싶지 않다고 생각하고 있다.

▶ 사례에 대해 어떤 상담을 하겠는가?

(모범답변) 사례에서 내담자의 문제는 자신에 대한 다른 사람들의 인식에 대해 고민하고 있으며 이로 인한 두려움, 외로움, 살고 싶지 않다는 생각을 하게 된 점입니다. 문제의 원인을 보면 친구들이 자신을 욕하는 것 같다고 생각한 점, 그리고 자신은 친구가 필요 없다고 생각을 한다는 점에서 잘못된 생각을 하고 있다는 측면에 초점을 둘 필요가 있을 것입니다.
잘못된 생각을 수정하도록 인지 재구조화에 역점을 두어 행동과 정서에 변화가 있도록 상담을 전개할 필요가 있습니다.

21 사례 21

▶ 다음 가출에 대한 메일상담 사례의 물음에 답하시오.

[메일상담] - 일탈과 자살
부모님은 이혼하셨고, 어머니는 재혼하셔서 임신한 상태이며 어머니가 내담자에게 전화로 "네가 잘못하면 버리겠다, 넌 필요 없는 아이다."라는 말을 하였고 그 말을 들은 이후로 가출하고, 학교도 안 가고, 친구들과 PC방, 노래방 도우미, 성매매 등을 하며 생활을 했고, 자살시도도 했으며, 지금은 삶에 희망이 없다고 느끼는 상황이다.

▶ 내담자가 앞에 있다고 가정했을 때, 가장 먼저 개입해 주어야 할 문제가 무엇이라고 생각하는가?

(모범답변) 사례에서 가장 먼저 개입을 해야 하는 것은 내담자의 여러 가지 문제 중에서도 내담자의 생명을 보호하는 것이 가장 중요한 점으로 판단하여야 할 것입니다. 따라서 내담자가 자살시도를 했다는 점에서 자살징후가 또 있는지를 살펴보고 여기에 대한 개입을 하여야 할 것입니다. 때에 따라서는 전문적인 관련기관에 연계하여 많은 전문자원이 연계될 필요가 있습니다.

22 사례 22

> **[메일상담] – 따돌림**
> 내담자에게 왕따를 당하는 친구가 다가와, 친한 척을 하며 카톡, 문자 등을 통해 선물 같은 것을 보내 부담감의 느낌을 호소하는 문제 / 왕따를 당하는 친구는 내담자가 볼 때 눈치가 없고 뻔한 거짓말을 해 충분히 왕따 당할 행동을 하였다고 생각함 / 다른 친구들이 왕따 당하는 친구를 괴롭히면 안타까운 마음이 들지만, 왕따를 당하는 친구와 친하게 지내면 자신도 왕따를 당할 것 같아서 어떻게 해야 할지 모르겠음 / 담임선생님이 내담자와 왕따가 이야기하는 것을 보고 '역시 ○○이 착하다'며 칭찬받고 왕따 친구와 잘 지내라고 말한 사례

1 내담자를 상담한다면 어떤 상담이론을 할 것인가?

모범답변 인지행동상담이론을 적용할 수 있습니다. 그 이유는 왕따를 당하는 친구는 내담자가 볼 때 눈치가 없고 뻔한 거짓말을 해 충분히 왕따 당할 행동을 하였다고 생각하는 부분과 왕따를 당하는 친구와 친하게 지내면 자신도 왕따를 당할 것 같아서 어떻게 해야 할지 모르는 상황에서 일부 비합리적인 신념이 있는 것으로 사료되기 때문입니다.

2 내담자가 느끼는 감정상태는 어떠하며, 내담자가 지니고 있는 강점은?

모범답변

(1) **정서상태** : 왕따를 당하는 친구가 카톡, 문자 등을 통해 선물 같은 것을 보내 부담스러움과 왕따를 당하는 친구와 친하게 지내면 자신도 왕따를 당할 것 같은 불안감을 엿볼 수 있습니다.

(2) **강점** : 담임선생님의 이야기와 같이 착한 성품과 다른 아이들이 왕따 당하는 친구를 괴롭히면 안타까운 마음을 지니고 있다는 점입니다.

3 내담자가 갖고 있는 역기능적 사고(인지적 왜곡)는 무엇인가?

모범답변 사례에서 구체적인 정보는 잘 안 나와 있지만, 왕따를 당하는 친구는 내담자가 볼 때 눈치가 없고 뻔한 거짓말을 해 충분히 왕따 당할 행동을 하였다고 생각하는 부분과 왕따를 당하는 친구와 친하게 지내면 자신도 왕따를 당할 것 같다는 부분에서 임의적 추론과 관련됩니다.

4 사례에서 청소년 내담자의 욕구는?

모범답변 문제가 내담자에게 왕따를 당하는 친구가 다가와, 친한 척을 하며 카톡, 문자 등을 통해 선물 같은 것을 보내 부담을 느끼고 있으므로 이러한 부담감의 해소와 왕따를 당하는 친구와 친하게 잘 지내고 싶은 욕구가 있습니다.

23 사례 23

공통

[메일상담] - 가정불화

중2 여학생 / 학교를 그만두고 싶음 / 중학생이 된 이후 학교에서 친구들이 자신을 뚱뚱하다고 놀리고 끼워주지도 않고 친구들이 웃어서 같이 웃으면 왜 웃냐고 하고, 바보 같다고 놀림을 받고 자신을 보며 비웃는 것 같음 / 이러한 이야기를 듣기 싫음 / 오빠는 일진이어서 학교를 잘 다니지 않음 / 친구들이 이 점을 알아서 초등학교 땐 잘해줬으나 중학교에 올라와서는 그렇지 않음 / 엄마는 아프셔서 설거지나 청소와 같은 일은 내담자가 도맡아서 함 / 아버지는 술을 마시면 폭력과 폭언을 일삼음, 그 때마다 동생과 내담자는 조용히 집에서 아무 말 없이 있음 / 오빠는 집에 잘 들어오지 않음 / 이제 혼자가 편하고 친구들이 밉고 죽고 싶다는 생각도 든다.

1 내담자의 주 호소 문제는 무엇인가?

(모범답변) 이 사례에서 내담자의 주 호소 문제는 대인관계 문제와 가정폭력, 그리고 빈약한 지지체계 문제입니다. 내담자는 친구들과의 관계에서 놀림과 따돌림을 받고 있으며, 그것 때문에 학교를 그만두고 싶을 정도로 괴로워하고 있으며, 아버지의 가정폭력과 어머니의 질병으로 인해 내담자가 집안일을 도맡아서 해야 하는 가정환경에 있습니다.

2 이 내담자의 강점은 무엇인가?

(모범답변) 사례에서 엄마가 아프셔서 집안일을 하시기가 어려운 상황인데, 설거지나 청소 등을 내담자가 도맡아서 하기 때문에 딸로서의 역할을 수행하기 위해 노력하는 점을 들 수 있습니다.

3 내담자에게 실제상담처럼 공감해보시오.

(모범답변) "학교에서 친구들이 놀리고 따돌려서 친구들이 밉고, 집에서도 ○○가 믿고 의지할 사람이 없어서 외롭고, 힘들 것 같구나!"라고 반영하고 "그런 상황이라면 선생님도 많이 지치고, 슬플 것 같아"라고 공감해줄 수 있습니다.

4 만약 그림 검사를 해보고 싶다고 하는 내담자에게 어떻게 할 것인가?

(모범답변) 내담자가 그림검사를 하고 싶은 이유를 물어보고 그 그림검사의 필요성이 판단된다면, 그 그림검사에 대해 잘 설명해주어, 올바르게 검사가 실시될 수 있도록 하겠습니다.

5 사례에 필요한 심리검사는?

(모범답변) 내담자가 정서적으로 괴로워하는 상태이므로, MMPI 검사를 통해서 정서지표를 확인하고, SCT나 HTP를 통해서 자아상과 대인관계에서의 투사적 내용을 탐색해볼 것입니다. 이 사례에서 내담자가 자살 생각이 있는 것으로 보이므로, 우울증 척도나 자살 생각 척도 등을 통해 심각성을 객관적으로 살펴보는 것도 필요할 것입니다.

 **사례 24**

> **[전화상담] – 학교폭력**
> 중학교 2학년 남학생 / 전화를 건 남학생은 3월부터 학교폭력을 당하고 있고, 하지 말라고 말도 해봤으나 전혀 들어주지 않음 / 화장실에서 슬리퍼로 맞고 길을 가다가 가해자들이 다리를 걸어 넘어짐 / 폭력사실을 친구들 몇몇은 알고 있지만, 학교 선생님과 어머니에겐 말하지 못하고 있음, 이유는 가해자가 말하면 죽인다고 함 / 한부모 가정이며, 어머니와 둘이서만 살고 있음 / 어머니가 늦게 들어오시고 일을 힘들어 하시는데 자신까지 걱정을 끼치고 싶진 않아서 남학생은 죽고 싶을 만큼 힘들다고 함

1 사례에서 문제 상황이 무엇이며, 어떤 계획(상담목표 포함)을 세울 것인가?

모범답변

(1) **문제 상황** : 학교폭력 문제, 자칫 어머니에게 걱정을 끼칠 수 있을 것이라는 불안감, 죽고 싶을 만큼 힘든 상황이 문제입니다.

(2) **상담목표** : 학교폭력에 관한 심리검사와 상담, 그리고 학교폭력 문제에서 벗어날 수 있는 조치를 취해가면서, 내담자에게 폭력으로 인한 2차적 문제가 더 이상 발생하지 않도록 협력적인 노력을 합니다.

2 내담자의 자원은 무엇인가?

모범답변 학교폭력을 당하는 내담자가 가해자에게 그 행동을 그만둘 것을 표현한 점, 그리고 한부모 가정으로 어머니와 둘이서만 살고 있는 가운데, 어머니도 일을 힘들어 하시기 때문에 내담자 자신까지 걱정을 끼치고 싶지는 않다는 생각을 한다는 점이 내담자의 강점입니다.

3 사례에서 보호요인(지지요인)과 위기요인은?

모범답변

(1) **보호요인** : 가해자에게 그 행동을 그만둘 것을 표현한 자기주장 능력이 있다는 점을 들 수 있습니다.

(2) **위험요인** : 가해자의 협박이나, 죽을 만큼 힘든 상황이 전개되고 있다는 점을 들 수 있습니다.

 **사례 25**

진로문제
애니메이션 고등학교에 진학하고 싶으나, 확신과 자신이 없는 중3 내담자 / 입학원서 쓸 시간이 한 달 앞으로 다가왔는데, 아직 진로를 결정하지 못하고 고민하고 있음 / 만화 그리기를 좋아하며 실제로 잘 그린다는 평가도 받고 있으나, 자신이 잘할 수 있는지에 대한 확신이 없는 상태 / 진로에 대해 부모님에게 말하려 했으나, 소용없을 것 같아 말하지 못함 / 부모님은 일반고에 진학하여 공무원이 최고라며 향후 대학에 진학하라고 함 / 부모님은 내담자의 의사를 존중하지 않음 / 상담선생님이 대신 이야기해주면 안되냐고 요청함

1 만약, 마지막에 내담자가 자신의 진로를 상담자에게 정해달라고 한다면, 어떻게 대처할 것인가?

(모범답변) 내담자가 자신의 진로를 정해달라고 한다면, 상담으로 도움을 줄 수는 있지만, 진로에 대한 결정 권한은 내담자에게 있다고 말해 줄 것입니다. 이것이 내담자에게도 더 좋은 길을 인도할 수 있을 것이라고 확신을 줄 것입니다.

2 내담자가 진로를 결정하지 못하는 심리사회적 요인이 무엇이라고 생각하는가?

(모범답변)

(1) **심리적 요인** : 자신이 잘할 수 있는 것에 대해 잘 할 수 있을지에 대한 확신이 없는 자신감의 부족을 들 수 있습니다.

(2) **사회적 요인** : 부모는 내담자의 의사를 존중하지 않고, 내담자와 다른 생각을 하고 있어서 내담자는 진로를 결정하지 못하고 있습니다.

3 내담자에게 어떤 검사를 실시해볼 것인가?

(모범답변) 자신을 존중하고 사랑하는 마음을 측정하는 '자아 존중감 척도'를 통해 자존감의 정도를 검사해 볼 것입니다.

4 진로 갈등 외에 지문에 나타난 주 호소문제는 어떤 것이 있다고 생각하는가?

(모범답변) 내담자의 자신감 부족과 함께 결정을 하는 데 있어, 상담자에게 의존하는 정도가 높다는 것이 또 다른 문제입니다.

26 사례 26

> **부모의 이혼**
> 초등학생 5학년 여아 / 엄마, 아빠가 이혼을 해서 엄마를 자주 만나지 못함 / 소원이 있다면 가족이 같이 살고 싶고, 흩어지지 않았으면 좋겠으며, 엄마, 아빠가 싸우지 않고 잘 지냈으면 함 / 얼마 전에 엄마를 만났는데 마냥 기쁘지는 않고 수용하기 어려운 감정을 느끼는 상태 / 상담자가 그 감정을 탐색하려 하자 색칠 공부하고 싶다고 화제를 전환하는 등 저항을 보이는 사례

1 상담자가 자신의 역량 부족으로 다른 기관에 아이를 의뢰할 때 절차와 주의해야 할 점은?

모범답변

(1) **다른 기관에 아이를 의뢰할 때 절차** : 초등학교 학생이므로 보호자와 초등학생에게 의견을 묻고 보호자의 동의를 구한 후 타 기관으로 의뢰합니다.

(2) **주의해야할 점** : 타 기관으로 의뢰되는 이유에 대해 버림받았다는 마음의 상처가 생기지 않도록 잘 설명하고 안내하는 것이 필요합니다.

2 이혼가정 아이 상담 시 주의해야 할 점은?

모범답변 이혼 가정이기 때문에 버림받을 수 있음에 대해 민감해 할 수 있습니다. 이혼가정 아이 상담 시 감정을 잘 표현할 수 있도록 격려해주고 상담자로 하여금 버림받았다는 마음이 생기지 않도록 하는 것이 요구됩니다.

3 이혼한 가정의 아이들이 해결해야 할 과업이 있는데 무엇인가?

모범답변 이혼가정의 아이들은 원가족에 대한 상실을 수용하고 재결합에 대한 환상을 버려야 합니다. 또한 결혼에 대한 희망과 기대를 회복하고 확대가족 관계를 유지하여야 하는 과업이 있습니다. 이런 과업을 성취하는 것을 통해 대인관계의 신뢰를 회복하며 행복한 가정을 이루어 나갈 수 있을 것입니다.

4 이혼한 가정의 아이를 지속적으로 상담하고 있었지만, 아이는 아빠와 계속 살고 있는 것처럼 말해 상담자는 아이가 이혼해서 엄마와만 살고 있는지를 몰랐다. 엄마와 상담 때 알게 된 상담자는 내담자에게 어떻게 상담할 것인가?

모범답변 아빠와 계속 살고 있는 것처럼 말했던 이유가 있는지를 탐색하는 것이 필요합니다. 이혼하기 전, 아빠와의 관계 또는 현재 엄마와의 관계형성에 문제가 있는 것은 아닌지 살펴서 상담을 진행하는 것이 요구됩니다.

5 이혼의 경험에 대한 역전이가 된 상태이다. 이후 상담자는 어떤 절차를 진행해야 하는가?

모범답변 상담자에게 이혼 경험에 대한 역전이가 된 상태라면, 우선 상담자의 자기성찰이 필요할 것입니다. 역전이 상태가 진행되고 있을 때, 상담자 자신이 자유로운 상태에서 내담자에게 도움을 줄 수 있을 것인지를 판단하는 것입니다. 만약, 어려움이 있다면 내담자에게 이를 알리고 다른 상담자에게 의뢰될 수 있도록 도와야 합니다.

6 내담자로 하여금 카타르시스를 일으키게 하려면 어떻게 할 것인가?

모범답변 카타르시스는 감정의 정화를 의미하므로 내담자가 지니고 있는 부정적인 감정을 표현하도록 돕고 내담자의 긴장이 완화될 수 있도록 격려하는 자세가 중요합니다.

27 사례 27   공통

가출
중3 여학생 / 부모님의 잦은 불화로 내담자는 가출을 두 번 했음 / 내담자가 집에 돌아왔는데, 본인을 한 번도 아닌 두 번이나 버려서 절대 용서가 안 되고 아버지도 무관심하면서 잔소리는 왜 하는지 모르겠다고 말하고, 간섭하지 않았으면 좋겠다고 함 / 힘들어서 죽고 싶다 함 / 어머니, 아버지 둘 다 밉고 친구들과 관계 또한 원만하지 못함

1 사례에 나온 부모님을 대상으로 상담한다면 어떻게 상담을 진행할 것인가?

모범답변 부모님의 잦은 불화가 문제이므로 부부갈등에 집중해서 상담을 진행하는 것이 좋고 아버지의 잔소리나 간섭이 정서적인 삼각관계를 형성하는 것이라면, 내담자를 부모에게서 분리하는 노력의 일환으로 탈삼각화 기법을 활용하여 부부의 불화를 줄이는 노력을 할 것입니다.

2 친구들과의 문제가 있다는 부분에서 인지행동치료를 바탕으로 개입한다면 어떻게 할 것인가?

모범답변 친구들과 관계가 원만하지 못한 것의 원인이 내담자의 비합리적 신념에 의한 것임을 밝혀내는 것이 중요합니다. 비합리적 신념이 있다면, 그것에 대한 논박을 통해 합리적 신념을 가질 수 있도록 다양한 기술, 즉 인지적, 행동적, 정서적 기술을 활용할 것입니다.

3 사례에서 가장 먼저 개입해야 할 부분은?

모범답변 가장 먼저 개입해야 할 부분은 자살문제가 시급한 문제일 것입니다. 가출의 문제도 있겠지만, 부모와의 관계형성, 친구들과의 관계형성이 힘들어서 죽고 싶다는 생각을 하고 있기 때문에, 이러한 생각을 지니지 않도록 관계형성과 관련되어 상담 초점을 맞출 것입니다.

 **사례 28**　　　　　　　　　　　　　　　　　　　　　　　　　　　　1·2급

> **자해**
> 중1 여학생 / 학교에서 칼로 손목을 긋는 자해행위를 했는데, 이유는 나쁜 학생들이 자신의 친한 친구를 괴롭히는 것을 보고 화가 나서 그 학생들을 혼내주고 싶어서 하게 됨 / 예전에도 한번 친구들과의 관계에 어려움이 있어서 자해를 한번 한 적이 있음 / 반복되는 자해행위가 걱정이 되어서 어머니가 병원에 데리고 갔는데, 병원에서는 약물치료를 권했지만, 학생이 약물치료를 거부하고 어머니도 약물치료보다는 상담이 나을 것 같아 상담센터 방문 / 상담자와의 면접에서 시선 접촉은 잘했고, 묻는 질문에는 대답을 잘하지만 경직되어 있고 불안해보였으며 자신의 생각과 감정을 표현하는 것을 어려워함 / 상담 내내 자해흔적이 있는 손목을 계속 만지작거림 / 아버지는 대기업에 다니고 있는데, 가족들과 시간을 보내기보다는 일을 더 중요하게 생각하고, 집에서 어머니와 큰소리로 싸우는 모습을 종종 보임 / 어머니는 교사인데, 성취지향적인 분으로 몇 년째 보직을 맡고 있고, 자녀양육을 회피하는 아버지에 대한 불만이 많아 딸들에게 결혼하지 말고 혼자 살라는 말을 하기도 함 / 언니는 외고에 다니며 기숙사에서 생활하고 있고, 공부에 욕심이 많고 자신의 일을 알아서 잘하는 스타일이나, 공부스트레스로 인해 원형탈모가 생기기도 함
>
> [참고] 지능검사와 MMPI 결과표가 제시되어 있었고, 지능은 130점대, MMPI에서는 D와 Pd가 60점 후반대로 높게 나옴

1 사례에 대해 사례개념화를 해 보시오.

모범답변

(1) 상담자가 파악한 내담자 문제의 성격은 무엇인가?

다면적 인성검사의 결과 우울과 반사회성이 높기 때문에 주 호소문제나 증상은 우울증상 및 반사회성으로 인해 대인관계를 잘 맺지 못하는 문제가 있습니다. 그리고 경직성 및 불안과 자신의 생각과 감정을 잘 표현하지 못하는 문제를 지니고 있습니다.

(2) 문제가 생기게 된 경로나 원인은 무엇인가?

다자해행위는 나쁜 학생들이 자신의 친한 친구를 괴롭히는 것을 보고 화가 나, 그 학생들을 혼내주고 싶어서 하게 되었습니다. 주로 친구들과의 관계에 어려움이 있어 자해행위를 반복하였습니다.

(3) 문제를 지속시키는 내적 역동은 무엇인가?

자신의 자해행위로 나쁜 학생들이 혼날 수 있다는 생각이나, 자신의 경직성과 불안, 우울, 반사회성 등이 내적역동에 해당합니다.

(4) 문제를 지속시키는 외적 역동은 무엇인가?

가정환경 측면에서 아빠의 무관심, 엄마의 잘못된 양육태도, 언니와의 만남이나 대화의 부족 등이 내담자의 문제를 지속시키는 외적 역동요인이 됩니다.

(5) 문제해결이나 극복을 위해 내담자가 필요로 하는 것은 무엇인가?

내담자는 무엇보다 통제감을 회복하는 것이 시급합니다. 이를 위해 내담자의 역기능적인 신념, 행동, 감정 등에 대한 성공적인 통제를 경험할 필요가 있습니다. 뿐만 아니라 상담자와의 관계에서 자신의 생각과 감정, 그리고 의사를 충분히 표현하고 존중받는 경험이 필요합니다. 상담자는 내담자에게 일방적으로 해결책을 제시하고 이를 따르도록 요구하기보다는 내담자와 함께 문제 상황을 검토해보고, 친구들과 내담자 자신이 각각 문제에 어떻게 기여하고 있는지를 살피고, 대안적인 행동을 모색함으로써 내담자를 문제해결과정에 적극적으로 참여시키는 것이 바람직합니다.

2 사례에서 내담자의 자해행위를 이해하기 위해 더 고려해야 할 점이 무엇인가?

모범답변 내담자의 자해행위를 이해하기 위해 더 고려해야 할 점은 친구와의 관계뿐만 아니라, 원만하지 않은 가족관계에서도 고려해야 할 점입니다. 우울과 반사회성이 검사결과 높아진 것은 가족원 간 관계에서 원만하지 못해, 자신의 생각과 감정을 표현하는 것을 어려워하는 등의 문제도 자해를 이해하는 데 도움이 될 것입니다.

29 사례 29

대인관계 문제
어머니의 상담 의뢰로 온 남자 고등학생 / 내담자는 상담의 필요성을 전혀 느끼지 못하고 있음 / 초등학교 때, 학급 친구의 물건을 훔치지도 않았는데, 학급교사나 부모님 모두 자신을 믿어주지 않음 / 현재 다니는 학교에서도 수업시간에 떠들지 않았는데, 자신만 지적하는 교사와 잘난 척하는 친구들 때문에 다른 사람과 대화하기를 싫어함 / 자신은 게임을 잘하고 재미있는 동영상을 올려 온라인상에서는 자신은 인정받고 있으니, 다른 사람들과의 대화는 필요 없다고 함

1 이 학생의 강점은 무엇인가?

모범답변 사례가 충분하지 않아 강점을 찾기는 쉽지 않으나, 위의 사례만을 놓고 본다면, 정직함과 아울러, 자신만의 스트레스를 유쾌하게 풀 수 있는 방법을 가지고 있다는 점입니다.

2 시급하게 해결해야 할 문제가 무엇인가?

모범답변 시급하게 해결해야 할 문제는 다른 사람들과의 신뢰관계를 형성하는 것입니다. 교사나 부모님 모두 자신을 믿어주지 않는다고 생각하거나, 잘난 척하는 친구들 때문에 다른 사람과 대화하기를 싫어하는 부분, 온라인상에서 인정받고 있으니, 다른 사람들과의 대화는 필요 없다고 하는 부분은 자칫 대인관계 측면서 고립될 수 있으므로 주변 사람들과의 신뢰관계 형성이 무엇보다 중요합니다.

3 사례와 같이 비자발적인 내담자에게 어떻게 개입하겠는가?

모범답변 상담의 필요성을 전혀 느끼지 못하고 있고 다른 사람들과의 대화는 필요 없다고 생각하는 비자발적 내담자의 경우는 우선 신뢰로운 상담관계를 잘 맺는 것이 중요합니다. 그리고 이를 촉진시키기 위해서는 공감 기술과 함께 내담자의 저항을 잘 탐색하고 저항이 줄어들 수 있도록 하는 상담가의 자세도 요구됩니다. 그리고 상담에 지속적으로 참여할 수 있는 동기부여의 상담관계(예 선택과 결정권한을 내담자에게 주기 등)를 형성하는 것이 필요합니다.

사례 30

성적과 대인관계 문제

중2 남학생 / 집중력이 떨어지고 공식도 잘 안 외워짐 / 친구 사귀는 것이 힘듬 / 부모님께는 힘든 걸 말하지 않고 그림을 혼자 그림 / 이사하면서 중1 때 지금 학교로 전학 / 곰 인형 가지고 노는 걸 좋아하는데, 인형은 자기 마음대로 움직일 수 있고 털도 부드러워서 좋다고 함 / 내담자 어머니는 인형을 갖고 노는 게 남자답지 못하다고 여겨 내담자 초2 때 내다버림 / 내담자는 엄마가 매사 자기를 못마땅해 한다고 불평함

- 내담자 행동 - 마르고 작은 키, 눈 맞춤 잘 안됨, 상담자 질문에 답은 하나 짤막함
- 부 - 아이들을 사랑하고 자상함, 사업이 잘 안돼서 이사했는데 애들이 상처받을까봐 사실을 숨김
- 모 - 내담자에 대해 바라는 바가 많음
- 남동생(13세) - 공부 잘해서 부모의 기대주, 욕심이 많고 내담자를 이겨먹으려 함
- MMPI - L 40대, F 66점, K 40점대의 삿갓형 / 임상척도 2와 7이 70점대, 임상척도 5는 70점, 임상척도 8과 0은 60대 후반
- MBTI - ISTP

1 내담자의 MBTI가 ISTP인데 이는 무엇을 의미하는가?

모범답변 ISTP형은 말이 없으며, 객관적으로 인생을 관찰하는 형입니다. 필요 이상으로 자신을 발휘하지 않으며, 일과 관계되지 않는 이상, 어떤 상황이나 인간관계에 직접 뛰어들지 않습니다. 가능한 에너지 소비를 하지 않으려 하며, 사람에 따라 사실적 자료를 정리하길 좋아하며 연장, 도구, 기계를 다루는데 뛰어나지만, 느낌이나 감정, 타인에 대한 마음을 표현하기 어려워합니다.

2 어떤 이론적 접근을 사용해서 이 내담자를 상담할 것인가?

모범답변 인간중심상담(내담자중심상담)이론을 적용해 볼 수 있습니다. 우선 상담관계를 촉진하기 위해 상담자는 수용적 자세로 존중하는 마음, 그리고 내담자를 공감하는 태도, 상담자가 자신을 개방하는 진솔성을 보여줌으로써, 내담자가 시선 접촉을 잘 할 수 있도록 돕는 것이 필요합니다. 상담자와의 관계 형성이 도움이 된다면, 내담자가 타인과의 관계를 형성하는 것에도 도움이 될 수 있으며 상담관계를 위계적인 아닌 수평적인 관계를 지향하는 것이 요구됩니다.

3 MMPI-의 상승척도쌍 2-7 유형의 특징을 설명해 보시오.

모범답변 상승척도쌍 2-7 유형은,

① 불안하고 긴장되어 있으며 예민하고 우울합니다.
② 걱정이 많고 실제적 및 상상적 위협에 약하여, 문제가 생기기도 전에 그것을 예상하고, 사소한 스트레스에도 과민반응을 나타냅니다.
③ 신체적인 증상을 호소하는 경우가 많아 피로감, 불면증, 식욕부진을 보이는데, 이는 그들의 만성적 긴장상태를 반영합니다.
④ 성취동기가 강하고 자신이 성취한 일에 대하여 인정받기를 매우 원합니다.
⑤ 자기 자신에 대하여 높은 기대를 가지고 있으며 객관적으로는 훌륭하게 성취했음에도 불구하고, 자기가 설정한 목표에 미달했거나 자신에게서 어떤 결함이 발견되었을 경우에는 강박적으로 그것에 집착하고 죄책감을 느낍니다.

 **사례 31**

> **인터넷 또는 스마트폰 중독**
> 고1 여학생/ 스마트폰 오랫동안 써서 요금 25만원 넘게 나온 적이 있어서 그 후에 무제한 데이터요금으로 바꿔줌 / 블로그 운영, 갑자기 우울 / 부모는 부부싸움이 잦고, 경제적 어려움이 있음 / 아버지는 알코올 중독, 어머니는 아이 생각하며 참고 산다고 말함, 이혼 고려, 어머니가 경제를 책임 짐 / 오빠는 고3, 비행청소년, 폭력문제가 있음 / 학교에서 연락이 와서 내담자가 학교결석이 잦음을 부모가 암 / 결석이유를 묻자 비현실적 이야기만 함 / 방에서는 인터넷 사용을 많이 하고 거실에서는 멍하게 있음 / 학교에 왜 안가냐고 상담실에서 물어보니, 학교에서는 자기가 초라해 보이나 온라인에서는 잘 나가고 인정받는다 함
> - MMPI - K (62) Hs (61) Hy (62) Sc (60) Ma (63) Si (56)
> - MBTI - ISFP

1 사례는 아버지의 음주, 폭력 가정에서 자란 내담자이다. 발달상 어떤 어려운 점이 예상되는가?

(모범답변) 아버지의 음주, 폭력에 시달린 내담자는 발달상 2가지의 문제를 가질 수 있습니다. 하나는 발달적인 스트레스에 직면할 수 있다는 것이며, 또 다른 하나는 내담자가 추후에 가정을 이루었을 때, 자녀에게 이것이 전수될 수 있다는 점입니다.

2 SNS로 괴롭힘을 당하는 청소년은 어떻게 상담할 것인가?

(모범답변) SNS로 괴롭힘을 당하는 청소년은 사이버 폭력 즉, 학교폭력의 문제에 노출되었다고 생각합니다. 학교폭력이라는 점에서 주변 사람들에게 도움을 요청하여 해결이 가능할 수 있음을 내담자와 충분히 상담을 통해 알려줄 것입니다. 괴롭힘을 당한 청소년의 정서적인 측면의 안정을 도와주는 한편, 가해자에 대한 개입도 필요하다면 노력해볼 것입니다.

3 사례의 주 호소문제가 무엇이며, 어떤 것을 집중해서 상담할 것인가?

(모범답변) 주 호소문제는 인터넷 또는 스마트폰 중독으로 인해, 비현실성, 학교 부적응의 문제 등이 나타나고 있습니다. 우선 중독정도에 대해 검사도구를 통해 판단한 다음, 중독 치유상담을 실시하는 것이 가장 중요합니다. 중독 치유 전문상담가와 함께 내담자를 돕는 방법도 고려해볼 것입니다.

4 사례에서 가족이 내담자에게 어떤 영향을 주는지 인지행동상담이론으로 설명하시오.

(모범답변) 부모의 부부싸움, 아버지의 알코올 중독, 어머니의 경제적 책임, 오빠의 비행성 등은 내담자가 이를 벗어날 수 있는 것은 가상공간뿐이라는 비합리적인 생각을 낳게 할 수 있을 것입니다. 그 결과 중독성 행동과 학교 부적응, 정서적인 문제를 보일 수 있습니다.

5 가족상담 관점에서 부모가 중독이며, 자녀들도 그와 관련된 양상을 보일 때 체크해야 하는 기능들을 말해 보시오.

모범답변 부모가 중독이며, 자녀들도 그와 관련된 양상을 보인다면, 이는 보웬이 제시한 다세대적 전수 과정에 해당합니다. 이때 살펴야 할 것은 부부 간 갈등을 자녀에게 우회하여 삼각관계를 형성하고 있지는 않은지, 그리고 자녀를 희생양으로 삼고 있지는 않은지를 고려해야 합니다.

6 사례에 대해 사례개념화를 하시오.

모범답변

- 상담자가 파악한 내담자 문제의 성격은 무엇인가?
  주 호소문제나 증상은 인터넷 또는 스마트폰 중독으로 인해, 비현실성, 학교 부적응의 문제 등입니다.

- 문제가 생기게 된 경로나 원인은 무엇인가?
  인터넷 또는 스마트폰 중독은 부모의 부부싸움, 아버지의 알코올 중독, 어머니의 경제적 책임, 오빠의 비행성 등의 문제에서 내담자가 벗어나기 위한 요인으로 작용하였을 수 있습니다.

- 문제를 지속시키는 내적 역동은 무엇인가?
  내담자의 우울, 비현실적인 사고, 그리고 자신을 초라하게 생각하는 부분이 내적역동요인입니다.

- 문제를 지속시키는 외적 역동은 무엇인가?
  가정환경 측면에서 부모의 부부싸움, 아버지의 알코올 중독, 어머니의 경제적 책임, 오빠의 비행성 등은 내담자의 문제를 지속시키는 외적 역동요인이 됩니다.

- 문제해결이나 극복을 위해 내담자가 필요로 하는 것은 무엇인가?
  내담자 개인적인 차원과 환경적인 차원 2가지에서 생각해보면, 개인적인 차원에서는 중독정도에 대해 검사도구를 통해 판단한 다음, 중독 치유상담을 실시하는 것이 필요합니다. 환경적인 측면에서는 가족관계 형성이 무엇보다 중요하기 때문에 전문적인 가족치료를 받을 필요가 있습니다. 전문가들의 사례회의를 통해 협력적인 방법으로 도움을 제공함과 동시에 내담자에게는 현실성 있는 생각을 하게 하여 학교생활에 적응해 나갈 수 있도록 돕는 것이 요구됩니다.

 **사례 32**

> **학교폭력 / 등교거부**
> 중학교 3학년 / 1학년 때 학교폭력 피해를 당했는데, 부모님들이 이 사실을 알게 되어 학교에 조치를 요구해 가해자들은 모두 강제 전학 / 그 이후 다른 학생들이 내담자를 투명인간 취급하게 되어 상황이 안 좋아짐 / 혼자 밥 먹고 혼자 시간을 보냄 / 점차 교사와 다른 학생들에게 화도 나고, 분노가 생겨 학교에 잘 가지 않게 되고 PC방에 가서 시간을 보냄
> - 아버지 – 내담자와 관계 좋은 편 / 하지만 술을 마시면 1~2시간동안 잔소리를 늘어놓아서 싫음 / 그래도 그냥 듣고 있음
> - 어머니 – 내담자에게 거칠게 말하고 욕도 함
> - 동생 – 초등학생 / 형의 단점을 무시하기도 함 / 그러나 내담자는 동생에게 잘 대하고 챙김
> - MMPI – 임상척도 2 - 71점, 임상척도 4 - 70점, 임상척도 6 - 66점
> - MMTIC – ISFP

1 MMPI 결과를 해석하시오.

(모범답변) 이 사례에서 내담자는 2 - 4 - 6 코드 타입으로 보입니다. 2 - 4 - 6 코드 타입은 우울하며, 억울한 정서를 갖고 있으며, 과민하고 논쟁적이며 수동 - 의존적인 성향을 특징으로 합니다. 내담자가 학교폭력 피해자로 그로 인한 따돌림을 경험하였으며, 교사와 친구들에 대한 분노 정서를 나타내고 있어, 2 - 4 - 6 코드 타입의 특징과 일치한다고 볼 수 있습니다.

2 초등학교 5학년 딸이 학교에서 왕따를 당해 학교를 가지 않겠다고 하는 부모가 상담소에 찾아왔는데 어떻게 상담할 것인가?

(모범답변) 우선 자녀의 왕따 문제가 맞는지 왕따 피해 식별하는 징후에 대해서 부모에게 물어볼 것입니다. 왕따가 맞다면, 왕따 피해를 입는 자녀를 어떻게 지도해야 하는지에 대해 알려드릴 것입니다. 예를 들어, 가해자와 피해자녀 및 증인의 진술서를 반드시 확보한다든지, 피해 사실을 확인한 후 끝까지 해결해줄 수 있다는 믿음과 확신을 심어주는 등의 지도방법에 대해 상담을 해드릴 것입니다.

3 MMTIC[2] 결과에 대한 해석을 하시오.

(모범답변) MMTIC상 ISFP의 유형은,
① 조용하게 산만하며, 굉장히 착하고 은근히 지지도가 높습니다.
② 'NO!'를 못하고, 너그럽고 순하며, 낙천적이고 천하태평이며, 행동이 느립니다.
③ 성급한 결론을 잘 내리고, 끈기가 부족하며, 부끄러움이 많고 외모에 관심이 많습니다.
④ 권위적인 분위기에서 눈치를 살피고, 가끔 과격한 행동을 합니다.

---

[2] 어린이 및 청소년(만 8세~만 13세) 성격유형검사인 MMTIC(Murphy - Meisgeier Type Indicator for Children)는 1990년 미국에서 개발되었다. 개발한 두 명의 박사 이름을 딴 이 검사는 이론적인 틀과 문항 구성도 MBTI의 선호도 지표를 그대로 적용했다. 아이들이 이해하기 쉬운 문장을 사용했다는 것이 이 검사의 특징이다.

33 사례 33

> **성격(분노) 문제**
> 21세 직업전문학교 남학생 / 과음과 폭행 사건 연루 / 팔에는 자살 시도는 아닌 듯한 여러 상처가 있음 / 고교 졸업 때까지 여러 사건사고들이 있었음 / 교사 등 권위자에 대한 반항이 있어왔고 돈 많은 것들을 가만두지 않겠다는 이야기도 자주 함 / 또래와는 초반엔 잘 지내다가도 분노폭발로 인하여 관계 유지가 어렵기도 함 / 생후 6개월에 보육원 앞에서 발견된 후 쭉 그곳에서 지냄 / 중1때 이모라 부르며 가깝게 지냈던 직원이 기관 사정으로 다른 기관에 가게 되자 크게 분노했고 연락이 와도 무시함
> - MMPI – F척도와 임상척도 2, 4, 5, 6, 7 상승 / 임상척도 4 – 71, 임상척도 2, 6, 7 – 60 초반
> - 문장완성검사 – 나의 두려움 '혼자되는 것'
> - 소원 – 돈을 많이 버는 것

1 사례와 같은 학교 밖 청소년은 어떻게 접근할 것인가?

(모범답변) 학교 밖 청소년은 대부분 생활환경적인 외상(트라우마)이 많기 때문에 이러한 문제들을 탐색하면서 개인적인 성향뿐만 아니라, 환경적인 측면을 더욱 잘 이해하고 이에 대한 도움을 줄 수 있는 상담을 진행해 나갈 것입니다.

2 내담자가 조기 종결을 요청한다면 어떻게 대처할 것인가?

(모범답변) 내담자가 조기에 종결을 요구한다면, 우선 종결하고자 하는 사유에 대해 물어볼 것입니다. 그리고 내담자에게 상담의 필요성을 권유해보고 그럼에도 상담종결을 원한다면, 상급자에게 보고하고 내담자의 결정대로 조기종결 과정을 거칠 것입니다.

3 사례의 내담자에게 진단내릴 수 있는 성격장애와 그 근거는?

(모범답변) 임상척도 4(반사회성)가 가장 높기 때문에 반사회성 성격장애를 진단할 수 있을 것입니다. 권위자에 대한 반항, 분노심, 어릴 때부터 반사회적 행동을 이미 보여 왔으며 현재도 그러한 행동을 반복하고 있다는 점, 몸에 여러 흉터 등을 그 근거로 생각할 수 있습니다.

4 사례의 내담자를 상담하게 된다면 어떤 이론을 적용하고 싶은가?

(모범답변) 행동주의 상담이론을 적용해 볼 것입니다. 우선 반사회적인 행동을 줄여나갈 수 있는 방법들을 고안하고, 특히 분노조절이 어려우므로 분노조절 프로그램을 집단상담 접근으로 해볼 것입니다.

사례 34

> **다양한 복합적 문제**
> 고1 남학생 / 지각이나 결석을 한 번도 한 적이 없으나, 학교폭력, 집단 따돌림, 가해행동과 분노조절문제로 담임교사에 의해 상담 의뢰됨 / 학교폭력 문제는 친구들과의 우정을 지키기 위해 했을 뿐 나쁜 의도는 없었다고 이야기함 / 평소 주의가 산만하며, 대화의 내용이 혼란스러움 / 내담자 호소문제는 남동생이 자신의 말을 무시하고 말을 듣지 않아 자주 싸움 / 부모님과 이 때문에 대화를 나누고 싶으나, 아빠가 때리고 혼을 낼까봐 무서움
> - 부 : 44세, 고졸, 건설현장 노무직, 권위적이며 보수적임 / 아내와 아이들에게 가정폭력을 가한 적이 있으며, 자주 화를 내고 감정조절이 안됨
> - 모 : 43세, 고졸, 주부, 평소에는 순하지만, 한번 화가 나면 참지 못하며 물건을 던짐, 우울성향 있음
> - 남동생 : 중2, 2년 전 ADHD진단을 받음, 다혈질이며 형과 사이가 좋지 않음
> - MMPI - A : 임상척도 4 - 70, 임상척도 9 - 66 / 다른 임상척도 점수는 대체로 50~61 사이
> - SCT : 우리 집은 지옥 같다. 친구들은 나처럼 친구들을 좋아한다.

1 사례에서 학생의 경우 강점자원은 무엇인가?

모범답변 강점은 지각이나 결석을 한 번도 한 적이 없는 성실함이며, 검사결과 친구들은 '나처럼 친구들을 좋아한다'라고 한만큼 친구들과의 우정을 중요하게 생각하는 점입니다.

2 MMPI - A 검사척도의 결과를 어떻게 해석하면 되는가?

모범답변 MMPI에서 4 - 9 코드 타입으로 반항적이며, 적대적인 정서를 가지고 있고, 행동화 특성을 보일 수 있습니다. 4 - 9 코드 타입은 사례의 내담자와 같이 분노조절의 문제와 폭력적인 행동이 나타난다고 할 수 있습니다.

3 내담자의 행동이나 성격을 이해하기 위해 다른 검사를 해야 한다면, 어떤 검사가 좋은가?

모범답변 제가 상담자라면 HTP, 로샤검사를 통해 내담자의 충동성과 정서조절 문제를 탐색하고, 객관적 검사로는 TCI(기질 및 성격검사)를 통해 자극추구와 인내력 등을 보충적으로 살펴보도록 하겠습니다.

4 가족관계에서 변화할 수 있는 요인이 있다면 무엇이라고 생각하는가?

모범답변 이 사례에서 내담자는 권위적이고 충동적인 아버지와 우울하고 비합리적인 어머니 사이에서 성장하였기 때문에 정서적인 지지가 부족했다고 보입니다. 내담자의 남동생 또한 ADHD로 충동성이 높기 때문에 가족 간에 충돌이 많았을 것으로 생각됩니다. 내담자는 아버지와 대화하고 싶어 하기 때문에 가족 간에 합리적인 가족규칙을 협의하고, 정서적으로 지지할 수 있는 의사소통 방법을 연습하면서 서로에게 상처가 되지 않는 언어와 행동을 통해 정서적인 공감대를 형성한다면 긍정적인 변화를 얻을 수 있을 것입니다.

35 사례 35

고2 남학생. 공부도 1등, 운동도 잘하고 친구 및 학교에서 인정받음. 가족도 인정함. 할 것 다해보고 인정도 다 받아봤기 때문에 더 해볼게 없다. 미래를 생각하면 이렇게 행복할 때 죽는 것이 낫지 않는가? 남들이 인정해주면 행복하며, 인정해주지 않으면 불안하다. 누나에게 상담했더니 누나도 비슷하게 고민한 적이 있어서 상담 받았더니 좋아졌다. 그래서 상담 받으러 오며 상담자의 말에 집중하고 귀 기울임.

- 다면적 인성검사(MMP - A) 결과 - D : 70, MF : 72, SI : 67, 나머지 척도는 무난함

1 사례개념화 하시오.

모범답변 내담자는 MMPI 2 - 0 코드 타입으로 자기비판적이며 실수를 두려워하여 극도로 위험을 회피하려고 합니다. 반면 신중하고 책임감 있는 성격이 강점이 될 수 있습니다. MF가 높기 때문에 남성적인 성향, 즉 경쟁이나 거친 상황에 불편해할 수 있습니다. 2 - 0 코드 타입은 전형적으로 공감 받는 상황을 부담스러워 하기 때문에 사례처럼 자발적으로 상담에 참여하는 것은 큰 강점이 될 수 있습니다. 따라서 내담자에 대한 상담적 접근은 정서적 공감도 중요하지만, 지지적이며 구체적인 해결방식을 다루는 인지행동적 접근이 도움될 것입니다. 2 - 0 타입의 내담자의 성장배경을 살펴보면 냉담하거나 냉소적인 양육환경일 가능성이 있으며, 이런 성장배경이 있는 내담자라면 대상관계적 손상을 회복하도록 상담자와 안전한 애착관계를 형성하는 것이 중요할 것입니다.

2 사례에서 추가로 할 수 있는 심리검사는 무엇인가?

모범답변 내담자는 우울 문제와 자살 사고가 있기 때문에 BDI 척도나 로샤검사 등을 통해 우울지표를 점검하는 것이 필요하며, SCT나 HTP를 통해 내적 이미지에 대한 의식화도 필요할 것으로 보입니다.

사례 36

> 부모가 부모역할을 못한다고 생각, 아버지는 벌어오는 돈이 적고, 내담자는 중학교 때는 성적이 우수했으나 고등학교 때부터 성적이 떨어짐. 경제적 지원되지 않아 학업 뒷받침 되지 않는 것이 원망스러움. 아버지는 화를 잘 내시고 어머니는 아버지가 화를 낼 때까지 자극하심. 내담자는 화가 날 때 벽을 치는 행동을 함. 진로를 결정해야 하는데 진로가 결정되지 않았음.
> - MMPI 검사 결과 – 4(65), 8(70), 9(70점대 후반)

1 위 사례를 사례개념화 해보시오.

모범답변 내담자는 MMPI 8 - 9 - 4 코드 타입으로 분노와 억울한 정서를 가지고 있으며, 반사회적인 행동화 가능성이 있고 적대적이며, 정신증적 삽화를 경험할 수 있습니다. 내담자는 부모로부터 강압적이고 무자비하게 양육되었을 수 있으며, 아동기부터 권위자와 갈등이 시작되었을 수 있습니다. 이런 코드 타입의 내담자는 일반적으로 스스로 상담실에 오지 않으며, 타인에 의해 의뢰됩니다. 따라서 상담자에 대한 불신이 강하며 자신을 솔직하게 개방하는 것에 어려움을 겪게 됩니다. 상담자는 내담자의 정서가 불안정하고 혼란스러울 수 있음을 공감하고 내담자의 행동이 내담자의 긍정적 욕구를 충족하는 데 도움이 되지 않는다는 것을 인식하도록 돕는 것이 중요합니다.

2 문제해결치료 기법 중 어떤 기법 사용하여 본 사례를 상담 진행할 것인가?

모범답변 내담자는 상담자를 신뢰하고 치료적 관계를 맺는 것이 어려울 수 있으므로, 내담자와의 관계를 형성하는 데 중심을 두면서 내담자의 행동이 내담자의 긍정적 욕구에 도움이 되지 않는다는 것을 WDEP 기법을 통해 인식하도록 하는 현실치료 기법을 적용하는 것이 적절할 것으로 보입니다.

37 사례 37

밤늦게까지 인터넷 게임으로 인해 학교에서 졸기도 하고, 엄마와의 갈등이 심해 힘듦. 다른 친구들은 날도 새면서 게임하는데 자기는 그 정도까지는 하지 않으니 괜찮다고 생각하는 데 엄마가 하지 말라고 해서 힘듦. 상담자가 어떤 게임을 하냐고 물어보니 오버워치를 하며, 무엇이 좋은가를 물어보니 게임 속에서 '힐러'라는 캐릭터를 하는데 위험에 처하거나 다친 사람들을 치료해 줄 때 기쁘며 친구들이 잘한다고 칭찬해줘서라고 이야기함. 게임을 하면서 불편함을 느끼는 건 무엇이냐고 물어보니 솔직히 새벽까지 게임을 해서 학교수업 시간에 졸리고 집중하기가 어렵다고 함

1 위 내담자의 비합리적 신념은 무엇인가?

모범답변 날을 새면서 게임을 하는 정도여야지 인터넷 게임에 문제가 있다는 신념입니다.

2 내담자 상담을 어떻게 진행할 것인가?

모범답변 내담자의 비합리적인 신념을 탐색하고 인식하게 하며, 내담자가 원하는 긍정적인 욕구에 효과적이지 않다는 것을 확인하고 효과적인 방법을 선택하도록 할 것입니다.

3 위 내담자의 가족 상담을 진행한다면 어떤 것을 살펴보아야 할 것인가?

모범답변 내담자가 게임 이외에 대안적인 활동을 할 수 없는 상황인지 확인하며, 가족문제에 대한 회피로서 게임이 사용되고 있는지 탐색하는 것이 필요합니다. 그리고 부모님이 내담자가 적절한 게임시간을 조절하도록 개입하였는지 확인하는 것이 요구됩니다.

4 이 내담자를 앨리스의 상담이론을 접목해서 이야기 해보시오.

모범답변 앨리스의 REBT 상담이론의 단계는 A - B - C - D - E 로 선행사건과 결과 사이에 비합리적인 신념이 있다는 것을 논박을 통해 인식하고 효과적인 신념을 선택하도록 하는 것입니다.
① A - 게임 몰두
② B - 날을 새는 정도가 아니기 때문에 문제없음
③ C - 수업에 지장을 초래, 모와의 갈등
④ D - 수업에 졸고, 모와의 갈등이 있는 것이 내담자가 문제없다고 생각하는 비합리적인 신념에 있다는 것을 논거를 통해 직면함
⑤ E - 수업에 지장이 없는 수준에서 게임을 하도록 함

5 내담자가 호소하고 있는 문제는 무엇인가?

모범답변 모와의 갈등(게임을 하지 못하게 함)과 수업시간에 졸고 집중하지 못하는 점이 호소문제입니다.

6 내담자가 게임을 계속하는 이유는 무엇인가?

모범답변 내담자는 어머니와의 갈등에서 오는 부정적인 정서를 조절하기 위한 목적으로 게임을 사용할 수 있으며, 적절한 대안적인 활동이 없기 때문에 게임에 몰두하고 있을 수 있습니다. 또한 내담자는 스스로 자기관리와 통제하는 방법을 알지 못하기 때문에 게임에 많은 시간을 투여하고 있을 가능성이 있습니다.

7 해결을 위해 어떤 활동을 할 것인가?

모범답변 내담자가 게임에 대한 충동이 생기지 않도록 환경을 변화시키며, 게임을 하는 시간동안에 내담자가 즐길 수 있는 대안적인 활동에 참여하며, 부모님의 관심과 긍정적인 강화가 이루어질 수 있도록 부모교육을 진행하고, 내담자 스스로 시간관리를 할 수 있도록 점검하는 것이 필요합니다.

8 내담자가 느끼는 양가감정은?

모범답변 내담자는 학교수업에 방해되는 게임을 조절하고 싶은 마음과 캐릭터를 키워서 즐거움과 성취감을 갖고 싶은 마음이 있습니다.

38 사례 38

공통

이메일상담

5명이 잘 어울려 다니는 친구들이 있었는데 이 중 한명이 5월부터 본색을 드러내면서 다른 한 명 ○○에게 심부름도 시키고 돈도 가져오게 하고 숙제도 대신하게 함. 발단은 ○○가 수학을 잘한다고 하면서 시작되었는데 수학숙제를 ○○에게 맡기면서 점차 ○○의 돈으로 노래방도 가고 맛있는 것도 사먹는다. 이걸 보면서 내담자는 보복이 두려워 △△에게 당하지 말라는 말도 못하고 ○○을 괴롭히는 친구에게도 △△가 그만 좀 괴롭히라는 말을 못하고 있다. △△의 엄마와 우리 엄마가 친해서 나는 아직 엄마한테도 말을 못하고 있다. 너무 힘들어 전학까지 가고 싶은 생각이 듦.

1 내담자의 주 호소 문제는 무엇인가?

(모범답변) 친구의 잘못된 행동에 대해서 보복이 두렵고, 친구관계가 나빠질까봐 적절하게 대응하지 못하고 있다는 것입니다.

2 사례에 제시된 내담자의 강점은 무엇인가?

(모범답변) 내담자는 친구의 잘못된 행동을 고쳐주고 싶은 마음과 친구 관계를 계속하고 싶은 긍정적인 마음이 있습니다.

3 내담자의 입장으로 가해학생에게 I Message로 전달해 보시오.

(모범답변) 나는 예전에 우리가 만났을 때 참 즐거웠어. 그런데 요즘에는 불편한 마음이 들었어. △△가 친구를 괴롭힐 때는 불안한 마음마저 들었어. 앞으로는 예전처럼 편하게 만났으면 좋겠어.

4 사례에서 나오는 학생을 인지주의 입장에서 어떤 문제가 있는 것으로 보이는가?

(모범답변) '친구의 잘못을 지적하면 보복을 당할 것이다. 친구의 잘못을 지적하면 친구관계가 깨질 것이다.'라는 파국적 사고가 있습니다.

5 상담자가 답 메일을 보낸다면 어떻게 하겠습니까?

모범답변 ○○님의 이야기 잘 들었어요. ○○님이 도움을 얻고 싶어 하는 것이 △△가 나쁜 행동을 하지 않고 예전처럼 좋은 친구사이로 남는 방법이죠? 그래요.. 친구를 괴롭히는 행동을 보면서 하지 말라고 이야기하고 싶지만 보복이 두려워서 또는 친구와의 관계가 나빠질까 봐 걱정하는 ○○님의 이야기를 들으면서 많이 힘들었을 것 같다고 느꼈어요. ○○님이 걱정하는 만큼 그 친구와 예전처럼 지내려면 어떤 방법이 있는지 한 번 살펴볼까요?

그 친구가 처음에는 그렇지 않았는데 변하게 된 것에 어떤 이유가 있는지 살펴보면 좋겠네요. 어떤 변화가 있어서 친구를 괴롭혔다면 그런 부분에 대해서 확인해보는 것이 좋습니다. 괴롭히는 친구와 괴롭힘을 당하는 친구 사이에 ○○님이 모르는 갈등이 있었는지 혹은 친구의 주변 환경에 변화가 있어서 괴롭히는 행동을 시작하게 되었을지도 모르니까요. 그 부분을 알게 되면 조금 더 쉽게 이해할 수 있을 거예요. 하지만 이런 이야기를 쉽게 하기는 어려울 수 있어요. 그래서 처음에 친하게 지냈던 일들을 추억하면서 이야기를 나누어보면 좋을 것 같아요.
또 괴롭힘을 당하는 친구와 이야기를 통해서 괴롭힘을 당하는 것에 대해서 적절히 대처하도록 이야기 해 줄 수도 있을 것 같네요. 괴롭힘을 당하는 친구가 자신의 의견을 당당하게 이야기 한다면 친구관계도 더 좋아질 수 있을 거에요.

일단 앞에 이야기한대로 △△랑 이야기를 나누어 보시구요, 그리고 난 후 다시 연락을 주세요. 그때 또 다시 어떻게 해야 할지 이야기를 나누어보자구요. ○○님의 예쁜 마음씨가 그 친구에게 와 닿기를 바라구요, ○○님이 고민하고 있는 부분이 빨리 해결되었으면 하고 바래요. 그리고 친구를 생각하는 마음에 박수를 보냅니다. 화이팅!!![3]

---

[3] 사이버 1388 고민 해결 백과 참조

39 사례 39

중 1때 교실에서 일진에게 맞아 가해자는 전학을 감. 그 후 중 3인 현재까지 피해자임에도 왕따 및 투명 인간 취급함. 학교에 대한 분노와 외로움으로 결석 잦고 PC방 게임에 빠짐

- 부(父) : 부동산 중개사, 말이 없는 편이며 내담자와 관계는 원만, 술 마시면 1~2시간 잔소리 하지만 내담자는 다 들어주고 있음
- 모(母) : 일자리 구하려 하지만 잘되지 않음. 엄마는 내담자의 결석과 게임에 폭풍 잔소리
- 남동생(초4) : 형에게 대들고 무시함. 활달한 성격에 체육 좋아함. 형은 동생을 잘 챙기고 다정하게 대함
- MMPI - 타당도 : 삿갓형. 임상 : D(70), Pt(70), Pa(66)
- MBTI - ISFP

1 상담자와 성적 취향이 다른 내담자에 대한 상담방법은?

(모범답변) 기본적으로 상담자는 자신의 성인권에 대한 자기 인식이 필요할 것입니다. 내담자의 입장에서 상담자의 성적인 가치관이 부정적인 영향을 미치지 않도록 무비판적인 태도를 가져야합니다. 만약 내담자의 문제가 성적 취향에 관한 것이고, 상담자가 내담자의 성적 취향에 동의할 수 없는 경우라면 상담자가 내담자의 문제를 도울 수 없다는 것을 인지하고, 내담자의 문제를 보다 잘 도울 수 있는 전문가에게 의뢰하는 것을 논의할 것입니다.

2 아웃리치에 대한 상담사의 생각은?

(모범답변) 아웃리치(Outreach)는 도움을 찾고 요구하는 사람을 기다리는 것이 아니라 도움과 상담이 필요한 사람들을 직접 찾아나서는 행위입니다. 과거 상담사의 역할은 찾아오는 내담자를 자리에 앉아서 맞이하였다면, 최근의 상담사의 역할은 상담이 필요로 한 사례들을 적극적으로 발굴하고, 상담의 영역을 확대하는 일까지로 확장되고 있다고 생각합니다. 거리상담, 전화상담, 사이버상담, 동반자활동 등 접근의 다양성을 확보하는 것은 시대적인 흐름이라고 생각합니다.

3 내담자 상담을 현실치료 이론으로 해 보시오.

(모범답변) 내담자는 학교폭력 피해자로 학교에서 왕따 및 투명 인간 취급을 받고 있습니다. MMPI에서 2, 7번과 함께 6번 척도가 상승하여, 내담자가 화나고 우울한 상태임을 알 수 있습니다. 내담자의 화나고 억울한 마음을 공감하고, 내담자가 변하기를 바라는 것을 질문할 것입니다. 내담자는 학교 선생님이나 친구들이 자신을 위로하고 피해 이전과 같이 좋은 관계를 맺기를 원할 것입니다. 하지만 내담자는 자신의 좋은 세계의 그림을 실현하는 것에 효과가 없는 결석과 게임을 선택하고 있습니다. 내담자와 친구들과 좋은 관계가 되기 위한 방법들에 대해서 이야기 해보고, 쉽고 간단하게 실행할 수 있는 계획을 세워보도록 하겠습니다.

4 사례의 부모 상담을 한다면 어떤 방법으로 할 것인가?

모범답변 내담자의 부모님이 상담에 참여한다면, 내담자에게는 굉장히 좋은 강점 자원이 될 것입니다. 상담자는 내담자의 부모님이 상담에 참여하는 장면에 대해서 깊은 감동을 전할 수 있습니다. 내담자의 부모님 또한 학교폭력의 피해자 중의 일부분일 수 있기 때문에 부모님의 고통에 대해서 공감하는 것이 필요합니다. 부모님들이 내담자의 변화를 돕겠다는 결정한다면, 부모님이 아들의 고통을 인식하고 위로할 수 있도록 감정을 앞세우지 않으면서 대화할 수 있는 대화기법을 연습하도록 제안할 것입니다. 또한 부모님 입장에서 아들과 같이 할 수 있는 간단한 활동들을 계획하도록 하겠습니다.

5 매번 상담시간에 늦는 내담자의 상담방법은?

모범답변 내담자가 반복적으로 지각을 한다면, 그것은 다양한 형태의 변화에 대한 반대심리가 있다는 것을 인식해야합니다. 상담 초기에 내담자의 의욕과는 다르게 변화에 어려움이 따르게 마련이기 때문에 혹시 상담자가 내담자의 지각을 강화시키거나, 자극하는 것은 아닌지 살펴볼 필요가 있습니다. 내담자와 함께 내담자의 반복적인 행동에 대해서 부드럽게 이야기하고, 혹시 내담자가 느끼는 다른 어려움이 없는지 살펴 볼 것입니다. 내담자의 기대와 상담의 진행이 맞지 않는다면 수정하면서 내담자와의 상담관계를 지속할 수 있을 것입니다.

6 정확히 50분 상담시간을 지키는 상담자에게 내담자가 나를 싫어하냐고 물을 때 어떻게 하겠는가?

모범답변 내담자가 상담자에게 자신을 싫어하느냐 라고 물어 보는 것은 내담자의 어떤 감정이 상담자에게 전이되고 있음을 인식해야 합니다. 내담자가 '상담자는 나를 싫어해'라고 생각하게 된 것에 대해서 이야기를 나누는 것이 필요합니다. 제가 상담자라면 내담자가 상담자가 자기를 싫어한다고 생각했다면 속상했을 것 같다고 공감적인 태도를 보이고, 그런 이야기를 들을 수 있어서 내담자를 이해하게 되었다고 할 것입니다. 그리고 어떤 부분이 그렇게 생각하게 되었는지 이야기를 나눌 것입니다. 내담자는 상담자가 자신을 더 특별하게 대우해주기를 바라거나, 다른 내담자에 비해 적게 상담해주는 것처럼 느낄 수도 있습니다. 상담시간 내에서 내담자의 이야기를 충분히 들어주면서, 내담자와 신뢰를 형성하고, 혹시 상담자가 아닌 다른 사람에게도 이것과 비슷한 경험이 있는 지를 확인하면서 상담을 진행할 것입니다.

 사례 40

> 중2 남학생 / 광역시에서 소도시로 이사 오면서 적응 어려움 / 기억력 저하 호소 / 어머니가 데려옴 / 초2까지 애착 형성된 곰돌이 만지고 아꼈는데 엄마가 몰래 갖다 버림 / 2살 어린 남동생은 욕심이 많고 공부 잘함.
> - MMPI 타당도 척도 : 삿갓형 / 임상척도 : 2 - 7 코드, Mf(65)
> - MBTI : ISTP

1 학교폭력 예방을 위한 상담사의 역할은?

모범답변 학교폭력 예방을 위한 다양한 교육, 절차, 프로그램들이 이루어지고 있습니다. 기본적으로 학교폭력에 대한 인식이 될 수 있도록 학생과 학부모, 선생님들에게 교육과 자문을 하는 역할이 있습니다. 보다 근본적으로는 학교폭력에 영향을 주는 요인, 즉 가정폭력, 학교 부적응, 정서조절의 어려움, 대인관계 문제 등이 학교폭력으로 이어질 수 있다는 인식을 통해 드러나 있는 문제로부터 정서적인 고통을 해소하는 것이 필요하다고 생각합니다.

2 상담자의 기본적인 자질은?

모범답변 상담자는 자신을 이해하고 존중하며, 다른 사람도 자신과 같이 존중할 줄 알아야 합니다. 특히 상담자는 변화에 대한 개방적인 태도와 긍정적인 믿음이 있어야 합니다. 상담자는 건강한 경계선을 유지하며, 자신의 영향력을 이해하고, 사람에 대한 진심어린 관심과 효과적인 인간관계 기술을 갖추도록 노력해야 합니다.

3 제시된 사례의 상담 목표를 잡는다면? 그 이유는?

모범답변 제가 상담자라면 내담자가 '친구와 함께 하는 활동을 늘리기'를 목표로 잡고 싶습니다. 물론 내담자가 동의가 필요할 것입니다. 사례의 내담자는 이사로 인한 친밀한 또래관계형성이 부족해 보입니다. 특히 어머니와의 불안정한 애착이 형성되어 있을 가능성이 있습니다. 내담자가 친구들과 함께 활동하는 시간을 늘린다면 건강한 또래애착이 형성될 것이고, 학교생활에도 적응할 수 있을 것입니다.

4 선호하는 상담이론과 그 이유는?

모범답변 저는 현실치료 상담을 배경으로 상담을 진행하고 있습니다. 현실치료 상담은 내담자의 문제는 관계의 어려움에서 비롯되고, 기본욕구를 충족하기 위한 비효과적인 선택을 하기 때문이라는 명쾌한 모델을 제시합니다. 청소년 상담 사례와 같이 복잡하고, 빠른 효과를 요구하는 상담에는 장기간 시간을 요하거나, 내담자가 너무 어려워하는 상담은 적용하기 어렵다고 생각합니다. 그런 점에서 현실치료 상담은 단기적이고 복잡한 사례에 적합하다고 생각합니다.

5 그 상담을 이 사례에 적용해서 사례개념화를 한다면?

모범답변 이 사례에서 내담자가 안정적인 또래관계를 맺지 못했던 다양한 시도들에 대해서 질문하고, 보다 효과적인 계획들을 이야기 할 것입니다. 등교나 하교, 점심식사 등을 같이 하기, 말을 먼저 걸어보기, 다른 친구 칭찬하기, 어려운 친구 도와주기 등 단순하고 구체적인 활동하기를 계획하고 실천하도록 격려할 것입니다.

6 위기 청소년들에게 집단상담 프로그램을 실시한다면 어떻게 하겠는가?

모범답변 위기청소년들을 위한 대인관계 향상 프로그램을 실시하고 싶습니다. 위기청소년들은 고립과 일탈, 부적응으로 인해 대인관계에서 오는 친밀감을 형성하기 어렵다고 생각합니다. 집단상담은 보편성과 이타성, 변화에 대한 희망을 높일 수 있고, 대인관계를 연습하는 마당이 되기 때문에 위기청소년들에게 많은 도움이 될 것이라고 생각합니다.

7 쉼터 청소년이 종교 강요와 엄한 규칙 때문에 퇴소하려고 한다. 어떻게 상담하겠는가?

모범답변 쉼터 청소년이 기관의 엄격한 규칙 때문에 퇴소를 고민한다면 청소년의 입장에서 규칙으로 인한 어려움이 있을 수 있다는 점을 공감적인 태도로 이해할 것입니다. 내담자가 쉼터보다 더 좋은 환경이 마련되어 있지 않다면, 내담자가 현재로서 최선의 대안이라는 점을 인식하도록 쉼터 생활과 퇴소 이후의 생활에 대한 장점과 단점을 찾도록 할 것입니다. 내담자가 장점과 단점을 객관적으로 인식하도록 하면서 좋은 선택을 하도록 돕겠습니다.

41 사례 41

> - 대학 재수생. 입시실패 후 무력과 우울감과 자살 충동이 있고, 자해경험 있음 / 집에서는 어려운 가정형편에 공무원 시험 보라고 해서 화가 나고 억울함 / 그럴 땐 소리 지르고 대듦.
> - 2남 1녀 중 장녀 / 어릴 때부터 동생과 차별. 부모님이 첫째라고 희생을 강요함 / 동생은 어리고 유치해 대화를 안 함.
> - MMPI : D(68), Pd(65), Pa(64)

1 심리검사 결과를 분석해 보시오.

모범답변 2 - 4 code type으로 억울함, 분노, 우울, 자기 패배적 행동을 특징으로 합니다. 4번 척도와 6번 척도가 상승한 것은 내담자가 입시실패로 인한 좌절감을 반영한다고 보여 집니다. 이러한 유형의 내담자는 어렸을 때부터 차별적인 대우를 받은 경험으로 비판에 취약하고 수동 - 공격적인 모습을 보이기도 합니다.

2 좋아하는 이론으로 어떻게 상담할 것인가?

모범답변 제가 좋아하는 이론은 해결중심상담이론입니다. 내담자는 자살충동이 높고, 자해경험이 있는 자살위기청소년으로 볼 수 있습니다. 내담자의 문제보다는 강점에 집중하도록 성공한 경험에 대해서 질문하겠습니다. 또한 내담자가 부모님의 차별 속에서 어떻게 견디면서 살아왔는지 대처질문을 통해 내담자의 강점을 활용하는 상담을 진행할 것입니다.

3 게슈탈트이론의 내사에 대해 설명하고 이 사례에 어떻게 쓰였는지 설명하시오.

모범답변 게슈탈트이론에서 내사는 타인의 메시지를 무비판적으로 받아들여 내면화하는 것을 말합니다. 이 사례에서 내담자는 '희생하라', '순종하라'는 부모님의 메시지를 내면화하였고, 무력감과 우울감, 자살충동과 같은 접촉경계 혼란을 느끼는 것으로 볼 수 있습니다.

4 이 사례에서 더 탐색해 봐야 하는 게 있다면 무엇인가?

모범답변 내담자에게 가장 시급한 문제는 자살충동에 관한 부분이라고 생각합니다. 내담자의 자살충동의 강도나 빈도, 구체적인 계획 등에 관해서 질문하고, 자살방지 서약서도 작성할 것입니다. 또한 내담자가 원하는 진로에 대해서 탐색하고, 친한 친구관계, 주변에 자신을 이해해주는 사람들이 있는지, 스트레스는 어떻게 해소하는지 등을 탐색할 것입니다.

5 종결 시 내담자가 불안해하면 어떻게 하겠는가?

모범답변 내담자가 종결에 대한 불안감이 생기는 것은 자연스러운 과정이라는 인식이 필요합니다. 상담자는 내담자가 편안하게 종결에 대한 불안감을 이야기하도록 배려해야 합니다. 불안감을 이야기한 이후에 내담자가 안정을 찾는다면, 내담자가 종결이후에도 필요하면 언제든지 찾아올 수 있다는 점을 설명하고, 상담에서의 변화된 모습이 유지되도록 격려하겠습니다.

사례 42

- 고등학교 2학년 여자아이로 성적은 좋은 편이지만 대안학교를 다니고 있음
- 어려서 아버지가 캐나다 지사로 발령을 받아 가족이 이민을 가고 초등학교 때 아버지와 어머니만 한국으로 들어오고 내담자는 친척집에 혼자 남겨지면서 외로움과 힘든 생활을 함.
- 중학교 2학년 때 다시 한국으로 돌아왔으나 내담자에게 아버지는 갑자기 화를 내시거나 감정조절이 되지 않음. 아버지는 평소 폭력을 이유 없이 휘두르고 어머니는 아버지를 말리지 못해 굉장히 스트레스를 받음.
- 아버지는 순간 화를 내고, 어머니는 이를 자극시키며 스트레스로 인해 병을 얻게 되었음.
- 내담 아동은 자신의 외로움과 힘들었던 상황에 대해 이해받지 못하는 것으로 분노가 올라오면 화가 나서 감정을 폭발적으로 나타냄.
- 이성친구와 또래친구에게서는 눈치를 살피고 자신에게 관심이 사라지면 '나를 떠날지 몰라', '나를 버릴지도 몰라'라고 생각하며 자신의 의사표현을 적절하게 표시하지 못해 신체화 증상을 보임.
- MMPI 결과 : L(50) F(45) K(50), Hy(63), Pd(67), O(34)
- MBTI : ISTJ

1 상담자의 윤리강령 중에 자신이 생각하기에 가장 중요하다고 생각되는 점은?

모범답변 저는 윤리강령 모두 중요하지만 하나를 선택하려면 충실성이 가장 중요하다고 생각됩니다. 상담자는 내담자를 도울 수 있는 방법을 연구하고, 자신의 한계를 인정하는 태도가 상담자에게 요구되며, 이러한 충실성 아래 비밀보장이나 내담자 복지와 같은 내용들이 포함된다고 생각합니다.

2 본 사례를 불안의 관점에서 정신역동접근, 인간중심접근, 인지행동 접근으로 비교해보라.

모범답변 내담자의 불안을 정신역동적인 관점에서 본다면 부모와의 신뢰관계 형성에 어려움이 있었고, 억압된 감정이 신체화 증상으로 나타나는 것으로 이해될 수 있습니다. 인간중심적 관점에서 본다면 부모의 긍정적 관심과 수용을 받지 못하여, 타인의 관심에 의존하며, 자기를 인식하지 못하고 있는 것으로 설명할 수 있습니다. 인지행동적인 관점에서는 아버지의 분노폭발이 학습되었으며, 어린 시절 혼자지내면서 자신이 버려졌다는 왜곡된 사고를 갖게 되었던 것으로 볼 수 있습니다.

3 사례내담자를 상담한다면 어떤 이론으로 상담하겠는가?

모범답변 저는 엘리스의 합리정서행동치료(REBT)이론으로 상담하고 싶습니다. 내담자는 자신이 이해받지 못하는 상황이 되면 분노의 감정을 폭발하는 상황이 계속되며, 친구와의 관계에서 '나를 떠날지 모른다'는 부정적인 사고를 가지고 있습니다. 사례에서 내담자는 '모든 사람들로부터 사랑받고 인정받고 이해 받아야만 한다'와 같은 비합리적 신념을 가지고 있습니다. 이러한 비합리적 신념을 '자신을 존중하고, 사랑받기보다는 사랑하는 일에 보다 신경 쓰는' 합리적인 신념을 갖도록 노력할 것입니다.

4 **중2 여학생이 어머니와 같이 상담에 왔는데 학생이 상담을 받고 싶지 않아할 때 어떻게 하겠습니까?**

(모범답변) 그 학생이 상담소에 오지 않을 수도 있었는데, 왔다는 것에 대해서 긍정적으로 평가하고, 청소년이 상담을 꼭 받아야 하는 것은 아니지만, 그럼에도 시간을 들여서 상담소에 온 데에는 조금의 기대가 있었다는 점을 인식하도록 할 것입니다. 내담자가 상담받기 싫어할 수 있다는 점을 수용하면서, 내담자가 상담을 통해서 자신이 원하는 변화에 대한 희망을 갖도록 동기를 강화할 것입니다.

5 **본 사례에서 투사검사를 한다면 어떤 것을 이용해 어떤 정보를 더 얻어내겠는가?**

(모범답변) 제가 투사검사를 더 한다면, HTP와 KFD, 그리고 SCT를 진행할 것입니다. 사례의 내담자는 자신에 대한 자아상과 가족관계에 대한 역동을 이해하는 것이 중요하다고 생각합니다. HTP는 자신에 대한 이미지, KFD는 가족역동을 이해할 수 있을 것입니다. 추가적으로 SCT는 반 구조화된 문장을 통해 가족과 대인관계에 대한 정보를 얻을 수 있습니다.

 사례 43

> 고등학교 중퇴한 남학생 / 취업을 하고 싶은데 불안함 / 친구들은 다 취업해서 돈벌이를 하고 있는데 자신은 백수여서 불안하고 우울함 / 주위 사람들이 내담자에게 고민을 많이 얘기하고 잘 들어주지만 내담자는 자신의 이야기를 하지 못함.
> - 부(父)는 완벽주의 성향. 내담자를 늘 야단침. 술 마시고 들어옴 잔소리를 늘어놓음.
> - 모(母)는 식당에서 일하고 내담자에게 늘 신세 한탄을 하고 어려운 경제 사정을 하소연함. 내담자는 늘 들어 줌.
> - 남동생은 형을 무시하고 말 안 들으며 가출도 함.
> - MMPI 타당도척도 : 삿갓형 / 임상척도 : 7(65), 0(65)
> - 홀랜드 : RS

1 홀랜드 결과를 바탕으로 내담자에 대해 설명하라.

모범답변 내담자는 홀랜드의 RS유형으로 R(현장형)과 S(사회형)의 유형의 조합입니다. R - S는 다른 조합보다 멀리 있기 때문에 내담자의 흥미는 진로결정 방향 면에서 안정성을 갖기 어려울 수 있습니다. 그렇기 때문에 사례의 내담자는 취업을 원하지만 백수로 지내고 있으며, 고등학교 중퇴에도 영향을 미쳤을 가능성이 높습니다.

2 MMPI를 어떻게 해석할 것인지?

모범답변 내담자는 타당도 척도가 삿갓형으로 자신의 주관적 고통을 호소하며, 7번 척도 상승과 함께 0번 척도가 상승하고 있습니다. 내담자는 겉으로는 모범적인 학생이지만 긴장이 높고 예민해서 불안과 관련된 심리적 장애를 가지고 있을 수 있습니다. 다른 사람의 이야기는 잘 들어주지만 자신의 심리상태를 표현하는데 미숙하고, 내향적인 성향으로 긴장과 불안을 쉽게 해소하기 어려울 수 있습니다.

3 사례를 보고 MMPI 말고 다른 심리검사를 한다면?

모범답변 내담자는 7번 척도 상승으로 강박이나 불안과 관련된 심리적 장애가 예상됩니다. 추가적으로 심리검사를 진행한다면 아론 벡의 불안척도(BAI)검사를 시행하고, 투사적인 검사로 SCT나 HTP를 진행할 것입니다. 투사적인 검사를 통해 내담자가 느끼는 자아상, 가족과 대인관계에 관한 정보를 얻을 수 있습니다.

4 청소년 내담자와 라포 형성이 잘 안 된다. 어떻게 하면 라포 형성할 수 있는 방법은?

모범답변 청소년 내담자의 라포 형성이 잘되지 않는 이유를 고민할 필요가 있습니다. 상담자의 언어가 너무 어렵거나 상담시간이 지루하다면 내담자가 흥미를 느끼는 미술활동이나 보드게임을 활용하는 것을 고려할 것입니다. 만약 비협조적인 내담자라면 내담자의 상담에 대한 기대를 의식화하면서 내담자 스스로 긍정적으로 바라볼 수 있는 강점자원을 탐색할 것입니다.

5 상담을 진행하고 있는데 3회기쯤 내담자가 자살하고 싶다고 할 때 어떻게 상담할 것인가?

(모범답변) 상담자는 내담자의 자살문제에 대한 치명성을 고려해야 합니다. 만약 내담자가 이야기하는 자살의 문제가 구체적이라면 내담자에게 자살에 대한 생각과 계획을 질문하고, 자살방지에 대한 계획을 논의할 것입니다. 만약 치명적인 정도가 아니라고 판단되면, 내담자가 자살을 생각할 정도로 고통스러운 상황이었다는 것을 공감적으로 이해하고, 자살을 생각하게 된 직접적인 계기에 대해서 질문할 것입니다.

44 사례 44 [공통]

> **메일상담**
> 친한 친구가 학생회장 선거에서 낙마하고 내담자가 당선된 이후부터 거리를 두고 안 좋은 소문을 내고 왕따를 시켜서 친구들이 다 자기를 싫어한다고 생각함 / 부모님께 얘기하기엔 부모님 걱정시켜 드리는 것이 싫음 / 선생님은 아무것도 모르고 말하려고 했는데 눈물밖에 안 나와서 말할 수 없음 / 죽고 싶어서 건물위로 올라갔다가 하늘을 보고 엄마, 아빠가 생각나서 내려옴 / 학교 가는 것도 너무 싫고 외롭고 선생님도 싫고 학교에 가면 내가 아무것도 아닌 것 같고 죽고 싶음.

1 내담자의 주 호소문제와 내담자가 가지고 있는 인지적 오류는?

(모범답변)
- 내담자는 또래관계에 어려움을 갖고 있으며, 자신의 어려움에 대한 적절한 도움을 요청하지 못하고 있습니다. 이러한 이유로 자살에 대한 충동과 학교생활에 대한 부적응을 호소하고 있습니다.
- 내담자는 '모든 친구들이 다 자기를 싫어한다.'고 생각하며, '내가 아무것도 아닌 사람'이라는 과잉일반화와 임의적 추론의 오류를 하고 있습니다.

2 사례에서 보이는 내담자의 강점은?

(모범답변) 내담자는 학생회장에 당선될 정도로 친구들에게 인기가 있고, 유능해 보입니다. 특히 자신의 문제를 부모님, 선생님에게 이야기하려고 시도했다는 점, 이런 문제를 메일로 상담 신청을 한 점 등을 볼 때 내담자는 변화를 위한 충분한 동기를 가진 내담자로 보여 집니다.

3 사례의 학생을 상담한다면 어떻게 접근 할 것인가?

(모범답변) 내담자가 어려운 상황에 처해 있다는 것을 공감적으로 이해하고, 만약 따돌림이라면 학교폭력으로 조치할 수 있다는 점을 설명할 것입니다. 내담자가 스스로 해결하는 것은 어려움이 있기 때문에 부모님이나 선생님에게 이야기할 수 있도록 도움을 주겠습니다. 혹시 내담자가 직접 이야기하는 것이 어렵다면 117센터나 청소년상담복지센터를 연계할 수 있도록 할 것입니다.

4 내담자의 부모가 자신이 원하는 상담자가 있다고 상담자를 바꿔달라고 조른다면 어떻게 할 것인가?

> **모범답변** 내담자의 부모가 상담자를 바꾸겠다고 결정했다면 의견을 무시하기는 어려울 것입니다. 하지만 상담 중간에 상담자를 바꾸고자 하는 것이라면, 내담자 또는 내담자의 부모가 가지고 있는 상담의 기대와 상담 진행이 맞지 않거나, 상담자를 신뢰하지 못하게 된 계기가 있을 것이라고 생각합니다. 내담자의 부모에게 상담자를 변경하려는 이유를 질문하고, 상담의 기대를 재확인할 것입니다. 내담자와 내담자의 부모의 상담 초기의 상담에 대한 목표를 재확인하면서 상담동기를 강화할 것입니다.

45 사례 45

사이버 상담
중 3 여학생 / 어머니가 아버지와 싸운 후 집을 나감 / 이번이 두번째라 엄마에 대해 부정적 감정이 많음 / 아버지는 내담자에게 관심은 없고 잔소리랑 간섭이 심함 / 친구들이 자기를 무시하고 비웃는 거 같고 같이 놀려고 하지 않음 / 죽고 싶다는 이야기를 함

1 비자발적인 내담자를 어떻게 동기부여 할 것인가?

> **모범답변** 비자발적인 내담자가 상담에 의뢰되었다면, 상담에 의뢰된 것에 대한 심정이나 기분을 공감할 것입니다. 아마도 하기 싫은데 억지로 끌려온 기분이 들 것입니다. 하지만 그 가운데에 자신도 몰랐던 자신이 원하는 변화에 대한 희망을 발견하도록 합니다. 내담자가 상담소에 오게 된 것은 타인의 강요도 있었지만 자신의 의지도 있었다는 점에 대해서 이야기 하면서, 내담자가 바뀌었으면 좋겠다고 생각하는 것들에 대해서 이야기할 것입니다.

2 시간제 동반자를 하고 있는데, 내담자를 만나러 갔더니 집이 원룸이라 부모님의 눈치를 안 볼 수가 없는 상황이다. 이때 어떻게 할 것인가?

> **모범답변** 상담의 공간은 내담자가 안전하게 느끼는 공간이어야 된다고 생각합니다. 부모님과 같은 공간에 있다면 내담자가 자신의 이야기를 하기 어렵기 때문에 분리된 공간을 마련하는 것이 필요합니다. 부모님께 양해를 구해서 자리를 비켜달라고 이야기하거나, 내담자와 밖으로 나와 공원 같은 곳에서 이야기를 하는 것이 좋을 것 같습니다. 방문 이전에 이런 부분에 대해서 인지하고 개입하는 것이 좋을 것이라고 생각합니다.

3 요즘 청소년들이 은어나 비속어를 많이 사용하는데 어떤 식으로 상담을 할 것인가?

모범답변 은어나 비속어는 청소년들의 고유한 문화일 수 있다고 생각합니다. 상담사는 이런 언어에 대해서 수용할 수 있어야 된다고 생각합니다. 물론 지나치게 공격적인 언어를 반복한다면 상담에 방해가 되기 때문에 내담자에게 이런 부분을 설명하고, 언어를 순화하도록 구조화하는 것이 필요합니다.

4 사례의 내담자의 감정상태가 어떠한지 설명하라.

모범답변 내담자는 어머니의 가출에 대해 버려진 것 같은 불안감정을 느낄 수 있습니다. 또한 아버지도 자신을 이해하지 못하고, 친구들도 자신을 무시한다고 생각하기 때문에 공감 받고, 이해받지 못한다고 생각하며, 위축되고 우울한 감정을 갖고 있을 수 있습니다. 이로 인해 자살에 대한 생각을 갖게 된 상태입니다.

5 사례지에서 주요 호소문제는 무엇이며, 이 상황에서 어떤 내용은 더욱 알아봐야 하겠는가?

모범답변
- 내담자는 어머니의 가출, 아버지의 잔소리, 친구들의 무시 등으로 인한 분노와 우울감으로 자살에 대한 충동을 갖고 있습니다.
- 내담자가 믿고 의지할 수 있는 친구나 선생님이 있는지, 학교생활은 어떤지, 좋아하는 일은 무엇인지, 자살경험 등에 대해서 탐색하면 내담자의 강점 자원과 위기 요인 등을 확인할 수 있을 것입니다.

6 내담자에게 어떤 심리검사를 검사를 할 것이며, 그 이유는?

모범답변 Beck 우울척도(BDI) 검사와 KFD, SCT 검사를 할 것입니다. 자살사고가 많고 위축되어 있기 때문에 MMPI - A와 같이 많은 지문이 있는 검사가 내담자에게 적합하지 않을 것 같아, BDI를 통해 간단하게 내담자의 우울정도를 평가하고, KFD와 SCT를 통해 가족관계, 대인관계에 대한 내담자의 심리적 특성을 확인할 필요가 있습니다.

 **사례 46**

> **채팅상담**
> 고1 여학생. 학교에서나 집에서나 계속 핸드폰만하고 학업에 집중하지 못하고 있음 / 본인도 그 심각성을 느껴서 상담을 신청했음 / 핸드폰으로 연락하는 채팅친구들만이 자신의 이야기를 들어주고 공감해줘서 너무 좋음 / 핸드폰 친구들 말고는 아무도 자신의 이야기를 들어주지 않고, 학교 초기에는 친한 친구도 있었는데 3명이서 같이 잘 지내다가 2명이 자신을 따돌림

1 스마트폰 중독의 문제점 2가지를 말해보라.

모범답변 스마트폰 중독은 개인의 정서조절의 어려움, 학업 부진의 원인, 가족 및 대인관계적 갈등을 초래할 수 있습니다.

2 스마트폰 중독정도에 대해 검사하는 방법은?

모범답변 청소년상담복지개발원에서 개발한 스마트폰 과의존 자가 척도가 있습니다. 총 10문항이고 4점 리커트 척도로 구성되어 있습니다. 40점 중 31점 이상이면 고위험 사용자군이며, 23점~30점 이하는 잠재적 위험 사용자군, 22점 이하는 일반 사용자군으로 구분됩니다.

3 내담자가 자신의 욕구를 상담사를 통해 부모님께 전달하려고 한다. 어떻게 할 것인가?

모범답변 내담자가 상담사를 통해 자신의 욕구를 전달하고자 하는지를 물어보고, 그것이 어떤 의미가 있는지 질문할 것입니다. 내담자가 스스로 자신의 욕구를 전달하기 어려운 상황을 점검해 보고, 자기주장이나 의사전달법 등을 연습하도록 하겠습니다.

4 학교폭력 가해자 집단상담을 하고 있는데, 1명이 집단상담 분위기를 흐릴 때 어떻게 대처할 것인가.

모범답변 집단원들의 피드백을 통해서 분위기를 흐리는 집단원의 행동이 집단의 목표에 좋지 않은 영향을 주고 있다는 것을 이해하도록 할 것입니다. 만약 그 집단원의 문제가 개인적인 것이라면 개별적인 면담을 통해 이야기를 나누는 것이 좋을 것입니다.

 **사례 47**

> **메일상담**
> 왕따 당하는 친구가 친하게 지내려고 하는데, 다른 친구들 눈치가 보이고 자신은 따돌리지는 않지만 친하게 지내기는 껄끄러움 / 눈치 없이 행동하고 거짓말을 하니까 왕따를 당하는 것 같다고 생각함 / 선생님도 자기를 보고 왕따 친구와 잘 지낸다고 칭찬해서 부담스럽고 자신이 이기적이라는 생각이 듦

1 사례의 내담자에게 답장을 보낸다면, 뭐라고 할지 꼭 들어가야 할 내용을 포함해서 말해보라.

（모범답변） ○○는 왕따 당하는 친구가 친하게 지내고 싶어 하는 것 때문에 껄끄럽게 생각되는 군요. 왕따 당하는 친구를 따돌리지는 않지만 부담스럽게 생각하는 ○○의 이야기를 들으면서 많이 고민될 것이라고 생각했어요. 왕따를 당하는 친구가 눈치 없고 거짓말을 하기 때문이라면 그 친구와 대화를 통해서 적절하게 대처하도록 이야기를 해주거나, 당당하게 처신하도록 이야기해 준다면 그 친구의 문제가 좋아질 거라고 생각해요.

2 사례의 상담목표는 어떻게 세울지 말해보라.

（모범답변） 내담자가 왕따를 당하는 친구와의 관계 맺기에 대해 어려워하고 있기 때문에, 왕따를 당하는 친구에게 적절하게 대처하는 방법을 알려주기를 목표로 할 것입니다. 이러한 목표를 위해서 의사소통 방법, 부정적인 감정 해소하기 등을 진행할 것입니다.

3 상담시간이 아닌데도 계속 상담실을 기웃거리는 청소년 내담자가 있다면 어떻게 대처하겠는가?

（모범답변） 내담자에게 혹시 도움이 필요한지 물어볼 것입니다. 만약 도움이 필요하다면 상담을 진행할 수 있도록 시간을 정해주고, 만약 그렇지 않다면 상담시간을 정해서 오는 편이 내담자의 이야기를 더 많이 들어줄 수 있을 것이라고 얘기해 줍니다.

4 의뢰한 선생님이 상담내용을 물으면 어떻게 할 것인가?

（모범답변） 의뢰한 선생님이 당연히 궁금해 할 수 있을 것이라는 것에 공감할 것입니다. 그리고 선생님께 상담의 비밀보장에 대한 윤리규정을 설명하고, 협조를 부탁할 것입니다. 혹시 선생님이 내담자를 돕는 조력자 역할을 할 수 있다면 내담자의 동의를 얻어 조력형성에 필요한 부분을 공유할 것입니다.

5 학교폭력 가해자 부모님을 상담해야 하는데, 생계유지 때문에 못 오신다고 한다. 어떻게 할 것인가?

（모범답변） 상담자는 법(학교폭력예방 및 대책에 관한 법률)은 가해학생과 보호자가 조치를 거부하면 과태료나 전학, 퇴학 등의 조치를 취할 수 있도록 규정되어 있다는 사실을 인지하고 있어야 합니다. 하지만 가해학생의 부모님이 갖고 있을 수 있는 죄책감, 수치심, 무기력감 등에 대한 공감적인 이해가 필요할 것입니다. 우선 가해학생의 부모님의 심정을 공감하고, 자녀를 올바른 방향으로 이끌어주기 위한 노력을 함께 하자고 설득할 것입니다.

 **사례 48**

> **[메일상담]**
> 안녕하세요. 저는 고2 여학생입니다.
> 최근 학교 성적이 떨어져서 엄마와 많이 다투고 있어요. 지금 학교 선생님께 아프다고 거짓말하고 PC방에 와서 메일을 쓰고 있어요. 엄마가 이 사실을 아시면 난리가 날 거예요.
> 하지만, 요즘에는 내가 왜 살아야 하는지 모르겠어요. 엄마가 원하는 대학에 갈 수 있을지 걱정이에요.
> 엄마는 아빠가 돌아가시고 힘들게 저를 혼자 키우셨고, 저에 대한 기대가 큽니다. 좋은 대학에 가야 엄마가 행복해할 텐데, 자꾸 성적이 떨어져서 걱정이에요. 공부를 잘 할 때도 있었는데, 지금은 열심히 해도 성적이 떨어지고 있어 더 이상 공부를 잘 할 자신이 없어요. 이 문제로 엄마와 심하게 다툰 후로는 밥맛도 없고 잠도 못자고 우울하고 죽고 싶은 심정입니다. '죽으면 편할까?'하는 생각이 자주 들어요. 어떻게 하면 좋을까요?

1 상담사로서 가장 어려운 내담자가 누구라고 생각되는가?

(모범답변) 저는 공격성이 높은 내담자를 상담하기 어렵다고 생각합니다. 예전에 상담 중에 볼펜으로 눈을 찌르려고 하는 학생을 상담한 적이 있는데, 그 때 이후로 내담자가 공격적인 행동을 하면 예민해지는 경향이 있습니다. 개인상담과 교육분석을 통해 트라우마를 치유하고, 상담 시 안전에 조금 더 신경을 쓰면서 극복하고 있습니다.

(모범답변) 저는 우울과 자살사고가 있는 내담자를 상담하기 어렵다고 생각합니다. 전반적으로 우울하고 죽음에 대해서 생각하는 내담자를 상담하다보면 더 많이 에너지가 소진되는 것 같습니다. 저의 이러한 모습을 인식하고, 내담자에게 변화의 동기를 강화할 수 있는 상담 개입을 적용하도록 노력하고 있습니다.

2 사례의 내담자에게 어떻게 개입할 것인가?

(모범답변) 내담자의 주 호소문제는 학교 성적으로 인한 어머니와의 갈등으로 볼 수 있습니다. 내담자가 어머니를 행복하게 하기 위해서는 좋은 대학을 가야만 한다는 비합리적 신념이 있으므로, 어머니를 행복하게 하기 위한 대안적 방법을 탐색하는 것이 필요합니다.
내담자가 자살사고를 가지고 있기 때문에 자살에 대한 치명성을 평가하는 것도 중요합니다.

3 내담자를 공감해보세요.

(모범답변) 어머니를 행복하게 해주고 싶은데, 어머니와 갈등을 겪게 되어서 많이 속상했을 것 같아요. ○○가 죽음을 생각할 정도였다면, 정말 견디기 힘들었을 것 같아요.

4 초등학교 내담자인데, 부모가 부모상담을 하지 않으려 한다면 어떻게 하시겠습니까?

(모범답변) 내담자의 부모가 상담을 받는 것에 대한 거부감이나 두려움이 있을 수 있다는 점을 알려주고, 부모에 대한 잘못을 지적하는 자리가 아니라, 내담자를 조금 더 잘 이해하기 위해서 부모상담이 필요하다는 것을 설명할 것입니다.
부모상담에서는 내담자를 키우는데 힘들었을 것이라는 공감과 함께 상담자와 같이 내담자를 좋은 방향으로 성장시키도록 하자는 협력관계를 형성하도록 하겠습니다.

5 아웃리치 상담 중인데, 상담 장소가 방음이 되지 않는다면 어떻게 하시겠습니까?

모범답변 저는 상담하기 전에 상담 장소에 대한 사전탐색을 통해 안전한 공간을 마련할 것입니다. 하지만 현장에서 방음이 되지 않는 공간 밖에 장소가 없다면, 내담자에게 의향을 물어보고 불편해하는 부분에 대해서 다루고 상담을 시작하도록 하겠습니다.

6 사이버상담에서 상담자를 내방하게 하는 방법은 무엇인가?

모범답변 내담자의 주 호소 문제를 확인하고, 문제해결을 위한 대안으로 개인상담이나 집단상담에 참여하는 것을 제안할 수 있습니다. 내담자가 자신의 문제를 해결하는 대안으로 내방상담을 고려할 수 있도록 하고, 의사결정을 내리도록 정보를 제공하는 것이 필요합니다.

7 초등학생인 비자발적 내담자 상담 시 개입방법은 무엇인가?

모범답변 초등학생의 경우 부모나 선생님의 선택에 따라 상담센터에 방문하는 경우가 많습니다. 따라서 내담자가 원하는 것과 부모님이나 선생님이 원하는 것을 탐색하고, 관계성 질문을 통해 상담의 목표를 합의할 것입니다. 예를 들어, 어머니가 ○○를 상담받기 원하는 이유가 무엇일까? 등과 같은 질문을 통해 호소 문제를 명료하게 하고, 어머니의 생각에 대한 내담자의 생각을 통해 상담의 목표를 정할 것입니다.

8 초등학생 상담 시 상담자의 자질과 그렇게 생각하는 이유는 무엇인가?

모범답변 저는 초등학생 상담에서 상담자에게 중요한 자질은 놀이를 할 줄 아는 능력이라고 생각합니다. 놀이는 비언어적이면서도 사회적 의사소통이 이루어지는 장입니다. 초등학생 내담자의 언어적 비언어적 메시지에 경청하면서도 사회적 의사소통을 발전시킬 수 있는 역량이 상담자에게 필요합니다.

49 사례 49

[스마트폰 중독 상담]
1) 어머니의 요청으로 여학생이 상담을 받으러 옴
2) 자신은 상담을 왜 받는지 모르겠다고 함
3) 자신이 스마트폰을 계속 사용하는 이유는 친구들과 같이 게임을 하지 않으면 왕따 당할 것 같다고 함
4) 엄마는 자신이 왜 스마트폰을 사용하는지 이해를 못한다고 함

1 청소년상담 분야 중 가장 자신 있는 분야는? 그리고 그 이유는 무엇인가?

모범답변 저는 비행 청소년 상담에 자신이 있습니다. 보호관찰소에서 상담을 진행하면서 비행 청소년을 상담한 경험이 있는데, 상담을 통해서 내담자가 변화하는 모습을 보면서 자신감을 얻게 되었습니다.

모범답변 저는 진로문제에 대한 고민 상담에 자신이 있습니다. 저는 다양한 직업군에 대한 이해가 높고, 의사결정을 높이는 상담에서 효능감이 높습니다. 저 또한 진로 문제로 고민한 경험이 있어서 진로상담에 있어 도움을 줄 수 있다고 생각합니다.

2 상담자가 내담자 상담에 효과가 없다는 걸 알고 있는데, 이 내담자는 계속해서 상담자에게 상담을 받기를 원한다면 어떻게 할 것인가?

모범답변 상담에 진전이 없는데도 지속적으로 상담을 유지하는 것은 윤리적인 측면에서도 옳지 않다고 생각합니다. 저와의 상담이 내담자가 자신의 문제를 변화하지 않으면서 지지만 받으려는 욕구를 강화하는지 점검해 볼 필요가 있습니다. 상담에 효과 없이 맴돌고 있다는 것을 상담자의 자기개방을 통해 알아차리도록 하고, 구체적인 목표 설정과 성공가능성이 높은 계획을 통해 변화를 추구하도록 하겠습니다.

3 스마트폰 중독인 내담자에게 스마트폰 사용을 줄이는 대안적인 방법은 무엇인가?

모범답변 스마트폰을 대체하는 다양한 방법이 있지만, 내담자가 스마트폰을 통해 충족되는 욕구가 무엇인지 확인하는 것이 필요합니다. 사례에서 내담자는 친구관계를 유지하기 위해 스마트폰을 사용하고 있기 때문에 친구관계를 유지하기 위한 대안적 방법을 탐색할 것입니다. 예를 들어, 의사소통 훈련, 개인의 장기(長技) 개발 등을 내담자와 협의할 것입니다.

4 내담자가 가지고 있는 욕구는 무엇인가?

모범답변 내담자는 친구들과 친밀한 관계를 유지하고 싶은 욕구가 있습니다.

5 스마트폰중독을 알아보기 위해 이 사례에서 나오는 내용 외에 알아봐야 할 부분은 무엇인가?

모범답변 스마트폰중독은 내성과 금단, 일상생활장애 등의 요인으로 진단될 수 있습니다. 스마트폰의 사용량, 스마트폰을 중단했을 때 반응, 스마트폰 때문에 문제되는 활동 등을 탐색하는 것이 필요합니다.

 **사례 50**

[채팅상담]
1) 중학교 1학년 여자아이가 영어 학원 후배가 페이스북에 보란 듯이 선배들을 비꼬는 듯한 글을 올려서 친구들이랑 단체로 글에 선배가 우습냐~ 잘해라 댓글을 담
2) 별것도 아닌데, 그 후배네 엄마가 선생님도 찾아오고 일이 커진 것 같아 곤란하고, 그 밖에도 요즘 엄마도 선생님도 다들 자기한테 '중학생답게'해라 '언니답게'해라 같이 말하는 것 같아 짜증나고 다들 밉고 죽고 싶음

1 사례에서 상담자로서 가장 먼저 개입할 부분은?

(모범답변) 저는 내담자가 죽고 싶을 정도로 힘들었다는 부분을 공감할 것입니다. 그리고 자살에 대한 구체적인 계획이 있는지 물어볼 것입니다.

2 청소년 내담자가 상담 중에 아버지가 사망한 사실을 숨긴 사실을 알게 됐는데 어떻게 개입할 것인가?

(모범답변) 내담자에게 아버지가 사망한 사실을 우연히 알게 되었다는 것을 이야기 할 것입니다. 내담자가 상담자에게 이야기하기 어려웠을 것이라는 것을 공감적으로 이해하고, 내담자가 아버지 사망에 대한 생각과 감정을 자연스럽게 이야기하도록 촉진할 것입니다.

사례 51

> **[사례]**
> 내담자는 중2 여학생으로 학교에 나가고 싶지 않고 집에만 있고 싶어 하며, 어머니한테 짜증을 많이 부려 어머니에 의해 상담센터에 의뢰되었다.
> 내담자는 상담에서 상담자가 공감적 반응을 할 때에는 잘 반응하지만, 학교에 대한 질문이 나오면 고개를 숙이고 침묵으로 일관하였다.
> - 부 : 권위적 성취지향 스타일로 잘한 부분만 칭찬하고 못하면 질책함
> - 모 : 권위적인 아버지로 인해 억눌려 있음, 딸의 공부에 집착함
> - MMPI-A
>
> | F | L | K | 1 | 2 | 3 | 4 | 5 | 6 | 7 | 8 | 9 | 0 |
> |---|---|---|---|---|---|---|---|---|---|---|---|---|
> | 65 | 40 | 45 | 60 | 70 | 52 | 55 | 45 | 50 | 68 | 49 | 39 | 64 |
>
> - MBTI : ISFP
> - SCT
> 나는 쓸모없는 사람이다. / 나의 미래는 별 볼일 없다. / 엄마는 학습지에만 신경 쓴다.

1 위 사례에서 주 호소 문제는 무엇인가?

모범답변 사례의 내담자는 등교를 거부하고 어머니에게 짜증을 내고 있어 학교생활에 대한 부적응이 주 호소문제인 것으로 보입니다.

2 사례의 심리검사 결과를 해석하시오.

모범답변 MMPI 검사 결과 타당도 척도가 삿갓형으로 심리적 어려움을 호소하고 있으며, 임상척도 2번과 7번이 상승한 형태로, 2-7 코드타입에 해당합니다. 내담자는 긴장, 불안, 우울 등의 심리상태를 보일 수 있으며, 특히 9번 척도가 39점으로 에너지 수준이 낮아 현재의 스트레스 상황을 적절하게 대처하지 못하고 있을 가능성이 높습니다.
MBTI 검사 결과 ISFP로 겸손하고 거절하지 못하는 유형입니다. 따라서 학교에서 또래관계상의 어려움이 예상됩니다. SCT에서 자신에 대한 부정적인 이미지, 미래에 대한 불안감이 드러나고 있으며, 자신의 어려움에 대한 공감과 지지를 기대하는 것으로 보입니다.

3 사례에 상담이론을 적용해 개입한다면?

모범답변 저는 해결중심상담이론을 적용하고 싶습니다. 내담자의 예외상황을 탐색하고, 자신의 긍정적인 부분을 통해 문제 상황에 대처하도록 하는 것이 적합하다고 생각합니다. 내담자가 문제 상황에 매몰되지 않도록 하면서 자신의 긍정적인 모습을 통해 자존감을 회복하도록 개입하겠습니다.

4 사례와 같이 현장에서 침묵을 하는 내담자를 만나는 경우가 많은데, 어떻게 상담할 것인가요?

（모범답변） 우선 내담자가 침묵하는 것에 대해 충분히 수용할 것입니다. 내담자가 침묵하는 동안 침묵에 대한 의미를 탐색하고, 부정적인 내용이더라도 표현할 수 있는 분위기를 형성할 것입니다. 내담자가 침묵하는 동안에도 이야기하고 싶은 마음과 억압하는 마음의 양가감정이 있음을 인식하고, 양가적인 마음으로 혼란스러워하는 내담자를 반영하면서 신뢰감을 형성할 것입니다.

52 사례 52 1·2급

[사례]
1) 고2 남학생으로 여름 방학 이후 학교에 안가겠다고 죽어버리겠다고 함
2) 고1 때 따돌림 경험 있고, 가해자들에게 사과 받고 괜찮다고 말함
3) 내담자는 성적은 좋은 편이나, 갑자기 학교 가고 싶지 않다고 해서 엄마에 의해 의뢰됨
4) 고2 때 담임에게 따돌림 당하고 있다고 이야기했음
5) 상담에서 따돌림이 '엄마 때문이야'라고 함
6) 내담자는 고등학교 졸업 후, 취업할거라 학교생활 중요하지 않다고 함
- 부 : 공무원으로 별말 없고 무뚝뚝하고 혼자 등산 다님
- 모 : 집안일을 하며, 자녀 일에 주도적이고 활동적이며 청소년 단체에서 일을 함
- MMPI-A

F	L	K	1	2	3	4	5	6	7	8	9	0
68	45	50	51	75	58	69	60	50	52	56	40	60

1 내담자에게 화가 날 때 어떻게 할 것인가?

（모범답변） 내담자에게 화가 난다는 것은 상담관계에서 역전이가 있는 것이라고 볼 수 있습니다. 상담관계에서 상담자가 내담자에게 가지고 있었던 기대를 점검하고, 그러한 기대가 좌절되어 화가 났다는 것을 인식할 것입니다. 이후에 상담자의 기대를 내려놓고 내담자를 있는 그대로 존중하는 자세로 상담에 임할 것입니다.

2 제시된 것 외에 더 탐색하고 싶은 부분은 무엇인가?

（모범답변） 내담자가 부모에 대해서 가지고 있는 심상을 탐색할 것입니다. 사례에서 따돌림이 어머니 때문이라고 했기 때문에 어머니에 대한 부정적인 인상이 있을 가능성이 높습니다. 또한 자살사고가 나타나고 있기 때문에 자살에 대한 구체적인 계획을 가지고 있는지 확인할 것입니다.

3 추가적으로 더 검사 하고 싶은 검사와 이유를 말해보시오.

（모범답변） 추가적인 검사를 할 수 있다면 BDI검사와 HTP나 SCT 검사를 할 것입니다. MMPI 검사에서 2번과 4번 척도가 상승하여, 2-4 코드타입으로 볼 수 있습니다. 2-4 코드타입은 만성적인 우울을 시사하기 때문에 단일검사로 BDI를 통해 확인하는 것이 필요합니다. 또한 HTP나 SCT 검사와 같은 투사검사로 내담자의 심상을 파악할 것입니다.

사례 53

`1·2급`

[사례]
고2 남자. 집단 따돌림 후 우울, 불안, 호소. 대인관계 어려움

- [내담자] 뚱뚱하고 키가 작음. 상담 초기 눈 마주침 적절하였으나, 상담 진행이 될수록 눈 마주침 적고 묻는 질문에 단답형으로만 대답함
- [아버지] 가게 운영. 사업이 어려워지면서 짜증 자주 내심. 내담자 형과는 우호적 관계. 내담자와는 소원한 관계
- [어머니] 보험설계사. 가정 형편 어려워 학업 경제적 지원 어려움. 내담자 집단 따돌림 문제에 관심 갖고 적극적으로 해결하려고 함
- [형] 아버지와 우호적 관계. 공부 잘하고 모범생임. 동생과는 사이 안 좋음.
- 스트롱 검사 : SI
- MMPI-A

F	L	K	1	2	3	4	5	6	7	8	9	0
68	52	50	68	69	58	50	58	50	67	56	40	59

1 등교 거부 학생을 어떻게 상담할 것인가?

모범답변 내담자가 학교를 다니고 싶은 마음과 그렇지 않은 마음이 있다는 것을 인식하도록 할 것입니다. 내담자가 학교를 다니고 싶은 긍정적인 마음을 수용하고, 긍정적인 의도를 발전시킬 수 있도록 할 것입니다. 또한 학교를 가고 싶지 않은 마음이 들게 하는 요인에 대한 대처방법을 탐색하고 변화를 선택하도록 할 것입니다.

2 사례에서 가장 우선시 되는 상담목표는 무엇인가?

모범답변 사례의 내담자는 집단따돌림에 대한 트라우마와 대인관계의 어려움을 호소하고 있습니다. MMPI 검사에서도 2번, 7번, 1번 척도가 상승하여, 긴장, 불안, 신체적 증상호소 등의 특징을 나타낼 수 있습니다. 내담자에게는 트라우마로 인한 두려움으로 긴장된 상태를 이완시켜주는 것이 필요하며, 상담이 안전한 공간을 제공하는 것이 우선시 되어야 할 것입니다. 심리적, 신체적 이완을 통해 긴장 상태를 줄이고, 공포감에서 벗어난 이후에 대인관계 기술훈련을 통해 친밀한 또래관계를 원조할 것입니다.

3 내담자 호소문제와 의뢰자 의뢰문제가 상충될 때 현실치료 입장에서 어떻게 상담할 것인가?

모범답변 현실치료 입장에서 내담자의 욕구를 탐색하고 내담자가 욕구를 충족하기 위해 하고자 하는 일이 의뢰자와 관계적인 갈등을 일으키고 있다는 점을 인식하도록 할 것입니다. 내담자의 욕구를 충족할 수 있는 효과적인 방법을 탐색하고, 의뢰자와 관계를 나쁘게 하지 않으면서도 자신의 욕구를 충족할 수 있는 대안을 선정하고 실천하도록 계획을 세우도록 하겠습니다.

54 사례 54

[사례]
1) 내담자는 고등학생으로 중학교 때까지는 공부를 잘 하였으나, 고등학교에 오면서 성적이 떨어짐
2) 학원을 다니고 싶어도 경제상황이 좋지 않아 못 다니며 부모를 원망함. 진로가 정해지지 않아 걱정을 많이 하고 있음
3) 때때로 화가 나면 벽을 치거나 함
- 부 : 고시 공부를 하다가 그만두고 현재는 막노동을 하고 있으며 벌이가 거의 없고 술만 먹으면 폭력을 행사함
- 모 : 식당에 다니시며 일을 하고 아버지가 술을 마시면 잔소리를 하고 싸움을 하게 됨
- 남동생 : 비행을 저지르고 있고, 내담자와 사이가 안 좋음
- MMPI-A

F	L	K	1	2	3	4	5	6	7	8	9	0
45	55	52	43	42	51	67	40	52	55	62	69	42

1 위 사례에서 상담목표는 무엇인가?

모범답변 내담자는 진로에 대한 걱정을 호소하며, 좋지 않은 경제 상황에 대해서 부모를 원망하고, 분노를 조절하지 못해 벽을 치는 행동을 보이고 있습니다. 따라서 진로선택과 분노조절훈련을 상담목표로 설정할 것입니다.

2 사례에 대한 개입방법은 무엇인가?

모범답변 내담자의 일상생활과 선호하는 직업에 대해 탐색하고, 내담자가 원하는 진로를 선택할 수 있도록 원조할 것입니다. 또한 내담자가 화가 나는 상황을 탐색하고 대처할 수 있는 방법을 논의하면서 대안적인 행동을 훈련할 것입니다.

3 상담을 하다가 중간쯤에 내담자가 말을 돌리거나 회피할 경우 어떻게 할 것인가?

모범답변 내담자의 말을 충분히 경청하고, 상담 주제를 언급하여 상담의 초점을 잃지 않도록 합니다. 내담자와 충분한 신뢰감을 형성한 이후에 내담자가 회피되는 부분이 있음을 인식하고 반복될 경우에 내담자가 회피되는 부분이 반복되고 있음을 직면하는 것이 필요합니다.

4 스트레스를 받으면 몸이 아프다는 내담자를 어떻게 상담할 것인지 상담이론에 적용해 보시오.

모범답변 행동주의 이론을 적용하면 스트레스와 몸이 아픈 것이 조건 형성되어 있다고 볼 수 있습니다. 따라서 이완 훈련을 통해 몸을 이완시키고, 스트레스 상황을 상상하도록 하여 정서적 상태를 변화하도록 하겠습니다.

모범답변 현실치료 상담을 적용하면 내담자는 자신의 욕구가 좌절될 때 몸이 아프다는 것을 선택하고 있다고 볼 수 있습니다. 내담자의 욕구를 탐색하고 대안적인 방법을 논의하면서 욕구를 충족시키는 효과적인 방법을 실천하도록 도울 것입니다.

 **사례 55**　　　　　　　　　　　　　　　　　　　　　　　　　　　　1·2급

> **[사례]**
> 1) 내담자는 중2 여학생으로 6년 전 내담자 생일 전날 아버지가 돌아가심
> 2) 생일날마다 괴로워 함
> 3) 내담자는 학급회장으로 학급운영 등에서 친구들의 비협조로 스트레스 받고 있음
> 4) 친구들에게 아버지의 사별을 밝히지 못해, 외국에 계시다고 거짓말을 함
> 5) 이러한 문제에 대해 어머니와 상의하지 못함
> - 부 : 내담자를 많이 아꼈고 다음날의 내담자 생일파티를 준비하셨는데, 갑자기 심장마비로 돌아가심
> - 모 : 조리업에 종사하다 질병으로 쉬고 있음. 내담자의 학업에 대한 욕심이 있어서 내담자가 끊고 싶어 하는 학습지를 계속하게 하는 것으로 갈등이 있음
> - 오빠(28), 오빠(20) : 내담자에게 지지적이지 않음
> - MMPI-A
>
> | F | L | K | 1 | 2 | 3 | 4 | 5 | 6 | 7 | 8 | 9 | 0 |
> |---|---|---|---|---|---|---|---|---|---|---|---|---|
> | 54 | 44 | 46 | 68 | 52 | 72 | 45 | 42 | 67 | 50 | 48 | 54 | 42 |

1 사례에서 어떻게 상담할 것인지 말씀하시오.

모범답변 사례에서 내담자가 상담을 받게 된 경위가 나타나지 않았지만, 학급 운영 시 겪는 스트레스와 어머니와의 갈등이 호소 문제로 보입니다. 이러한 문제의 원인으로 아버지의 죽음에 대한 애도문제가 있습니다. 내담자에게 직접적으로 스트레스를 주고 있는 관계적 갈등에 초점을 맞추면서 아버지에 대한 애도 작업을 진행하는 것이 필요합니다.

따라서 내담자가 학급운영을 하면서 친구들의 협조를 얻어낼 수 있는 대안적인 의사소통기술을 훈련하고, 어머니와의 관계를 나쁘게 하지 않으면서 자신이 원하는 것을 얻을 수 있는 방법을 탐색할 것입니다. 또한 아버지의 죽음에 대한 애도작업은 사건에 대한 지속적인 노출과 이야기의 재구성을 통해 심상의 변화를 촉진할 것입니다.

2 사례의 MMPI 결과를 해석하시오.

모범답변 사례의 MMPI 결과에서 타당도 척도는 삿갓형이며, 임상척도 상 3번과 1번 척도가 상승하였으며, 6번 척도가 함께 상승하였습니다. 3-1 코드타입의 성격 특성은 과도한 애정욕구와 극적인 감정표현이나 신체증상을 보일 수 있습니다. 6번 척도가 함께 상승하였기 때문에 피해의식이 나타날 수 있습니다.

3 사례의 내담자가 과제 수행을 안 해오는 경우 어떻게 개입할 것인가?

모범답변 내담자가 과제 수행을 안 해 오는 이유를 물어보기보다는 어떻게 하면 과제를 수행할 수 있는지 탐색할 것입니다. 과제를 보다 구체적으로 세분화하고 성공가능성을 높이면서 내담자가 실천을 성공하는 것에 대한 긍정적인 경험을 얻도록 할 것입니다.

56 사례 56

[사례]
1) 내담자는 성형중독으로 의뢰된 21세 여대생으로 부모는 이혼 안 한 상태지만, 내담자가 어릴 적 아빠는 젊은 여자 만나서 떠났고 연락 안하고 있음
2) 내담자 엄마는 미용실 운영하며 좋은 옷을 사주며 키움
3) 내담자에게 '여자는 예뻐야 해', '아빠 없는 티 나면 안 돼'라는 말을 자주 하였음
4) 내담자는 고등학교 때부터 6번 정도 성형을 하고 또 하고 싶어서 대출도 불사하여 성형하고 싶어 함
5) 이로 인해 엄마와 갈등하여 바깥으로 나가려고 하지 않고 자기만을 사랑해 줄 남자를 만나기를 기대하고 있으나 현재 연애대상은 없음

- MMPI-2

F	L	K	1	2	3	4	5	6	7	8	9	0
55	50	45	52	48	54	70	65	72	56	60	45	67

- SCT : 나는 버려질 것이다. / 여자는 예뻐야 한다.

1 사례의 접근을 어떻게 할 것인지 사례개념화를 해 보시오.

모범답변 내담자는 성형중독 문제로 의뢰되었으며, 성형하고자 하는 충동이 있는 상태입니다. 부모의 이혼과 어머니의 양육방식이 내담자에게 외모에 대한 비합리적 신념을 형성하도록 한 것으로 보입니다. 따라서 상담적 개입은 내담자의 성형 충동에 대한 상황적 맥락을 탐색하고, 대안적 방법을 논의하면서 비합리적 신념을 합리적 신념으로 변화하도록 개입할 것입니다. 특히 어떤 상황에서 충동이 더 크게 일어나고, 어떤 상황에서 그렇지 않은지 예외적인 상황을 탐색하면서 자기에 대한 긍정적인 이미지를 형성하도록 하겠습니다.

2 MMPI 결과를 해석하시오.

모범답변 위 사례는 4번 척도와 6번 척도가 상승한 4-6 코드타입으로 볼 수 있습니다. 4-6 코드타입은 수동공격형 성격특징을 나타내며, 겉으로는 순종적이지만, 내면의 적대감과 공격성을 억압하고 있는 상태입니다. 상담에서도 상담자와의 관계에서 수동공격적인 모습을 보일 수 있기 때문에 상담효과의 예후가 좋지 않을 수 있습니다.

3 사례에서 내담자가 상담효과가 없다고 하면 어떻게 할 것인가?

(모범답변) 내담자가 상담효과가 없었다는 이야기를 한 것에 대해서 반가움을 표현할 것입니다. 위 사례와 같은 성향의 내담자가 적대감을 표현하기 어렵기 때문입니다. 이와 더불어 내담자가 가지고 있었던 상담의 기대를 탐색하고, 상담의 방향과 계획을 수정하는 기회로 삼을 것입니다. 또한 상담을 하면서 변화되었던 내담자의 모습에 대해 구체적으로 피드백하면서 내담자가 실제적으로 변화한 부분이 있었다는 것을 인식하도록 하고, 상담에 참여하도록 독려하겠습니다.

4 위 사례에 적용하고자 하는 이론 1가지를 1분 내로 말하시오.

(모범답변) 저는 현실치료를 적용하고 싶습니다. 내담자가 중독문제를 호소하고 있기 때문에 행동적인 변화를 추구하는 현실치료가 적합하다고 생각합니다. 내담자의 리얼 원트(real want)를 탐색하고 그 욕구를 효과적으로 달성할 수 있는 방법에 대해서 실천하도록 돕겠습니다.

(모범답변) 저는 인지행동치료를 적용하고 싶습니다. 내담자가 비합리적인 사고로 인하여 성형중독에 이르고 있기 때문에 비합리적인 신념을 합리적인 신념으로 대체하는 인지행동치료가 적합하다고 생각합니다. 성형을 대체할 수 있는 대안적인 방법을 탐색하고, 자신의 인지적 오류를 수정하면서 보다 건강한 삶을 살도록 돕겠습니다.

57 사례 57

[사례 – 메일 상담]
A는 왕따를 당하는 친구로, 친구들이 A를 괴롭힙니다. 그런데 A가 제게 친한 척을 해서 고민입니다. 받아주고 싶기도 하고 한편으로는 다른 친구들이 배신당했다고 생각할까봐 A를 멀리하고 싶기도 합니다. A는 뻔히 드러나는 거짓말을 자주 해서 가끔은 따돌림을 당하는 게 당연하다고 생각한 적도 있어요. A가 괴롭힘을 당하지만 멀리하려고 하는 제가 이기적이고 나쁜 사람이라는 생각이 들어요. 어떻게 해야 될지 모르겠어요.

1 왜 청소년 상담사가 되고 싶다고 생각했나요?

(모범답변) 저는 청소년 관련 자원봉사를 경험하면서, 제가 청소년기에 지금 활동하시는 청소년 상담사분들과 같은 성인을 만났다면 제 인생이 바뀌었을 것 같다는 생각을 해 본적이 있습니다. 그래서 더 많이 관심을 갖게 되었고, 심리상담 관련 학과에 석사 진학을 하면서 본격적으로 공부를 하기 시작했습니다.

2 상담의 비밀보장 한계 요건에는 무엇이 있나요?

(모범답변) 청소년상담사 윤리강령에 의하면, 상담자는 상담시작 전이나 상담과정 중 내담자에게 비밀 보장의 한계를 수시로 알리고 비밀보장이 불이행되는 상황에 대해 주지시켜야 합니다. 상담자는 내담자의 생명이나 사회의 안전을 위협하는 경우, 즉 내담자 개인 및 사회에 임박한 위험이 있다고 판단될 때 매우 조심스러운 고려 후에, 내담자에 관한 정보를 적정한 전문가 혹은 사회 당국에 제공할 수 있습니다.

3 사례에 드러난 내담자의 욕구를 돌아가면서 생각나는 대로 한 개씩 이야기 해보세요.

(모범답변) 사례에서 내담자는 괴롭힘을 당하는 친구를 돕고 싶은 욕구가 있습니다. (또는 위험을 회피하고자 하는 안전에 대한 욕구, 무리에서 벗어나지 않고 싶은 소속에 대한 욕구 등)

4 내담자의 비합리적 신념이 드러나는 부분은 어디인가요?

(모범답변) 사례에서 구체적으로 드러나지는 않았지만, 내담자가 A가 왕따를 당하는 것이 당연하다고 생각하는 부분이 비합리적 신념이라고 생각합니다. 왕따는 일종의 폭력이고, 폭력을 당하는 것이 당연하다고 여기는 것은 폭력을 옹호하는 당위적 사고이기 때문입니다.

5 이메일 상담이었죠. 그것에 대한 답을 준다면 어떻게 줄 것인가요? 자신이 생각한 내용을 순서대로 설명해보세요.

(모범답변) 우선 내담자의 입장을 충분히 공감해 줄 것입니다. 내담자가 돕고 싶은 마음과 방관자로 있고 싶은 마음이 있다는 점을 인식하도록 할 것입니다. 그리고 내담자가 도와야 한다는 점을 알고 있다는 점을 강점 자원으로 활용할 것입니다. 내담자가 A에게 학교폭력전화상담 117 안내하기 또는 담임 선생님과 상의해보라고 권유하기 등 대안적인 방법을 안내하고, 동기를 강화하도록 하겠습니다.

사례 58

[사례] 초등학교 5학년 여학생

1. 상담자 : 소원이 있다면 3가지만 말해볼까요?
2. 내담자 : 첫 번째는 엄마랑 만나는 거예요. 두 번째는 엄마랑 아빠랑 다시 만나는 거고 세 번째는 다 같이 다시 우리 집에 사는 거예요.
3. 상담자 : 소원들이 전부 다 비슷한 내용이네.
4. 내담자 : 네. 엄마를 다시 보고 싶어요. 엄마랑 아빠랑 저랑 다 같이 예전처럼 한집에서 살았으면 좋겠어요.
5. 상담자 : _____
6. 상담자 : 오늘은 무엇을 했니?
7. 내담자 : 운동회가 끝나고 엄마를 만났어요.
8. 상담자 : 엄마를 만났구나. 그리고 또 뭘 했니?
9. 내담자 : 옷가게를 가고 맛있는 것도 먹었어요.
10. 상담자 : 좋았겠구나.
11. 내담자 : 음.. 뭐 네 좋았어요.
12. 상담자 : 너는 어땠니?
13. 내담자 : 저는 그냥 음... 모르겠어요. 제 맘속에 뭔가가... 그냥 그랬어요.

1 사례지를 보세요. 5번의 밑줄에 들어갈 상담자의 말을 공감으로 표현해 보세요.

(모범답변) 저라면 '엄마, 아빠랑 다 같이 살고 싶은데, 헤어져 살게 돼서 많이 속상하겠구나'라고 표현하겠습니다.

2 청소년의 주변에 여러 문제들이 있는데 어떤 것이 가장 문제라 생각하고 그 원인이 무엇이라 생각하세요?

(모범답변) 청소년 주변에 여러 문제 중 하나를 선택한다면, 최근에 문제가 되고 있는 사이버 범죄가 가장 문제라고 생각합니다. 사이버 범죄는 기술이 발달되면서 편리성이 높아지고 있지만, 윤리성과 법적 제도는 그에 따라가지 못하는 것이 원인이라고 생각합니다. 그에 따라서 사이버 범죄 가해자가 수사 기관을 조롱하고, 피해자는 제도적 도움을 받지 못하는 현상이 나타나고 있습니다.

3 침묵하는 내담자를 어떻게 할 건가요?

(모범답변) 침묵하는 내담자에게 침묵을 허용하고, 침묵의 의미를 탐색할 것입니다. 침묵의 의미가 상담에 대한 비협조적인 태도를 의미한다면, 상담에 참여하고 싶지 않은 마음을 공감하고, 편안하게 이야기 할 수 있도록 분위기를 형성할 것입니다.

59 사례 59

[사례 – 채팅상담]
- 엄마가 자기를 전에 한 번 두고 집을 나갔는데 이번에도 아빠랑 다툼을 하더니 나갔다고 엄마는 자신을 두 번 버렸다면서 죽어버리고 싶다고 함
- 또한 아빠는 자신의 학교생활에 관심이 없는데 간섭이 심하고, 잔소리가 많음, 친구들과도 사이가 안 좋아서 같이 이야기 할 수 있는 친구가 없음

1 상담자가 지녀야할 자질은?

모범답변 상담자에게 요구되는 인간적인 자질은 여러 가지가 있습니다. 그 중 제가 가장 중요하게 생각하는 것은 변화에 대한 '개방적인 태도와 긍정적인 믿음'입니다. 내담자가 스스로 변화할 수 있는 힘을 가지고 있으며, 긍정적인 변화를 경험하면서 삶의 다양한 문제에 대처할 수 있다는 신념이 있다면 내담자를 문제가 있는 사람으로 보는 것이 아니라 문제 상황 속에 있는 사람으로 볼 수 있기 때문입니다.

2 상담 중 비자발적 내담자로 변할 경우 어떻게 할 것인가?

모범답변 상담 중 비자발적 내담자로 변하였다면, 변화요인을 탐색할 것입니다. 상담자, 또래관계, 부모님과의 관계 등의 요인을 탐색하고, 동기를 강화할 것입니다. 제가 상담자라면 내담자의 변화를 즉시적으로 개방하고, 상담의 목표를 환기시켜 내담자가 비자발적으로 변하게 된 요인을 논의할 것입니다.

3 사례의 주 호소 문제는?

모범답변 사례에서 내담자의 호소문제는 엄마의 가출, 아빠의 잔소리, 또래관계의 어려움으로 죽고 싶은 마음이 든다는 것입니다.

4 청소년 상담을 하게 되면, 부부나 부모 교육을 진행하는데 어떤 프로그램을 진행할 것인가?

모범답변 사례의 부모님은 부부갈등으로 어머니가 가출을 한 상황으로 이러한 일이 반복되고 있기 때문에 의사소통을 개선할 수 있는 의사소통 훈련과 이러한 가정상황이 청소년에게 어떤 영향을 미치게 되는지에 대한 교육을 진행할 것입니다.

5 집단 상담 과정 중 한 집단원이 다른 집단원에게 돼지라고 했을 경우 어떻게 할 것인가?

모범답변 '돼지'라고 이야기한 의미를 탐색하게 하고, 구성원들의 피드백을 통해 관계적 맥락을 이해하도록 할 것입니다. 또한 다른 집단원에게 투사한 자신의 본 마음을 드러낼 수 있도록 편안한 분위기를 형성할 것입니다.

 **사례 60**

> **[사례]**
> - 내담자는 중3 남학생으로 엄마한테 이끌려 상담실에 왔음.
> - 내담자는 상담이 필요 없다고 하며, 친구들은 시시하다고 함.
> - 또한 선생님은 차별하고, 사람들은 모두 이기적이고 나쁘다고 함
> - 내담자는 초등학교 때 친구가 자신에게 누명을 씌웠는데 선생님도 부모님도 자신의 말은 들으려고 하지 않았고, 아무도 자신을 믿어주지 않았다고 함
> - 대신 SNS 동영상이나 글을 올려 많은 사람들이 좋아해주고 자길 알아주는 사람들이 있기 때문에 상담 같은 건 필요 없다고 함

1 청소년 문제 중 자신이 잘 상담할 수 있다고 생각하는 것과 그 이유는?

모범답변 저는 비행청소년 상담이 잘 할 수 있는 분야라고 생각합니다. 그 이유는 보호관찰소에서 상담위원으로 자원봉사활동을 하면서 비행청소년들과 상담을 진행해왔고, 상담을 통해서 변화하는 모습을 보면서 뿌듯해했던 경험이 있기 때문입니다.

2 사례의 내담자를 접수상담 한다면 뭘 적어야하는가?

모범답변 사례의 내담자는 상담이 필요 없다고 하는 비협조적인 내담자입니다. 저라면 관계성질문을 통해 상담에 오게 된 이유를 탐색할 것입니다. 또한 내담자의 욕구를 탐색해서 상담을 통해 변화할 수 있다는 희망을 높이도록 할 것입니다.

> 접수면접에서 다루는 내용은 호소문제, 인적사항, 내방동기, 개인사 및 가족관계, 행동관찰, 의사소통능력, 정서상태 등입니다.

3 청소년 상담에 부모 상담이 필요한 상황에서 부모가 상담을 거부하는 상태라면 어떻게 할 것인가?

모범답변 제가 상담자라면 부모가 상담을 거부하는 이유를 탐색할 것입니다. 부모가 상담에 대한 막연한 두려움이 있다면 편안한 분위기를 형성해서 자녀를 위해 필요한 상담이라는 것을 이해시킬 것입니다. 또한 자녀가 잘 성장하기 바라는 부모의 긍정적 욕구를 공감하고, 협조자로서 존중하는 태도를 보여줄 것입니다.

61 사례 61

[사례]
- 비자발적 중2 내담자
- 자신은 문제없다고 함 / 오프라인 친구는 없음 / 온라인 친구는 조금 있음 / 사람은 착한 사람보다 나쁜 사람이 많다고 함
- 자신은 문제가 없는데, 엄마가 상담을 데리고 왔다고 함
- 초등학교 4학년 때 학교폭력 당한 기억 있음 / 그때 내담자는 돈을 훔치지 않았는데 선생님과 친구들이 돈을 훔쳤다고 몰아붙였고, 그때 아버지는 그 문제로 자신을 때렸다고 함

1 학교폭력 가해학생 어떻게 상담할 것인지?

(모범답변) 학교폭력 가해학생과의 상담은 신뢰관계 형성이 중요합니다. 내담자와의 관계형성을 위해 우선적으로 공감적 태도를 갖고 상담에 임할 것입니다. 내담자와 라포 형성이 되면, 지지적이면서 부드럽지만, 단호하고 직접적으로 가해자의 행동으로 인한 결과를 알려주며, 폭력 행위가 정당하지 못하다는 것을 인식시킬 것입니다. 피해자의 입장에서 공감하도록 하면서 자신의 행동에 대한 책임을 지도록 하는 것이 중요합니다.

2 사례에서 주호소 문제는?

(모범답변) 학교폭력 피해 경험, 부모와의 관계 갈등, 또래관계의 어려움 등으로 인터넷 사용이 많아지는 문제가 있습니다.

3 상담을 하던 중에 3년전 성폭력을 당한 경험을 말했다. 어떻게 상담할 것인지?

(모범답변) 내담자의 이야기를 충분히 경청하고, 안전한 분위기를 형성할 것입니다. 내담자가 가해자를 처벌하고자 하는 의도가 있는지 확인하고, 성폭력 피해자 대처방법과 처벌 과정을 안내할 것입니다. 관련 기관의 협조를 통해 내담자가 도움 받을 수 있도록 도울 것입니다.

4 상담은 무엇이라고 생각하는지?

(모범답변) 상담은 내담자의 변화과정을 함께 하는 것이라고 생각합니다. 누구에게나 변화는 새로운 도전이며, 위험부담을 안고 있습니다. 이러한 과정을 신뢰롭고 안전하게 함께하는 것이 상담이라고 생각합니다.

 사례 62

[사례]
- 중2 남, 부모자녀관계로 자살충동 느끼는 내담자
- 자살 시도하고자 했는데 엄마걱정 돼서 자살 안함
- 정서행동검사 관심 군으로 나옴
- 강압적 아버지 공부 강요하는 어머니 / 아버지와 어머니 잦은 다툼
- MMPI-A : L과 K척도 낮고 F높은 삿갓형, 1번, 2번, 3번, 7번 척도 점수 높음

1 학교를 다니기 싫어하는 내담자(학업중단대상) 어떻게 상담할까?

모범답변 학교를 다니기 싫어하는 내담자를 상담하게 된다면, 공감적인 태도를 통해 라포형성을 하도록 노력할 것입니다. 내담자와 관계를 형성한 이후에 합리적인 의사결정을 할 수 있도록 돕겠습니다. 예를 들어, 내담자가 학교를 다니기 싫은 것이 충동적인 결정이라면 학업 중단에 대한 좋은 점과 나쁜 점을 찾아보고 내담자가 합리적인 결정을 할 수 있도록 하겠습니다.

2 비자발적 내담자 상담은?

모범답변 상담의 필요성을 전혀 느끼지 못하고 있고 다른 사람들과의 대화는 필요 없다고 생각하는 비자발적 내담자의 경우는 우선 신뢰로운 상담관계를 잘 맺는 것이 중요합니다. 그리고 이를 촉진시키기 위해서는 공감 기술과 함께 내담자의 저항을 잘 탐색하고 저항이 줄어들 수 있도록 하는 상담자의 자세도 요구됩니다. 그리고 상담에 지속적으로 참여할 수 있는 동기부여의 상담관계(예선택과 결정권한을 내담자에게 주기 등)를 형성하는 것이 필요합니다.

3 자살충동 있는 내담자 어떻게 상담할까?

모범답변 상담자는 내담자의 자살문제에 대한 치명성을 고려해야 합니다. 만약 내담자가 이야기하는 자살의 문제가 구체적이라면 내담자에게 자살에 대한 생각과 계획을 질문하고, 관계기관 협조 등 자살 방지에 대한 계획을 논의할 것입니다. 만약 치명적인 정도가 아니라고 판단되면, 내담자가 자살을 생각할 정도로 고통스러운 상황이었다는 것을 공감적으로 이해하고, 자살을 생각하게 된 직접적인 계기에 대해서 질문할 것입니다.

4 자살문제에 상담자가 개입할 수 있는 구체적인 방법을 말해보세요.

모범답변 우선 자살방지 서약서를 작성할 수 있습니다. 비밀보장 예외사항에 관해 설명하고, 부모님, 관계기관에 내용을 알릴 수 있습니다. 수퍼바이저에게 사례를 공유하고 어떻게 개입할지 자문을 얻을 수 있습니다. 아동보호전문기관, 경찰서, 자살예방협회 등에 연계할 수 있습니다. 자살예방상담전화 1393, 상담자 전화번호 등을 안내하고 자살문제가 있을 때 연락을 취하도록 설명하는 것도 필요합니다.

사례 63

[사례]
- 친구관계 고민 있는 아이로 캐나다 이민 가서 이모가 와 지냈으며, 부는 평소 갑자기 화내고 짜증을 표출하며 모는 이를 중재하기 위해 노력하나 효과가 없음
- 초등학생 때부터 친구들 관계에서 눈치 보면서 맞추다가도 갑자기 화를 폭발적으로 표현해서 친구관계가 어려움
- 현재 남자친구 관계에도 이러한 특성 때문에 관계적인 어려움을 겪고 있음
- MMPI 결과 : L(50), F(45), K(50), Hs(65), D(57), Hy(67), Pd(64), Mt(42), Pa(41), Pt(64), Sc(52), Ma(55), Si(34)
- MBTI : ISFP

1 청소년상담사 자질 2개와 그 이유는?

모범답변 청소년상담사는 인간적인 자질과 전문적인 자질이 필요합니다. 그 이유는 청소년상담사는 인간에 대한 신뢰와 믿음이 바탕이 되어야 하며, 또한 내담자의 문제를 효과적으로 다루는 전문적인 능력이 필요하기 때문입니다.

2 사례를 보고 인간중심적 접근, 인지적 접근, 정신역동적 접근을 비교해보세요.

모범답변 내담자의 불안을 정신역동적인 관점에서 본다면 부모와의 신뢰관계 형성에 어려움이 있었고, 억압된 감정이 신체화 증상으로 나타나는 것으로 이해될 수 있습니다. 인간중심적 관점에서 본다면 부모의 긍정적 관심과 수용을 받지 못하여, 타인의 관심에 의존하며, 자기를 인식하지 못하고 있는 것으로 설명할 수 있습니다. 인지행동적인 관점에서는 아버지의 분노폭발이 학습되었으며, 어린 시절 혼자지내면서 자신이 버려졌다는 왜곡된 사고를 갖게 되었던 것으로 볼 수 있습니다.

3 MMPI를 해석하고 개입방법을 설명해보세요.

모범답변 사례의 MMPI 결과는 1-3code type으로 해석할 수 있습니다. 심리적인 문제를 신체화 증상으로 전환시키는 특성을 보일 수 있습니다. 4번, 7번 척도 점수도 높게 형성되어 내담자의 심리적 갈등이 적절히 해소되지 않고 있는 것으로 보입니다. 내담자가 다소 낙천적인 태도를 보이더라도 이는 방어적인 태도이기 때문에 내담자의 심리적 갈등이 해소되었다고 보기는 어렵습니다. 따라서 상담자는 공감적이고, 일관적인 태도를 가지고 변화와 성취의 목표보다는 안전한 기지로서 분위기를 형성하는 것이 필요합니다.

4 임신사실 내담자가 말하면 어떻게 개입할지 말해보세요.

모범답변 내담자가 임신에 대한 고민을 충분히 이야기할 수 있도록 안전한 분위기를 형성할 것입니다. 그리고 내담자가 도움을 받을 수 있도록 정보를 제공할 것입니다. 내담자가 부모 또는 보호자에게 임신 사실을 공개하고, 도움받을 수 있도록 하겠습니다.

64 사례 64

[사례]
- 대학교 1학년 여학생
- 학교에 가서 강의실에 들어서면 숨쉬기 힘듦 / 학교 결석. 휴학에 대한 고민 / 집에서 게임
- 부 - 일용직 / 과거 가정폭력 / 현재 언니나 내담자에게 폭력행사 하지 않음
- 모 - 어렸을 때 집을 나가심
- 언니(27세) - 무직 / 내담자와 사이 안 좋음
- MMPI - A 척도 : L(35), F(65), K(35), Hs(65), Hy(64)

1 위의 사례를 보고 사례개념화해 보세요.

모범답변 내담자는 강의실에 들어서면 숨쉬기 힘들다는 호소를 하고 있으며, 이로 인해 학교를 가지 않고 집에서 게임만 하고 있는 상태입니다. 사례에서 직접적인 촉발원인이 제시되지는 않지만 가정폭력 경험과 모의 가출 등 성장기에 발생한 외상 사건이 내담자의 증상에 영향을 주고 있는 것으로 보입니다. 사례에 제시된 심리검사 결과 1-3 코드 타입으로 심리적 갈등을 신체화 증상으로 외현화 할 수 있습니다. 즉, 내담자의 증상 호소가 심리적 원인에서 비롯된 것으로 보입니다. 내담자는 대학을 입학할 정도의 인지적 능력이 있고 상담에 참여하고 있는 만큼 긍정적인 변화를 기대할 수 있습니다. 내담자 증상에 대한 이해를 높이고, 비합리적 신념을 탐색하여 합리적 신념으로 변화하도록 하는 것이 필요합니다. 내담자가 집에서 주로 생활하는 만큼 내담자와 라포관계를 형성하여 내담자가 변화계획을 세울 수 있도록 돕는 것이 필요합니다.

2 집단따돌림 피해자의 경우 어떻게 상담할 것인가?

모범답변 집단따돌림은 피해자가 심각한 트라우마를 경험하거나 자살에 이를 수 있는 폭력적인 행위입니다. 집단따돌림 피해자를 상담할 때는 '피해자가 문제'라는 인식을 벗어나야 합니다. 예를 들어, '피해자가 따돌림을 당할 만하다'는 생각은 피해자에게 상처를 주고 상담관계에 방해가 됩니다. 내담자가 안전함을 확보할 수 있도록 분위기를 형성하고, 감정을 적절히 표현하면서 억제된 감정을 해소하도록 하는 것이 필요합니다. 내담자가 안전을 확보한 상태에서 따돌림에 대처할 수 있는 방법을 논의하고 연습하는 것이 좋다고 생각합니다.

3 사례에서 더 탐색해야 할 부분 무엇인가?

모범답변 사례에서 내담자가 증상이 생기게 된 촉발원인을 탐색하는 필요합니다. 또한 대인관계가 어떠한지, 내담자를 지지해줄 수 있는 자원이 있는지 탐색하고 싶습니다.

4 가정폭력으로 방문한 내담자 상담은 어떻게 할 것인가?

모범답변 내담자가 가정폭력으로 방문한 경우, 처음에는 잘 드러나지 않기 때문에 인상 및 관찰을 통해 감별할 것입니다. 내담자가 옷이 찢어져 있거나, 용모가 관리되지 않거나, 멍이 든 경우 등을 관찰하고, 질문할 것입니다. 청소년상담사는 가정폭력이 있는 경우를 알게 되면 신고해야하는 의무자이기 때문에, 이 점에 대해 구조화하고, 관계기관의 지원이 될 수 있도록 연계하도록 하겠습니다.

65 사례 65

[사례]
- 고1 여학생, 중3때 학교폭력으로 인해 현재 등교 거부 중
- 주로 하는 것 없이 하루 종일 누워만 있음 / 중3학년 때를 인생에서 지워버리고 싶다며 울기도 함
- 앞으로 자신의 미래에는 희망이 없다고 이야기 함
- 당시 아무런 도움을 주지 않은 부모와 선생을 원망함
- 아빠 : 고졸, 가부장적이며 정신력이 약한 딸에 대해 못마땅해 함
- 엄마 : 고졸, 아이를 안쓰러워하면서도 나약한 아이에 대해 양가감정으로 힘들어함
- MMPI-A 결과 : 타당도 척도 삿갓형 / 전반적인 척도에서 40~60사이임

1 청소년상담사로서 자신만의 철학이 무엇이고 그 이유를 말해보세요.

모범답변 저는 '변화에 대한 긍정적인 믿음'이 청소년상담사로서 중요한 점이라고 생각합니다. 상담에 참여하는 많은 청소년들은 보통 사회에서 문제가 있는 청소년으로 낙인 되기 쉽습니다. 만약 청소년 상담사 조차 그들이 훌륭한 사회구성원으로 성장할 것이라는 믿음이 없다면 청소년들이 살아가기 힘들 것입니다. 그들을 마지막까지 믿어주는 어른이 되고자 합니다.

2 본 사례에서 사례개념화를 위해 탐색해야 할 세 가지만 얘기해보세요.

모범답변 사례에서 사례개념화를 위해 추가로 탐색해야 할 점은 내담자의 바람과 학교폭력 이전의 생활, 대인관계 등입니다. 내담자가 부모님, 선생님 또는 친구들이 어떻게 자신에게 해주길 바라는지를 통해 내담자의 바람을 탐색하고, 학교폭력 이전의 생활을 점검하면서 내담자의 강점을 파악합니다. 또한 과거 또는 현재의 대인관계 패턴을 이해하는 것이 필요합니다. 추가로 상담경험이나 정서상태, 의사소통 방식 등을 탐색하면 도움이 될 것입니다.

3 임신한 내담자가 절대로 부모한테 알리고 싶지 않다고 하면 어떻게 할지 말해보세요.

모범답변 제가 상담자라면 우선 내담자의 입장에서 충분히 공감할 것입니다. 이후에 내담자가 처한 상황에 대해서 객관적으로 볼 수 있도록 돕고, 부모님께 도움을 청하는 것이 필요하다는 점을 알 수 있도록 돕겠습니다.

사례 66

[사례]
- 중 2 남학생, 보통 체격, 단답형, 눈 맞춤 잘 안됨
- 최근 집중력과 기억력 저하, 대인관계 잘 안 되고 주로 혼자 있음
- 어릴 적에는 동생과 잘 놀았었음 / 지금은 주로 혼자 시간 보내고 그림을 그림
- 어릴 적에는 털이 부드럽기 때문에 곰 인형 좋아했음
- 그러나 모(母)가 남자 아이에게 인형 맞지 않다고 내담자 몰래 버림
- 부 : 아이들에게만 자상한 편이며 자녀 교육에 관해서는 모에게 다 맡기고 부부갈등 많음
- 모 : 임신 당시부터 남편과 자주 다퉜고 결혼 초 몇 년 간 시댁에서 살았음 / 모는 스트레스 심해 출산 후 3년 간 내담자를 제대로 못 돌봄
- 남동생 있음 / 공부 잘하고 경쟁적 / 사람들의 관심을 끎
- MMPI : 삿갓형, D 70점대, Mf 65점, Pt 60점대, Si 60점대

1 상담자의 인간적 자질 중 중요하다고 생각되는 것?

모범답변 상담자의 인간적 자질은 여러 가지가 있지만 그 중에서 제가 가장 중요하다고 생각하는 것은 진정성입니다. 삶에 대한 진실한 모습, 인간을 진심으로 대하는 태도는 설령 전문적인 기술이 조금 부족하더라도 내담자를 돕기에 충분하다고 생각하기 때문입니다.

2 담임교사 협조가 필요한 상황일 때 어떻게 개입할 것인지? 구체적으로 설명해주세요.

모범답변 내담자 상담 시 구조화를 통해 상담 목표 달성을 위해 관련자들에게 정보를 공유할 수 있다는 동의를 받고, 담임교사에게 협조를 요청할 수 있습니다. 담임교사가 내담자를 다루는 것에 대한 부담감을 가지고 있다면 선생님으로서의 어려움을 공감하고, 내담자의 긍정적인 변화를 위해 조력해 줄 것을 요청할 것입니다.

3 쉼터 입소가 필요한 학생이 엄격한 규율로 인해 입소 거부할 때 어떻게 할지?

모범답변 학생이 엄격한 규율로 인해 적응이 어렵다는 점을 공감할 것입니다. 그 이후 현재 상황을 객관적으로 볼 수 있도록 쉼터 입소와 쉼터 퇴소의 경우에 대해 장단점을 비교해 보고 보다 합리적인 선택을 할 수 있도록 도울 것입니다.

 **사례 67**

[사례]
- 중2 남
- 자살생각 있음 / 초5부터 자살생각 있었고 옥상에 올라갔다가 내려온 경험 있음. 자살사고의 원인은 부모님의 잦은 다툼으로 보임
- 부 : 엄격, 가부장적
- 모 : 힘이 약함, 잔소리 많음
- 내담자 : 학교를 잘 다니고 있으나, 내가 학교를 가지 않을 경우, 엄마가 죽을 수도 있다는 생각을 함
- MMPI : 2-7 코드타입
- SCT : 내 미래는 막막하다 / 우리 가족은 난장판이다 등

1 청소년 상담이 성인상담에 비해 어려운 점?

모범답변 청소년 상담과 성인상담의 차이점은 여러 가지가 있지만, 그 중 특징적인 점은 내담자의 문제가 환경의 영향을 많이 받는다는 점입니다. 사례에서와 같이 내담자의 문제가 부모님의 갈등과 많은 관련성이 있는 경우, 부모의 문제가 해결되지 않는다면 청소년 내담자의 문제가 쉽게 해결되기 어려울 것입니다. 이 점이 성인상담에 비해 다루기가 어려운 점이라고 생각합니다. 따라서 청소년 상담의 경우는 부모 상담이 병행되면 더 좋은 효과를 볼 수 있다고 생각합니다.

2 사례를 상담 시 어떻게 개입할 것인가?

모범답변 내담자는 자살사고를 보이고 있는 상태로 부모님의 갈등이 원인으로 볼 수 있습니다. 또한 내담자는 2-7 코드가 상승하고 있어서 우울감이 높고, 걱정을 많이 하는 성향으로 보여집니다. 이러한 내담자의 성격적인 특성이 자살사고에 영향을 주고 있을 수 있습니다. 내담자는 어머니를 생각하는 마음이 크고, 가족을 보호하려는 긍정적인 강점을 가진 내담자입니다. 따라서 내담자의 부정적인 정서와 행동에 영향을 주는 비합리적 신념을 탐색하고, 합리적인 신념으로 변화하는 것이 필요합니다. 내담자가 부정적인 감정이 올라올 때 대처할 수 있는 방법을 탐색하고, 연습하는 전략과 함께 지지적이고 공감적인 상담환경을 만드는 것이 필요합니다.

3 내담자가 보이는 인지적 왜곡은 무엇인가?

모범답변 내담자는 자신이 '학교를 안가면 어머니가 죽을 수도 있다'와 같은 파국적인 사고를 하고 있습니다.

4 학부모가 청소년 상담 시에 자꾸 개입하려고 하면 어떻게 하겠는가?

모범답변 학부모가 상담 시 자녀에 대해 개입하려고 한다면 상담 관계를 위해서 도움이 되지 않는다는 점에 대해서 설명을 할 것입니다. 또한 자녀 문제에 대해서 궁금해 하는 점에 대해서 공감적인 태도를 갖고 학부모가 자녀문제에 많은 관심을 가지고 있다는 점에 대해서 긍정적으로 피드백 할 것입니다. 학부모의 이러한 강점을 자녀의 문제를 상담하는 조력 관계로 발전할 수 있도록 할 것입니다.

5 상담의 구조화에 대해 말해보세요.

모범답변 상담자와 내담자가 상담목표나 상담목표를 성취하기 위한 과제에 대해 서로 합의하는 과정을 상담구조화라고 합니다. 구조화 내용에는 비밀보장의 원칙과 한계, 상담시간과 상담의 빈도, 상담 장소, 연락방법, 상담자의 역할과 내담자의 역할에 대해 설명, 내담자의 기대를 탐색하는 것 등이 포함됩니다.

사례 68

[사례]
- 대안학교에 입학한 고2 여학생 / 자발적 상담 신청
- 캐나다에서 초등학교 때 부모님과 살았었음
- 부모님이 먼저 한국으로 들어오고, 혼자 떨어져 캐나다 이모집에서 지내다 중2 때 한국으로 들어옴
- 아버지는 감정기복이 있고, 비판적임
- 어머니는 아버지와 내담자를 중재하는데 많은 스트레스를 받음
- 공부는 잘하는 편이나 감정기복으로 친구관계가 좋지 않으며 남자친구가 떠날까 두려워 함
- MMPI : 타당도 척도 1-4코드, Si 38
- MBTI : ISTJ

1 다문화 학생 상담을 할 때 상담자로서 접근방법은?

모범답변 다문화 학생 상담을 할 때는 학생의 문화적인 배경을 이해하고, 그러한 문화적 배경을 상담자가 수용할 수 있는지 점검할 필요가 있습니다. 만약 다문화 학생의 문화적 배경을 무시하거나 한국적 문화를 강요하게 된다면 상담의 효과를 기대하기 어렵다고 생각합니다. 따라서 다문화적인 감수성을 높이고, 다문화 학생의 문화적 배경을 존중하는 태도로 상담에 임할 것입니다.

2 ISTJ유형에 대해 설명하라.

모범답변 ISTJ유형은 '세상의 소금형'으로 S를 주 기능으로 사용합니다. 내향적 감각형으로 성실하고 책임감이 강하며 규칙을 잘 지킵니다. 감정을 억제하고 책임감을 많이 느끼기 때문에 스트레스 상황에서 관계를 단절하거나, 포기하는 극단적인 면을 보일 수 있습니다.

3 자퇴를 선언한 자녀와 학부모 중 누구부터 상담을 할 것인가?

모범답변 저라면 자녀를 먼저 상담할 것입니다. 청소년내담자가 어떤 것을 원하는지 욕구를 탐색하고, 학부모를 협조자로 존중하여 청소년내담자가 심리적 안정을 찾고, 합리적인 의사결정을 할 수 있도록 중재할 것입니다.

4 내담자 학부모가 화를 내며 상담실에 방문했을 경우 어떻게 대처할 것인가?

모범답변 내담자 학부모가 화를 내며 상담실에 방문하는 경우라면 학부모가 자녀문제에 많은 관심을 갖고 있는 분이라는 점을 생각할 것입니다. 학부모의 이야기를 경청하면서 화가 났던 부분에 대해서 공감적인 태도로 대할 것입니다. 학부모가 자녀문제에 적극적으로 참여하고 있음에 대해서 긍정적으로 피드백하고 내담자 문제를 해결하고자 하는 조력관계를 형성하도록 하겠습니다.

 사례 69

[사례]
- 부(父) : 군인으로 가부장적인 면이 있으며 내담자의 어려움을 심약한 것으로 보는 것이 있음
- 모(母) : 부의 직업으로 인해 어려서부터 이사를 자주 다닌 것이 현재 내담자의 어려움을 일으켰나 싶으면서도, 부와 동일하게 내담자의 문제로 돌리는 양가감정이 있음
- 내담자 : 중3때 있었던 학교폭력으로 고1인 현재 등교거부가 있음. 중3때 담임교사와 부모가 자신을 도와주거나 보호해주지 않은 것에 대한 원망이 있음 / 현재 방 안에서 아무것도 하지 않고 침대에 누워만 있음 / 상담 내방 당시 의복은 깨끗했음 / 눈맞춤은 잘 되지 않았으나, 묻는 말에 답을 하기는 하지만, 답의 내용이 단답이거나, 아주 짧았음
- MMPI-A 결과 : 타당도 척도 삿갓형 F(56), 임상척도 D(53), Ma(35), Si(55)

1 학교 상담소와 교육청 위센터, 청소년상담복지센터가 연계하게 될 때의 장점은?

모범답변 학교 내 상담소에서 적절하게 다룰 수 없는 전문적인 프로그램을 제공할 수 있다는 점이 장점입니다. 예를 들어, 고위기 학생들을 대상으로 하는 Wee 스쿨은 교과교육 이외에 상담, 심성교육, 진로 및 직업교육, 사회적응력 프로그램이 통합적으로 운영되기 때문에 내담자들에게 보다 전문적인 프로그램을 경험할 수 있는 기회가 됩니다.

2 타당도 척도와 임상척도에 대한 해석을 해보세요.

모범답변 사례의 MMPI-A 결과 타당도 척도는 삿갓형으로 자신의 문제를 인정하고, 도움을 요청하고 있는 것으로 보입니다. 또한 현재 당면한 문제를 적절히 대처할 수 있는 자원이 부족한 상태입니다. 임상척도 상 2번 척도가 53점으로 유의미하지 않지만, 9번 척도가 35점으로 낮게 형성되고 있어 에너지 수준이 낮고, 우울증을 시사합니다. 행동관찰의 내용에서 방 안에서 아무 것도 하지 않고 침대에 누워만 있는 등의 모습을 보이고 있어 우울증에 해당한다고 생각합니다.

3 등교거부 내담자를 상담한다면 어떻게 개입하겠는가?

모범답변 내담자가 등교를 거부하는 이유에 대해서 탐색하고자 할 것입니다. 이를 위해서 내담자의 강점을 피드백하고, 편안하게 이야기할 수 있는 분위기를 형성할 것입니다. 관계성 질문을 통해 내담자가 상담에 온 동기를 확인하고, 내담자의 욕구를 파악할 것입니다. 내담자의 등교 거부의 이유를 파악하고, 합리적인 의사결정을 할 수 있도록 돕겠습니다.

4 내담자가 '선생님은 행복하세요?'라고 상담사에게 묻는다면 어떻게 반응할 것인가?

모범답변 제가 상담사라면 내담자가 그렇게 질문하게 된 계기를 탐색할 것입니다. 내담자의 질문은 어떤 전제를 통해 구성되기 때문에 내담자의 질문에 상담사의 생각을 답변하는 것보다 내담자 질문의 전제를 파악하는 것이 중요하다고 생각합니다. 만약 내담자가 지금 자신이 행복하지 않기 때문에 상담사에게 질문한 것이라면, 불행하다고 생각하는 내담자에게 보다 공감적인 태도로 대할 것입니다.

사례 70

[사례]
- 내담자가 학교폭력 가해자로 담임선생님이 의뢰함
- 내담자는 학교폭력을 하고 싶지 않았지만 동조하기 위해서 가해를 하였다고 하면서 내담자는 아버지와 이야기를 하고 싶은데, 혼날까봐 무서워서 이야기를 하지 못함
- 아버지 : 건설노무직. 술을 자주 드시며 화를 내면서 폭력을 행사함
- 어머니 : 주부. 우울이 심하고 별로 관심이 없음
- 동생 : ADHD 진단받고 약을 복용함 / 현재 중학교 1학년
- MMPI-A : 타당도 척도는 삿갓형이며, 임상척도는 4-9 코드 타입
- 문장완성검사 : 우리 가족은 대화가 없다. 친구들은 나를 좋아한다.

1 내담자가 내 자녀와 유사한 행동을 하면 어떻게 하겠는가?

모범답변 내담자가 내 자녀와 유사한 행동을 하게 된다면 부모의 입장에서 내담자를 바라보게 될 수 있습니다. 저라면 상담사로서의 역할과 부모로서의 역할을 자각하고, 내담자를 상담사로서 대하도록 자기분석을 할 것입니다. 필요한 경우 수퍼비전을 통해 역전이를 이해하도록 할 것입니다. 만약 이 부분에 훈련이 더 필요한 경우에는 한계를 인정하고 더 잘 상담할 수 있는 상담사에게 의뢰하는 것도 방법이 될 것입니다.

2 상담자가 내담자에게 자기주도성을 가져야 한다고 하여서 내담자가 가출함. 내담자 모가 상담실 방문함. 어떻게 개입할 것인가?

모범답변 상담자는 내담자가 안전한 상황에서 상담을 받을 수 있도록 다양한 요인들을 고려해야 하지만 예상하지 못한 결과가 나타날 수 있습니다. 또한 학부모가 상담자를 비난하는 경우도 발생할 수 있습니다. 제가 상담자라면 내담자 모가 상담자를 비난하고 싶은 마음을 충분히 공감하고 경청하는 것이 우선 필요하다고 생각합니다. 내담자 모가 지나치게 분노하는 경우에는 흥분을 가라앉히도록 구조화하는 것이 필요합니다. 내담자 모 역시 자녀가 안전하게 복귀하기를 원하는 마음이 있음을 의식화하고, 상담자가 내담자 모와 다른 편에 있지 않다는 점을 이해하도록 할 것입니다. 내담자 모에게 자녀가 돌아오게 되면 할 수 있는 방법들에 대해서 논의하고, 안전한 복귀를 할 수 있도록 원조할 것입니다.

3 내담자는 학교폭력을 하고 싶지 않았지만 동조를 한 이유가 무엇이라고 생각하는가?

모범답변 내담자는 또래관계 안에서 소속의 욕구를 충족하려는 이유로 동조하였다고 생각합니다. 만약 동조하지 않는다면 또래관계가 깨질 것을 걱정하고, 또한 자신도 학교폭력의 대상자가 될 수 있다는 두려움이 있었을 것이라고 생각합니다. 그러나 이것은 피해자에게는 큰 상처가 되기 때문에 자신의 행동을 인식하고, 반성하는 자세를 갖도록 하는 것이 필요합니다.

 **사례 71**

> **[사례]**
> - 18세 여학생 내담자로 중학교 때 왕따 경험으로 등교거부 중임
> - 현재 집에서 외톨이 생활을 하고 있음
> - 부 : 군인이고 엄격하고 내담자에게 관심 없음
> - 모 : 부(父)의 기에 눌려있음 / 내담자에게 잔소리가 많음
> - MMPI-A 결과 : 타당도척도 삿갓형, 임상척도 1(43), 2(56), 3(40), 4(46), 5(40), 6(50), 7(52), 8(48), 9(40), 0(54)
> - SCT 결과 : 나는 무가치하다, 미래가 없다.

1 학교에서 교사와 청소년상담사의 차이
모범답변 교사와 청소년상담사 모두 청소년의 성장을 위해서 상담을 제공할 수 있다는 공통점이 있지만 교사는 생활지도 등과 같이 정보제공이나 조언이 더 강조된다면, 청소년상담사는 공감, 행동조형, 심리치료 등과 같은 심리상담이 강조 된다는 점이 차이점이라고 생각합니다.

2 사례에서 자살의 징후를 이야기해보세요.
모범답변 사례에서 내담자는 왕따 경험이 있고, 외톨이로 소외된 생활을 하고 있습니다. 또한 SCT 결과에서 무가치함이나 희망 없음 등의 심리적 특징이 나타나고 있다는 점이 자살의 징후로 생각됩니다.

3 내담자가 상담도중 상담자에게 '선생님은 행복하세요?'라고 물어본다면?
모범답변 내담자가 하는 질문에는 전제가 있다고 생각합니다. 만약 선생님은 행복하세요라는 질문에는 자신은 행복하지 않다는 전제가 있을 수 있습니다. 내담자에게 질문을 하게 된 계기를 탐색하도록 하고, 불행함을 느끼는 내담자에게 공감적인 태도를 통해 부정적인 생각이나 감정을 표현하도록 할 것입니다.

4 위클래스에 있는 상담사라면 타 기관에 연계할 때 이점은?
모범답변 위클래스는 청소년안전망의 필수연계기관으로 지역사회의 다양한 네트워크를 갖추고 있습니다. 따라서 청소년내담자에게 필요한 다양한 전문적인 서비스를 이용할 수 있다는 장점이 있다고 생각합니다.

5 자신이 사는 지역에 특성을 고려하여 청소년상담프로그램을 만든다면?
모범답변 제가 있는 지역은 임대아파트와 민간아파트가 혼재된 지역으로 집단따돌림과 같은 학교폭력이 일어날 수 있다고 예상됩니다. 따라서 학교폭력 예방 청소년상담프로그램을 기획하고자 합니다. 학교폭력예방 상담프로그램 내용으로는 의사소통과 사회기술훈련, 그리고 또래상담 프로그램을 포함하여, 청소년들이 학교폭력예방의 주체로 성장할 수 있도록 돕겠습니다.

6 사례에서 상담자가 주의해야할 점은?

모범답변) 사례의 내담자는 은둔형 외톨이의 특성을 보이는 내담자로 이러한 경우 상담자와 관계형성이 어려운 경우가 많습니다. 또한 상담실 방문을 거부할 수 있기 때문에 집으로 찾아가는 상담을 하게 될 수 있습니다. 은둔형 외톨이의 특성을 보이는 내담자에게 너무 높은 목표를 설정하거나 과제를 부여하는 것은 상담에 대한 부담을 느낄 수 있기 때문에 공감적인 태도로 내담자가 마음의 문을 열 수 있도록 기다려주는 것이 중요하다고 생각합니다.

72 사례 72   1급

[사례]
- 고등학교 재학 중 남학생인데 학교나 교회에서 부반장, 회장직을 하면서 자기 의지대로 되지 않으면 우울하다고 함 / 평상시에는 잘 지내는데 잘 하고 싶을 때 그게 잘 안되고 친구들이 옆에서 도와줄지 알았는데 그렇지도 않은 것 같고, 그런데 자기도 도와달라고 선뜻 이야기를 못하겠다고 함
- 가족사항으로는 아버지가 자신에 대한 기대가 크다고 하였음

1 청소년상담과 성인상담의 차이점, 그에 따른 상담사의 자질은 무엇이라고 생각하는지?

모범답변) 청소년상담은 청소년 뿐 아니라 부모님, 선생님 등 관련인을 포함하기 때문에 더 많은 상황을 고려해야 합니다. 또한 심리치료적인 측면 뿐 아니라 발달적, 예방적 측면에서 고려해야 한다는 점도 성인 상담과 차이점이라고 할 수 있습니다. 따라서 청소년상담사는 청소년에 대한 이해를 바탕으로 삶에 대한 긍정적인 관점과 함께 롤모델이 될 수 있는 바람직한 인간관을 가지는 것이 필요하다고 생각합니다.

2 사례에서 주호소가 무엇인지, 그 문제를 어떻게 개입할 것인가?

모범답변) 내담자는 우울감을 호소하고 있으며, 문제 상황을 적절히 대처하지 못하는 것에 대한 도움을 요청하고 있습니다. 내담자는 자신이 정한 목표를 달성하는데 어려움이 있는 것으로 보이며, 특히 관계적인 측면에서 어려움이 생기면 우울감과 같은 부적정서를 느끼는 것으로 보입니다. 따라서 내담자가 설정한 목표가 현실적인지 점검하고, 효과적인 방법을 탐색하도록 계획할 것입니다. 어려움이 있을 때 도움을 요청할 수 있는 방법을 계획하고 롤플레이를 통해 걱정과 두려움 수준을 낮추도록 하겠습니다.

3 가출한 청소년이 전화로 돈이 없다고 하면 어떻게 할 것인가요?

모범답변) 제가 상담사라면 우선 내담자가 안전한 상황에 있는지 확인할 것입니다. 안전한 상태를 확인한 이후에 내담자가 상담사에게 돈을 요청하게 된 계기를 탐색할 것입니다. 상담사가 모든 요구를 들어주는 대상이 아니라는 것에 대해 설명할 필요도 있습니다. 만약 안전하지 않은 상황이라면 보호자 또는 관계기관에 연계하여 안전을 확보할 수 있도록 도울 것입니다.

73 사례 73

[사례]
- 고등학교 2학년 남학생으로 중학교 때까지는 공부를 잘했으며, 반장을 했었음
- 고등학교에 올라와서 성적이 떨어진 것에 대해서 고민을 하고 있으며, 가끔씩 친구들과 싸움을 하거나 창문을 깨뜨리기도 함
- 부 : 내담자에 대한 기대가 컸음. 고등학교에 올라와서 성적이 떨어지자 성적에 대한 이야기는 하지 않고 있음
- 모 : 내담자가 어렸을 때 영어유치원, 영재학원 등을 다니면서 내담자가 공부하는데 많은 영향을 줌

1 자신이 생각하는 청소년 상담의 비전과 정책에 대해서 설명하시오.

모범답변 청소년 상담은 청소년의 건전한 성장에 대한 많은 관심에도 불구하고 청소년의 문제는 다양하고 심각한 문제들이 많아지고 있다고 생각합니다. 이는 청소년의 건전한 성장이 어른들의 주도에 의해서 이루어졌다는 반성에 따라 6차 기본계획에는 청소년의 자율적인 참여를 강조하고 있습니다. 그러나 정보혁명, 4차 산업, 저성장, 불확실성과 같은 키워드가 다른 세계를 살아가는 지금의 청소년에게는 보다 다양한 경험과 전문화된 역량이 필요하다고 생각합니다. 제가 생각하는 청소년 상담의 비전은 청소년의 다양성을 수용하고, 초점화된 방향을 제시하는 것입니다. 이를 위해서 청소년들의 다양한 경험을 촉진하도록 하고, 새로운 영역에 도전할 수 있는 정책을 추진하는 것이 필요합니다. 또한 전통적인 방식이 성장이 아닌 다양한 경험이 건전한 성장을 이룰 수 있다는 긍정적인 믿음을 갖도록 할 것입니다. 청소년 상담은 보다 전문화되어 청소년들의 다양한 욕구와 심리적 결핍을 해소할 수 있어야 할 것입니다.

2 내담자가 처방을 받은 약물 복용에 대해서 거부감이 있다면 어떻게 개입할 것인가?

모범답변 내담자가 약물에 대해서 가지고 있는 생각이나 정서, 또는 경험에 대해서 탐색할 것입니다. 약물이 내담자 증상에 대해서 긍정적인 개선이 될 수 있다는 점과 부작용에 대해서 설명하고 내담자가 의사와 협의하여 약물 복용을 할 수 있도록 도울 것입니다.

3 사례를 보고 어떻게 개입할 것인지?

모범답변 사례의 내담자는 고등학교 진학이후 성적이 떨어진 것을 비관하고, 분노를 폭발하고, 공격적인 행동이 나타나고 있습니다. 내담자는 중학교까지 반장을 할 정도로 리더십이 있고, 인지적으로 뛰어난 강점이 있습니다. 따라서 내담자가 학습 목표를 설정하고 수행하는 효과적인 방법을 계획하고, 분노조절 및 의사소통 훈련을 통해 관계 개선을 돕도록 할 것입니다.

사례 74

[1급]

[사례]
- 내담자는 15세 중학교 2학년 남학생으로, 최근 수업 중 사소한 말다툼으로 친구에게 욕설과 물리적 위협을 가해 교내 징계를 받았으며, 이전에도 분노 표현으로 인해 여러 차례 문제 행동을 보여 상담에 의뢰됨.
- 가정환경은 어머니가 혼자 생계를 책임지고 있으며, 부재한 아버지에 대한 분노와 실망감을 자주 표현함.
- 어머니는 아들의 행동을 걱정하면서도 "화를 참지 못하는 건 아버지를 닮은 것 같다"며 혼란스러워하는 태도를 보임.
- 내담자는 평소에는 조용하고 얌전하지만, 자신이 무시당한다고 느끼는 상황에서 갑자기 폭발적인 분노를 표출함. 감정을 언어로 표현하는 데 익숙하지 않고, 억울하거나 불편한 상황에서 감정을 내재화하다가 일정 수준 이상이 되면 신체적 행동으로 표출하는 경향을 보임. 현재 학교생활과 또래 관계에서 반복적으로 갈등을 겪고 있으며, 분노조절 및 정서 표현의 어려움이 핵심적인 상담 과제로 판단됨.

1 사례에서 검사를 실시하고자 할 때 예상되는 어려움과 해결방안을 말해보세요.

(모범답변) 사례의 내담자는 중2 남학생으로 분노를 조절하지 못하고 순간적으로 폭발하는 행동 문제를 반복하며, 주로 무시 당했다고 느끼는 상황에서 강한 감정 반응을 보입니다. 내담자는 아버지의 부재와 가정 내 정서적 소통이 부족하고, 비일관적인 양육환경이 강한 분노 감정에 작용한 것으로 보이며, 내담자의 감정 표현의 미숙함과 분노를 억압하는 패턴으로 이러한 문제가 강화된 것으로 생각됩니다. 이런 내담자에게 검사를 실시할 때는 자신이 평가받는다고 느끼며 방어적이거나 왜곡된 응답을 할 수 있다는 점이 예상되는 어려움입니다. 이에 대한 해결방안으로는 검사가 상담을 위한 도구이며 정답이 없다는 점을 설명하고, 내담자가 안전하다고 느낄 수 있도록 관계적 신뢰를 먼저 형성하는 것입니다. 또한 검사 해석은 내담자가 자기 감정을 이해하는 기회가 되도록 비판 없이 수용적인 태도로 안내하는 것이 필요합니다.

 **사례 75** `1급`

[사례]
- 내담자는 고등학교 남학생으로, 교회와 학교에서 주로 리더 역할을 하고 있는데 다른 사람들과 함께 일을 할 때 화를 많이 내서 문제가 생김.
- 아버지는 강압적 일방적인 성격, 누나와 어머니는 본인의 의견을 말할 수 없는 분위기이며, 누구에게도 마음을 털어놓고 말할 대상이 없다고 느낌.

1 사례에서 단기목표를 세운다면 어떻게 세울 것인지, 예상되는 어려움은 무엇인가요?

> 모범답변

1) 단기목표

이 사례는 고등학교 남학생으로, 교회나 학교에서 리더 역할을 잘 수행하고 있지만 협력적인 상황에서 감정 조절에 어려움을 겪고 있다는 점에서 대인관계 갈등이 주요 문제로 보입니다. 이 사례를 간단히 개념화해보면, 우선 내담자의 현재 문제는 또래와 함께 일할 때 분노를 조절하지 못하고 갈등을 일으키는 점입니다. 가족환경을 살펴보면 아버지는 강압적이고 어머니와 누나는 자기표현이 어려운 분위기 속에서 자라왔기 때문에, 이 학생 역시 감정을 건강하게 표현하는 모델을 경험하지 못했을 가능성이 큽니다. 교회와 학교에서 리더 역할을 수행하면서 책임감과 완벽함을 요구받는 상황이 반복되면서, 기대가 충족되지 않거나 통제가 어렵다고 느껴질 때 감정이 분노로 폭발하는 방식으로 드러나고 있는 것으로 보입니다. 문제를 유지시키는 요인은 감정을 털어놓을 수 있는 관계망이 부재하고, 그동안 분노 이외의 감정 표현을 연습하거나 지지를 받아본 경험이 부족하다는 점입니다. 다만, 이 내담자는 공동체 안에서 리더십을 발휘할 만큼 영향력과 에너지를 가지고 있다는 점에서 상담 개입 시 긍정적인 변화 가능성도 높다고 생각합니다.

따라서 단기목표는 분노심이 올라올 때 자동적으로 분노를 표현하는 대신, 먼저 자신의 감정을 인식하고 그것을 말로 표현해보는 연습을 실생활에서 1회 이상 시도해보는 것으로 설정할 수 있습니다. 예를 들어 '지금 나 좀 짜증나', '기분이 좀 안 좋아'와 같은 간단한 표현을 사용해보는 경험을 통해 감정 조절의 첫 단계를 익히게 하는 것입니다. 더불어, 하루에 한 번 자신의 감정을 글이나 그림으로 기록하는 감정일기를 병행함으로써 정서 인식 능력을 향상시키는 것도 단기 개입 전략이 될 수 있습니다.

2) 예상되는 어려움

이 사례에서 가장 큰 어려움은 내담자가 감정을 표현하는 데 익숙하지 않고, 감정을 드러내는 것을 약점으로 여길 수 있다는 점입니다. 또한 리더 역할을 수행해 온 내담자가 상담 과정에서 보이는 감정적 어려움을 자기 실패로 받아들여 자책하거나 방어적으로 반응할 가능성이 있습니다. 정서적 지지 기반이 부족한 상황에서 상담실 밖에서의 변화가 지속되기 어렵기 때문에, 제가 상담자라면 내담자가 안전하다고 느끼는 관계 속에서 감정을 표현하고 조절하는 연습을 점진적으로 할 수 있도록 도울 것입니다.

2 사례에서 추가적으로 파악해야 할 정보가 있다면 무엇입니까?

모범답변 이 사례에서 추가적으로 파악해야 할 정보는 먼저, 내담자의 분노가 주로 어떤 상황에서, 어떤 방식으로 표현되는지에 대한 구체적인 행동 양상입니다. 또한 분노 이후에 느끼는 죄책감이나 무력감 같은 감정을 탐색할 필요가 있습니다.

가족 내 의사소통 방식이 폐쇄적이기 때문에, 내담자가 성장 과정에서 감정을 어떻게 처리해왔는지에 대한 정서 처리 방식도 확인하면 좋을 것입니다. 내담자는 학교나 교회 등 리더 역할을 하고 있는데, 대인관계의 질이나 그로 인한 부담감이 어느 정도인지, 역할 갈등 여부도 중요하게 살피면 좋을 것입니다.

76 사례 76

[사례]
- 내담자는 중학교 여학생으로 3년간 사이버 상담을 받고 대면 상담 받게 됨. 씻지 않고 뚱뚱하며 외모를 가꾸지 않음. 이혼 가정이고 아버지에게 학대당함.
- 어머니는 동거남이 있음. 어머니가 내담자에게 외모 비하 발언을 함.
- 동생이 있는데 가출하고 쉼터에서 지냈는데, 잘 못 지내게 되면서 나옴.
- 내담자는 정신과 상담을 받았고 의사가 마음에 들지 않아서 온라인(홈페이지 등) 커뮤니티에 비하 발언을 했음.

1 사례에서 상담사와 갈등이 있을 수 있다면 어떤 부분일까요? 해결방안을 말해보세요.

모범답변 이 사례의 내담자는 중학교 여학생이며, 정서적 안정감과 자존감이 무너진 상태로, 대인관계에 대한 불신과 동시에 관계에 대한 강한 욕구를 함께 지닌 양가적인 내면 상태를 보이고 있습니다. 사이버 상담에 익숙했던 내담자가 대면 상담으로 전환되며, 상담자의 말투나 표정 등을 과도하게 해석하거나 방어적으로 반응할 가능성이 높습니다. 위생이나 외모 등 민감한 주제에 대한 상담자의 질문을 비난이나 통제로 받아들여 갈등이 발생할 수 있는 부분도 예상됩니다.

이러한 갈등의 해결방안으로는 초기 상담에서 관계 형성을 주요 목표로 설정하고, 내담자의 속도와 표현 방식을 존중하는 태도가 필요합니다. 또한 상담자는 자신의 정서적 반응을 점검하고, 갈등 상황을 내담자의 관계 패턴을 회복적으로 다룰 수 있는 기회로 삼는 전문성이 중요하다고 생각합니다.

사례 77

[사례]
- 내담자는 16세 중2 남학생으로 학교 폭력 피해자임.
- 모(母)는 병환으로 사망함, 부(父)는 내담자가 9세 때 재혼, 내담자에게 관심이 없음.
- 의붓 모(母)는 가정의 경제권을 가지고 있고 다혈질임.
- 남동생(9세, 부(父)와 의붓 모(母) 사이에서 태어남)이 장난을 치는데 귀찮음. 의붓 모(母)와 친밀해지기 전 남동생이 태어남. 부모는 남동생에게 사랑을 많이 주고 예뻐함.
- 내담자는 친모에 대한 기억이 없으며, 가족들과 친하지 않아 가정에서 방에서 컴퓨터를 하며 시간을 보냄.

1 위 사례를 초보상담자가 진행한다면 어떤 반응이 예상되며, 어떻게 슈퍼비전을 하실 건가요?

모범답변

1) 사례개념화

이 사례의 내담자는 중2 남학생으로, 학교폭력 피해와 가족 내 애정 결핍이 반복되며 정서적으로 고립되고 위축된 상태로 보입니다. 친모의 사망 이후 적절한 애도 과정을 거치지 못했고, 재혼 가정 내에서도 자신이 소외된 존재라고 느끼며 자아정체감 형성에 어려움을 겪고 있습니다. 의붓어머니와의 관계는 긴장 관계에 있으며, 부모의 애정은 이복동생에게 집중되어 있어 내담자의 소외감과 상실감이 더욱 심화되고 있는 상황입니다. 이러한 정서적 결핍은 무기력한 생활패턴과 사회적 관계 회피로 이어지며, 내담자의 현실 적응력과 자존감에도 영향을 미치고 있습니다. 제가 상담자라면 애착 상실에 대한 감정 정리, 자아에 대한 회복적 인식, 신뢰 관계 재형성을 통한 정서적 연결감 회복을 목표로 상담에 개입할 것입니다.

2) 초보 상담사 예상 반응

초보 상담자는 내담자의 무기력하고 폐쇄적인 태도에 압도되어, 상담이 제대로 진행되지 않는다는 불안과 자기 의심을 경험할 수 있습니다. 또한 가족 이야기를 들으며 감정적으로 흔들리거나 과도한 공감이 동정이나 조급한 개입 욕구로 이어질 가능성도 있습니다. 관계 형성 이전에 조언을 주거나 변화를 서두르는 반응 역시 초기에 나타날 수 있는 흔한 어려움입니다.

3) 슈퍼비전

이러한 상황에서 슈퍼비전은 상담자가 내담자의 느린 반응과 정서적 고립을 조급해하지 않고 존중할 수 있도록 돕는 데 중점을 둘 수 있습니다. 관계의 일관성과 존중해 주는 태도 자체가 상담의 본질이라는 점을 상기시키며, 변화보다 '머물러 주는 힘'의 가치를 함께 탐색합니다. 또한 상담자가 자신이 느끼는 불편함이나 안타까움을 인식하고, 그것이 언행에 미치는 영향을 점검하도록 이끌어줍니다. 가족 이야기에서 상담자가 먼저 해석하거나 판단하지 않도록 조율하며, 내담자의 감정과 욕구를 깊이 듣는 자세로 방향을 전환시킬 수 있도록 구조화할 것입니다. 이런 슈퍼비전 과정을 통해 초보 상담자가 불확실한 상황에서도 견디며 관계를 이어가는 내적 힘을 키우는 것이 핵심이라고 생각합니다.

2 위 사례에 대해 슈퍼바이지가 역전이 반응을 일으킨다면, 슈퍼바이저로서 어떻게 대처하시겠습니까?

모범답변 슈퍼바이지가 내담자의 가족 이야기나 고립된 정서 상태에 감정적으로 몰입하여 역전이 반응을 보일 경우, 먼저 그 감정이 상담자의 인간적인 반응임을 인정하고 안전하게 다룰 수 있는 장을 슈퍼비전 안에 마련해주는 것이 중요하다고 생각합니다. 슈퍼바이지 감정의 배경을 함께 탐색하며 상담자의 개인 경험이나 가치관이 어떤 방식으로 작용했는지 인식할 수 있도록 도울 것입니다. "그 순간 무엇이 가장 강하게 느껴졌는가?", "그 감정이 행동으로 어떻게 표현되었는가?"와 같은 질문을 통해 감정-행동 간 연결을 점검하고, 상담자의 반응이 내담자의 실제 요구와 어떻게 어긋날 수 있는지를 함께 검토할 것입니다.

78 사례 78

[1급]

[사례]
- 내담자는 고등학교 1학년 여학생으로, 담임교사가 수행평가 과제로 제출된 글 속에서 "그냥 사라지고 싶다", "죽는 게 낫지 않을까 싶다"는 문장을 발견하고, 학교 측에서 즉시 보호자에게 알린 후 상담센터로 의뢰됨.
- 내담자는 평소 말수가 적고, 학교생활에서는 주로 혼자 지내며 교사나 친구들과의 상호작용도 거의 없음. 최근 몇 달 간 지각과 결석이 잦아졌으며, 수업 시간에도 무기력하고 멍한 상태로 앉아 있는 모습이 자주 관찰됨.
- 가정환경은 어머니가 주 양육자로, 부(父)는 내담자가 초등학생일 때부터 외도로 인해 가정을 자주 비우다 결국 최근 이혼하였으며, 이후 어머니는 경제적 어려움 속에서 생계를 유지하기 위해 장시간 일하고 있으며, 내담자와 정서적 교류는 거의 없는 상태임.
- 내담자는 가족이나 친구에게 자신의 감정을 털어놓은 적이 거의 없다고 말하며, "힘들다고 말해도 달라지는 게 없을 것 같다"는 표현을 반복함.
- 정서·행동 특성 검사 결과, 우울 및 자살 사고 관련 항목에서 매우 높은 점수를 보였고, 사회적 위축, 자존감 저하, 신체화 경향도 동반되어 있어 고위험군으로 판별됨.
- 상담 초기면담에서는 눈을 자주 피하며, "아무 생각 없다", "상관없다"는 말을 반복하지만, 감정적인 부분을 조심스럽게 묻는 질문에서는 눈물을 보이기도 함.

1 위 사례에서 사례개념화를 해 보고, 위기개입 방법을 말해보세요.

모범답변

1) 사례개념화

내담자는 부모 이혼과 정서적 방치로 인해 애착 손상과 자존감 저하, 정서 표현의 위축이 두드러지며, 그 결과 삶의 의미에 대한 상실감을 경험하고 있습니다. 죽고 싶다는 표현은 단순한 자살 의도보다는 관계 단절 속에서 자신이 잊히거나 사라질 수 있다는 두려움과 외로움의 표현으로 이해됩니다. 심리검사에서도 우울, 사회적 위축, 신체화 등이 고위험 수준으로 나타나 정서적 고립과 내면화된 고통이 구조화된 위험 요인으로 작용하고 있습니다.

2) 위기개입 방법

　　먼저 자살 사고의 구체성을 평가하여 즉각적인 안전 확보와 보호자 연계 여부를 고려할 것입니다. 상담 초기에는 비판이나 조언보다 정서적 수용과 경청 중심의 접근을 통해, 내담자가 안전한 관계 속에서 자신의 감정을 말할 수 있도록 돕고, 필요시 청소년안전망을 통해 위기 지원 체계와의 연계를 병행하여 지속적 개입이 가능하도록 원조할 것입니다.

2 사례에서 학생이 그 이후 아버지의 성폭력으로 죽고 싶다고 자살을 시도했다면 어떻게 슈퍼비전을 할 것인가요?

모범답변

이러한 중대한 외상 사건 이후에는 상담자의 감정적 충격과 윤리적 혼란이 클 수 있기 때문에, 슈퍼비전에서는 상담자가 느끼는 감정과 반응을 먼저 안전하게 표현할 수 있도록 돕는 것이 중요하다고 생각합니다. 사례 개입에서는 즉각적인 안전 확보와 해바라기센터 등의 전문기관과의 연계를 중심으로 조치를 점검하고, 상담자의 개입이 내담자의 트라우마에 어떤 영향을 미쳤는지 성찰할 수 있도록 안내할 것입니다. 또한 상담자가 과잉보호나 과잉개입으로 흘러가지 않도록, 전문성과 감정 사이의 균형을 유지할 수 있는 임상적 태도를 점검하는 과정이 슈퍼비전에서 중요한 내용이 될 것입니다.

79 사례 79

1급

[사례]
- 내담자는 감정조절을 어려워하는 중2 남학생으로, 학교 내 기물 파손하고 도벽이 있음
- 부(父)는 차분한 성격이며, 모(母)는 자신에게 대드는 아들에게 화를 냈고, 얌전하던 아들이 변해서 힘들다고 호소함.
- 내담자의 성적은 우수하지만 모(母)에게 간섭받지 않고 싶지 않다고 함.

1 사례에서 내담자에게 필요한 검사에 대해서 말해보세요.

모범답변 이 사례는 감정조절이 어렵고 도벽과 기물파손 등의 충동적 행동을 보이는 중학교 2학년 남학생으로, 성적은 우수하지만 어머니와의 갈등이 크고 통제를 회피하려는 욕구가 강하게 나타나는 상황입니다. 어머니는 아이가 예전과 달라졌다고 표현하고 있어, 최근 정서 상태나 가족 내 역동의 변화가 있었을 가능성도 함께 고려해야 합니다.

이러한 사례에서 우선적으로 필요한 검사는, MMPI-A를 통해 전반적인 성격 구조와 정서적 불안, 충동성과 대인관계 문제를 파악하는 것이 중요하다고 생각합니다. 또한 K-CBCL이나 YSR을 활용해 내담자의 행동 특성과 정서 상태를 부모와 내담자 각각의 시각에서 확인하고 비교하는 과정이 필요합니다. KFD(동적 가족화)를 통해 내담자가 가족 내에서 자신을 어떻게 인식하고 있는지를 간접적으로 탐색해볼 수 있을 것입니다.

2 위 사례에서 좀 더 깊이 사례를 다루고 싶은 부분이 있는가요?

모범답변 이 사례에서 가장 깊이 다루고 싶은 부분은 어머니와의 관계에서 비롯된 내담자의 정서적 반응과 통제 욕구입니다. 현재 내담자는 성적은 우수하지만 어머니의 간섭에 강한 반감을 보이고 있으며, 얌전하던 성격에서 충동적 행동으로 변화한 점, 그리고 기물 파손이나 도벽 같은 외현화 행동이 나타나는 점은 단순한 반항을 넘어서 정서적 억압과 통제에 대한 저항이 행동화된 결과일 수 있다고 봅니다. 특히 어머니는 아이가 '변했다'고 하지만, 이는 단지 반항의 시작이 아니라, 오랫동안 누적된 감정이 행동으로 드러나고 있는 신호일 가능성이 있습니다.

따라서 이 사례에서는 단순히 '문제 행동'을 다루는 것에 그치기보다는 내담자가 자신의 억울함, 분노, 소외감 등의 감정을 인식하고 표현할 수 있도록 돕는 과정이 중요하다고 생각합니다. 아울러 어머니가 자녀를 통제하려는 방식에 대해 자각할 수 있도록 부모 면담이나 부모교육을 병행하는 개입도 꼭 필요하다고 생각합니다.

80 사례 80

[사례]
- 내담자는 고등학교 재학 중 남학생인데 학교나 교회에서 부반장과 회장을 하면서 자기 의지대로 되지 않으면 우울하다고 함.
- 평상시에는 잘 지내는데 잘 하고 싶을 때 그게 잘 안되고 친구들이 옆에서 도와줄지 알았는데 그렇지도 않은 것 같고, 그런데 자기도 도와달라고 선뜻 이야기를 못하겠다고 함.
- 가족사항으로는 아버지가 자신에 대한 기대가 크다고 하였음.

1 사례에서 주호소가 무엇인지, 그 문제를 어떻게 보는지 말해보세요.

모범답변 이 사례의 주 호소는 성취 상황에서 기대만큼 되지 않을 때 느끼는 우울감과 타인에게 도움을 요청하지 못하는 어려움입니다.

이러한 내담자의 주 호소 문제는 내담자가 자기 가치와 정서 상태를 성취 여부나 타인의 반응에 지나치게 의존하고 있다는 점에서 심리적 불균형이 발생한 것으로 볼 수 있습니다. 내담자는 평소에는 잘 지내지만, 성과와 타인의 반응에 대한 기대가 충족되지 않을 때 자존감이 흔들리고 정서적으로 위축되는 모습을 보입니다. 이는 타인의 인정에 대한 민감성, 완벽주의적 경향, 감정 표현의 억제가 복합적으로 작용한 결과로 보여집니다. 특히 아버지의 높은 기대는 내담자에게 자기 가치가 성취에 의해 평가된다는 인식을 강화했을 가능성이 있습니다. 따라서 이 사례는 자기 감정인식과 표현, 관계 속에서의 자기 돌봄과 현실 검증능력을 키우는 정서적 개입이 필요하다고 생각합니다.

2 사례에서 내담자의 강점은 무엇이라고 생각하십니까?

모범답변 내담자는 학교와 교회에서 리더 역할을 맡을 정도로 책임감과 대인관계 능력이 높다는 점에서 강점을 가지고 있습니다. 또한 자신의 감정 상태를 인식하고, 상담 상황에서 이를 언어화할 수 있다는 점은 자기 성찰력과 변화 가능성을 보여줍니다. 비록 도움을 요청하는 데 어려움을 겪고 있지만, 관계 안에서 기대와 실망을 인식하고 있다는 점에서 정서적 민감성과 성장 잠재력이 크다고 생각합니다.

81 사례 81

[사례]
- 내담자는 17세 고1 여학생으로, 자살의 위험을 학교 선생님이 어머니께 전달하여 내방함.
- 중학생 때 학교에 지각하고 아빠에게 맞은 이후로 학교에 더 안 오고 비행행동이 많아짐.
- 행동 및 인상 : 까무잡잡, 눈 찢어짐, 이야기할 때 주제가 가끔 벗어남.
- 부(父) : 건설업 종사, 폭력적 분노조절 장애가 있음.
- 모(母) : 가정주부로 미인이며, 남편의 폭력에 당함.
- 남동생 : 평소에는 조용한 성격이지만 간혹 폭발함.
- 내담자는 가족에게 동생처럼 예쁨 받고 싶고 친구와 잘 지내고 싶어 하지만, 모(母)는 내담자가 아빠처럼 폭력적일까 겁이 난다고 함.

1 슈퍼바이저로서 위 사례의 내용에 대해 슈퍼바이지에게 지도를 한다면 어떻게 할 것인가요?

모범답변 이 사례는 자살 위험을 동반한 고위기 청소년으로, 반복적인 가정 내 폭력과 애착 결핍, 자기비하가 얽힌 복합적 정서 위기로 이해할 수 있습니다. 제가 슈퍼바이저로 지도한다면, 슈퍼바이지가 내담자의 외형이나 행동을 평가적으로 인식하기보다 정서적 맥락과 발달사적 배경을 중심으로 재해석하도록 돕고, 위기 평가, 안전 계획, 보호자 개입, 지역 자원연계 등 구체적인 개입의 실천 여부를 점검할 것입니다. 또한 슈퍼바이지가 느끼는 감정반응을 함께 탐색하며, 역전이 가능성과 그 영향에 대해 성찰할 수 있도록 도울 것입니다.

 **사례 82**

[사례]
- 내담자 : 16세 여학생, 고등학교 1학년 재학 중
- 의뢰 경위 : 담임교사에 의해 학교 상담실에 의뢰됨. 최근 3주 이상 결석과 무단 지각이 반복되고 있으며, 수업 중 무표정하고 집중하지 못하는 모습이 지속적으로 관찰됨.
- 주 호소 :
  내담자는 "요즘 아무 의욕이 없고, 뭘 해도 재미가 없다"고 말하며, "그냥 잠만 자고 싶다", "나는 쓸모없는 사람 같다"는 표현을 자주 사용함. 과거에는 미술 활동에 흥미가 있었으나 최근에는 손에 붓도 잡지 않고, SNS 활동이나 친구들과의 교류도 모두 끊은 상태임.
- 가족 배경 :
  부모는 맞벌이 중으로 정서적 교류는 부족하며, 어머니는 실용적인 조언 위주의 대화를 선호하고, 아버지는 내담자에게 "너무 감정에 휘둘리지 말라"는 식의 반응을 보임. 내담자는 가족에게 자신의 감정을 말하는 것이 부담스럽다고 느끼며, "내가 힘들다는 말 하면 엄마가 더 힘들어할까 봐 말 못 해요"라고 이야기함.
- 정서 및 행동 특성:
  최근 수면과 식사 패턴에 변화가 있음. 새벽까지 잠들지 못하고, 아침에 일어나는 것도 힘들다고 호소함. 자기 비하, 무가치감, 집중력 저하가 나타나며, "살고 싶지 않다"는 표현은 있으나 구체적인 자살 계획은 없음.
- 청소년용 우울 척도 검사(CDI) 및 정서·행동특성검사 결과, 우울 및 무기력, 자기비난 관련 항목에서 높은 점수를 보임.

1 사례를 기준으로 DSM-5의 주요 우울 장애로 진단받았다면 어떻게 상담개입을 하시겠습니까?

(모범답변) 이 사례에서 내담자가 주요 우울장애로 진단되었다면, 상담 초기에는 정서적 안정감 형성과 상담관계 구축에 중점을 두는 것이 우선적 개입 과제라고 생각합니다. 내담자가 반복적으로 보이는 자기 비하와 무가치감은 인지행동치료의 인지 재구조화 기법을 활용하여 자동적 사고를 탐색하고 수정하는 접근이 효과적일 수 있습니다. 또한 우울로 인해 단절된 일상 활동을 점진적으로 회복할 수 있도록 행동 활성화 전략을 통해 소소한 성공 경험을 제공하고 자기효능감을 회복하도록 돕겠습니다.

2 위 사례의 청소년에게 약물을 처방한다면 어떤 약물을 권고할 것인지 그 근거도 같이 말해보세요.

(모범답변) 이 사례의 청소년에게는 선택적 세로토닌 재흡수 억제제(SSRI) 계열의 항우울제, 특히 플루옥세틴(Fluoxetine)이 권고될 수 있습니다. 플루옥세틴은 FDA에서 청소년 주요 우울장애에 대해 허가받은 약물로, 다른 항우울제에 비해 부작용이 비교적 적고, 자살 사고에 대한 안전성 데이터가 축적되어 있어 청소년기에 적합하다고 알고 있습니다. 약물은 증상 완화를 위한 보조적 수단으로 활용되며, 상담과 병행하여 정서 조절과 기능 회복을 위한 통합적 접근이 필요하다는 것을 안내하겠습니다.

3 약물 처방에 대해 부모가 거부한다면 어떻게 하실 건가요?

모범답변 부모가 약물 처방에 대해 거부감을 보일 경우, 먼저 그 우려가 어디에서 비롯된 것인지 경청하고 공감하는 자세로 접근하는 것이 중요하다고 생각합니다. 약물치료는 내담자의 의지를 약화시키거나 무조건적인 해결책이 아니라, 정서적 고통을 완화하고 상담의 효과를 높이기 위한 한 가지 도구라는 점을 안내하고, 청소년기의 뇌 발달과 감정 기복을 고려할 때, 전문가의 판단 아래 안전하게 사용된다면 도움이 될 수 있다고 설명 드리겠습니다. 그럼에도 불구하고, 부모가 극도로 거부감을 보인다면, 비(非)약물적인 개입을 우선하되, 상담 경과에 따라 다시 협의해볼 수 있다는 유연한 태도로 부모와의 신뢰 관계를 유지하며, 협력적 개입을 지속할 것입니다.

83 사례 83   1급

[사례]
- 내담자는 16세 여학생으로, 최근 성적이 급격히 하락했고, 수업 중 멍하게 있는 시간이 많아 담임교사의 권유로 상담에 의뢰됨.
- 상담 초기 "왜 이렇게 사는지 모르겠다.", "다 쓸모없다"는 말을 반복하며 무기력한 모습을 보임.
- 어머니는 내담자를 엄격하게 통제하고, 친구관계를 제한함.
- 내담자는 "엄마는 내가 공부 말고 다른 건 허락하지 않는다."고 표현함. 또래 친구들과의 관계도 얕고, SNS 활동은 활발하지만, 실질적인 대인관계는 부족함.

1 위 사례에 대한 상담목표와 전략을 말해보세요.

모범답변 사례의 내담자는 통제적인 어머니와의 밀착된 관계 속에서 자율성과 감정 표현이 억압되며 자아분화가 어려운 상태로 보입니다. 머레이 보웬(Murray Bowen)의 이론에 따르면, 이 사례는 정서적 삼각관계와 분화 부족으로 인해 독립적인 자기 결정과 감정 조절이 제한되어 있습니다. 또한 자기심리학적 관점에서 충분한 거울자기 대상의 경험이 결여되어 자기존중감이 취약하며, 또래관계 실패는 자기구조 형성을 더욱 불안정하게 만들고 있습니다.

제가 상담자라면, 내담자가 감정을 인식하고 표현하는 연습을 통해 정서적 안정 기반을 회복하도록 돕고, 어머니와의 심리적 분리를 통해 자기결정 능력을 키우도록 도울 것입니다. 또한 또래와의 긍정적 상호작용을 통해 사회적 소속감과 자기효능감을 증진시키는 것이 상담의 핵심 목표가 될 것입니다.

2 위 사례에서 가장 시급하게 개입해야 할 문제는 무엇이라고 생각하십니까?

모범답변 사례에서 가장 시급하게 개입해야 할 문제는 내담자의 낮은 자기존중감과 반복되는 자기비하로 인한 정서적 취약성이라고 생각합니다. 감정 표현이 억압된 상태에서 자율성을 경험하지 못한 내담자는 우울, 무기력, 대인관계 회피로 이어질 위험이 높기 때문에, 감정 인식과 표현을 통한 정서적 안정 회복이 우선으로 개입할 것입니다. 이후 자아분화와 또래 관계의 회복은 정서적 기반이 마련된 후에 점진적으로 접근하도록 하겠습니다.

사례 84

[사례]
- 내담자는 중2 여학생으로, 2녀 중 장녀, 할머니와 생활 중, 이혼가정, 도농 복합남녀공학 재학 중임.
- 내방 경위 : 점심시간 이후 교실에서 커터칼로 자해를 한 내담자가 피를 흘리고 있는 것을 보고 급우들이 보건교사에게 보고하여 치료함. 위험한 수준은 아니었고, 내담자는 죽을 생각은 아니었다고 이야기함.
- 자해경위 : 점심시간에 단짝 친구가 다른 친구들과 점심을 먹으러 갔으며, 혼자 밥을 먹게 되면서 죽고 싶다는 생각을 하고 커터칼로 자해를 함. 자해한 것을 스스로 무섭다고 표현함. 자신이 자해를 한 것에 대해 주변 사람들이 놀라는 반응에 신기하다고 표현함.
- 여동생 11세 4학년으로, 학교에 적응을 잘 하고 있고 내담자를 잘 따름.
- 할머니는 75세로, 농사일과 다른 공장 일을 병행하면서 푸념이 많음.

1 위 사례에서 청소년의 심리적인 원리를 설명해 보세요.

모범답변 내담자는 또래관계에서의 소외 경험을 계기로 강한 고립감과 정서적 버려짐을 느꼈으며, 그 감정을 말로 표현하지 못하고 자해라는 극단적인 방식으로 표현한 것으로 보입니다.

자해는 실제 죽음의 의도가 아닌, 관계 회복에 대한 신호이자 감정 조절의 수단으로 기능하고 있으며, 자신의 상처에 대한 주변 반응에 '신기하다'고 표현한 점은 자기 존재의 확인 욕구와 관심에 대한 갈망을 반영한다고 생각합니다. 이러한 행동은 정서 표현의 미성숙, 관계 내 불안정한 애착, 그리고 주변 보호자와의 정서적 연결 부족에서 비롯된 왜곡된 자기표현 방식으로 해석할 수 있습니다.

2 위 사례에서 우선적으로 다루어야 할 문제는 무엇이며, 어떤 이론으로 상담할 것인지 설명해 보세요.

모범답변 이 사례에서 우선적으로 다루어야 할 문제는 자해라는 방식으로 감정을 표현하게 된 내담자의 행동과 그 원인이 되는 정서조절 어려움과 또래 내 소외감입니다. 제가 상담자라면, 애착이론을 기반으로, 내담자가 경험한 불안정한 관계 패턴을 탐색하고, 상담자와의 안정적 관계를 통해 감정표현과 관계 경험을 새롭게 재구성할 수 있도록 도울 것입니다. 또한, 자해 행동의 의미를 비난 없이 탐색하고, 대체 가능한 감정조절 전략을 찾아가는 과정을 내담자와 함께 할 것입니다.

사례 85

[사례]
- 내담자는 고1 여학생
- 중 3(16세) 시절부터 학교폭력을 당했고, 그 시절을 지워버리고 싶어 함.
- 현재는 등교를 거부하고 있으며, 하루 종일 침대에서 스마트폰만 하며 지냄.
- 학교폭력 피해 당시, 선생님과 부모님을 원망하고 있음.
- 부(父) : 고졸, 직업 군인, 내담자가 나약해서 학교폭력을 당했다고 생각함.
- 모(母) : 고졸, 내담자를 안쓰러워 하지만, 부(父)와 비슷한 생각을 가지고 있음.
- MMPI-A 검사 결과, L-F-K가 삿갓형(∧형)으로 특별하게 높게 나타난 척도는 없으나, 우울(D)과 내향성(Si) T점수가 50점대 후반임.

1 위 사례에서 청소년 내담자에게 필요한 역량은 무엇인가요?

모범답변 청소년 내담자에게 필요한 가장 핵심적인 역량은 감정 인식과 표현 능력, 자기 효능감 회복, 그리고 안전한 관계를 형성하고 유지할 수 있는 힘이라고 생각합니다.

상담자는 청소년이 자신의 감정을 혼란스럽게 느끼지 않고, 자신의 말과 감정이 타인에게 수용될 수 있다는 경험을 통해 정서적 복원을 이끌 수 있어야 합니다. 또한 발달적으로 자율성과 소속 욕구가 혼재된 시기이기 때문에 자신의 고통을 의미화하고 선택할 수 있는 힘을 회복하는 것이 중요합니다.

2 사례에서 등교를 거부하는 내담자를 어떻게 상담할 것인가요?

모범답변 사례의 내담자는 중학생 시절, 학교폭력을 겪은 이후 침대에만 머물며 등교를 거부하고 있고, 무기력과 회피 행동으로 대응하고 있는 상태입니다. 이는 현실치료 상담의 선택 이론 관점에서 기본 욕구(소속감, 힘, 자율성)가 충족되지 않은 결과로 이해할 수 있습니다.

제가 상담자라면, 현실치료 상담 관점에서, 초기에는 WDEP 기법(욕구 파악 – 행동 탐색 – 평가 – 계획 수립)을 적용하여, 내담자가 원하는 삶과 현재 행동 사이의 불일치를 자각하도록 유도하겠습니다. 또한, 내담자가 '피해자'로 머무르지 않고, 스스로 선택하고 변화할 수 있는 능력이 있다는 점을 지지하며, 산책하기, 상담시간 지키기 등 작고 구체적인 행동 계획을 함께 계획하여 실천하도록 도울 것입니다.

3 사례에서 내담자의 MMPI-A 검사 결과를 해석해 보세요.

모범답변 내담자는 중학생 시절, 학교폭력 피해를 경험한 이후 외상적인 기억을 지워버리고 싶다는 회피적 사고를 보이며, 현재는 일상 기능이 급격히 저하된 상태입니다. 부모와 교사의 지지 실패 경험으로 인해 신뢰감 손상, 자기효능감 저하, 그리고 정서적 위축과 무기력이 지속되고 있는 상황으로 보입니다.

MMPI-A 결과에서는 L-F-K 척도가 '삿갓형'(L↑, F↓, K↑) 양상을 보이고 있는데, 이는 자신을 긍정적으로 보이려는 방어적 태도와 감정 억제 경향, 그리고 자신의 고통을 쉽게 드러내지 않는 통제적 성향을 의미합니다. 또한, 임상척도 중 우울(D)과 내향성(Si)이 50점대 후반으로 나타난 점은 명확한 병리 수준은 아니지만, 정서적 위축과 대인 기피 경향이 누적되고 있으며, 무기력한 상태가 일상 전반을 잠식하고 있는 초기 우울 경향으로 해석됩니다.

내담자의 프로파일은 검사 수치상으로는 뚜렷한 병리적 고점은 없지만, 실제 임상 면담에서는 방어가 강하고 표현이 억제된 상태로, 상담 관계형성과 감정표현을 촉진하는 접근이 필요할 것으로 보입니다. 또한 반복되는 침대 생활은 우울 정서와 자율성 상실의 표현이기도 하기 때문에 검사 결과와 실제 행동 간 불일치를 충분히 탐색할 필요가 있습니다.

4 자녀의 스마트폰 과잉 사용을 호소하는 부모에게 어떻게 상담을 할 것인가요?

모범답변 스마트폰 과잉 사용은 단순한 습관 문제가 아니라 심리적 대체, 정서 회피, 통제력 저하 등 다양한 원인이 있을 수 있기 때문에 먼저 부모에게 비난 중심의 태도보다는 문제의 배경을 함께 탐색하고 해결하는 협력자로서 관계를 형성하는 것이 필요합니다.

부모 상담에서는 자녀가 스마트폰을 통해 무엇을 해소하고 있는지, 예를 들어 외로움, 통제받지 않는 자유감, 또래 소속감 등을 확인하도록 돕고, 자녀의 스마트폰 사용 시간의 조절보다 관계 회복과 일상 구조화에 초점을 두도록 안내할 것입니다. 또한 부모에게는 감정적 대응보다는 일관된 규칙 설정과 대화 기술, 그리고 자녀가 스마트폰 외에 몰입할 수 있는 대안 활동을 함께 찾는 과정이 필요하다고 설명하겠습니다.

86 사례 86

[사례]
- 내담자는 21세 남성, 직업전문학교 재학 중이며, 보육원 출신, 의지할 사람은 없음.
- 과거 학교에서 아이들을 때리는 문제 행동을 보임.
- 최근 6개월간 번 돈을 흥청망청 사용함.
- 화가 나면 호의호식하는 사람들을 때려 버리고 싶다고 생각함.
- MMPI 검사 결과, T점수가 반사회성의 경우 65T 이상임.

1 사례 개념화 및 상담 계획수립 방법(MMPI 등 검사 해석 포함)을 말해 보세요.

모범답변 내담자는 보육원 출신의 21세 남성으로, 대인관계에서 강한 불신을 보이며, 충동 조절과 감정 표현에 어려움을 겪고 있는 후기 청소년입니다. 자립과 정체성 확립의 과도기에 있는 만큼 문제행동을 개인의 성격이나 기질로만 보지 않고 발달적·환경적 맥락에서 이해하는 접근이 필요하다고 생각합니다.

내담자의 현재 문제는 반복적인 충동 소비, 공격적 사고, 사회적 고립입니다. 이러한 문제의 바탕에는 애착 대상의 부재와 정서적 조절 경험의 부족이라는 취약 요인이 있으며, 최근 자립 상황에서의 스트레스가 행동화로 촉발된 것으로 보입니다. 관계 단절, 경제 불안, 외로움이 반복되며 문제를 지속시키고 있고, 다만 전문학교 재학 중이라는 점과 상담기관에 연결된 점은 보호 요인으로 작용할 수 있습니다.

MMPI-A 결과에서 반사회성 척도가 65T 이상으로 나타난 것은, 단순한 비행 행동이 아니라 타인과의 상호작용에서 규범을 내면화하지 못하고 공감 능력이 저하된 상태임을 의미합니다. SCT에서도 사람에 대한 적대감과 자기 가치감의 손상이 동시에 나타난다면, 공격성과 고립이 양가적으로 교차하는 불안정한 자기 상태로 이해할 수 있습니다.

제가 상담자라면, 내담자의 상담 계획은 관계 형성, 인지 재구성, 사회적 관계 회복의 세 가지 단계로 구성할 것입니다. 초기에는 현실치료의 WDEP 기법을 활용하여 감정과 행동 이면의 욕구를 이해하고, 자기 행동에 대한 자각과 선택을 돕는 안정적 관계 형성에 주력하고, 이후 인지행동 기반의 인지 재구성과 자기통제 훈련, 또래관계 기술 및 자립 역량강화를 통해 내담자가 신뢰 가능한 관계 안에서 자율성과 사회적 관계 회복 경험을 가질 수 있도록 원조할 것입니다.

2 사례에서 후기 청소년에게 중재·개입을 하지 않으면 추후 어떤 문제가 나타날 것 같은지 설명해 보세요.

모범답변 현재 이 내담자는 충동 조절 문제, 반사회적 사고, 금전관리 실패 등을 보이며, 이는 자기조절 능력의 미성숙과 대인관계 불신의 결과로 보입니다. 중재 또는 개입이 없이 방치된다면, 범죄적 행동, 사회적 고립, 직업 유지의 어려움, 만성적 자기파괴 행동 등으로 이어질 가능성이 높습니다. 또한 정서적 공감능력 형성과 자기 효능감 회복의 시기를 놓칠 경우, 성인기 대인적·직업적 기능에 심각한 어려움이 지속될 수 있습니다.

3 학교 밖 청소년을 상담한다면 어떻게 상담할 것인지, 그리고 연계할 수 있는 기관은 무엇인가요?

모범답변 학교 밖 청소년은 자율성에 대한 욕구가 크고, 제도적 구조에 대한 불신이 높기 때문에, 초기 상담에서는 강요 없는 접근, 자기 선택권 존중, 생활 밀착형 주제 활용이 중요합니다.

연계 기관으로는 청소년상담복지센터, 꿈드림, 자립지원전담기관, 정신건강복지센터, 지역 일자리센터, 쉼터 등이 있습니다.

87 사례 87
2급

[사례]
- 내담자는 중학생 여자로, 학교를 가기 싫어하고, 집에 오면 항상 멍하니 있으며, 엄마에게 짜증을 많이 내 엄마가 상담소에 데리고 옴.
- 부(父): 강사, 강압적이고 완벽주의, 성실하지 않은 사람을 이해하지 못함.
- 모(母): 딸의 학습에 관심이 많으며, 부(父)의 강압적인 모습에 순종함.
- 상담에서 자주 울고 공감적인 표현에는 협조를 하지만, 학교생활 질문에는 답을 안 함.
- MMPI - 2번, 0번 점수 상승
- 성격유형 - ISFJ
- SCT - 우리 집은 갑갑하다, 숨기고 싶은 것은 나의 못난 부분이다. 엄마는 나의 학습에만 관심을 가진다.

1 위 사례에서 인지적 오류로 접근을 한다면 어떻게 상담을 할 것인가요?

모범답변 내담자는 자신에 대해 "못났다.", "엄마는 나의 학습에만 관심이 있다."는 사고를 하고 있으며, 이는 자기비하와 정서적 박탈의 인지적 틀로 보입니다. 또한 2번(우울), 0번(사회적 내향성) 척도 상승과 SCT 내용을 종합하면, '나는 성실하지 않으면 인정받을 수 없다.'는 사고 왜곡이 있을 가능성이 높습니다. 인지 행동적 접근에서는 먼저 내담자의 비합리적 신념을 인식하게 하고, 그것이 정서와 행동에 미치는 영향을 함께 탐색합니다. 이후에는 대안적 사고를 생성하고 현실 검증을 통해 인지 재구조화를 시도합니다. 예를 들어 "못난 부분을 숨겨야 한다."는 믿음 대신 "나는 힘든 감정을 겪고 있고, 그 자체가 잘못은 아니다."는 사고로의 전환을 유도할 것입니다.

2 모(母)의 주 호소와 내담자의 주 호소가 다른데, 어떻게 접근을 할 것인가요?

모범답변 이 사례에서 어머니는 자녀의 짜증과 학습에 대한 관심을 주 호소로 보고 있지만, 내담자는 학업보다 정서적 고립감과 억압된 환경에 대한 답답함을 더 크게 느끼고 있습니다. 상담자는 내담자 중심의 입장을 우선하며, 상담 구조화 과정에서 부모에게는 상담의 주체가 자녀이며, 아이가 원하는 영역에서부터 접근할 것임을 설명합니다. 동시에 부모의 의뢰 이유에 대해서도 공감적으로 수용하면서 내담자의 정서와 관계 회복이 학습동기 향상에도 연결될 수 있다는 관점을 안내합니다. 이처럼 상담에서는 정서적 안정감을 기반으로 내담자와 신뢰관계를 형성하고, 부모와는 정보 제공자 및 지지자로의 역할을 명확히 조정해가는 접근이 필요하다고 생각합니다.

88 사례 88

[3급]

[사례]
- 전화상담 사례
- 내담자는 학교폭력을 당하고 있으며, 친구 몇몇만 알고 엄마와 선생님은 모르고 있음.
- 엄마한테 말하고 싶지만, 엄마가 힘들어 할까봐 말 못함.
- 가해자에게 하지 말라고 말했지만 바뀌는 것은 없음.
- 내담자의 현재 상태는 너무 힘들어서 죽고 싶음.

1 위 사례에서 상담의 목표를 어떻게 잡을 것인가요?

(모범답변) 이 사례는 학교폭력 피해로 인한 정서적 고통과 외로움, 그리고 신뢰할 수 있는 보호체계로부터 단절된 상태에서 도움을 요청한 위기 청소년의 전화상담 사례입니다. 특히 "죽고 싶다"는 표현은 단순한 자살 의도가 아니라, 말할 수 없는 고통을 드러내고 싶다는 절박한 신호로 해석할 수 있습니다.

제가 상담자라면, 심리적 응급처치(PFA)의 원칙에 따라 정서 안정, 감정 수용, 신뢰 관계형성, 안전한 보호 연계를 목표로 개입하며, 내담자가 스스로 '믿고 말할 수 있는 어른'을 정할 수 있도록 지지할 것입니다. 또한 내담자가 상황을 통제할 수 있다는 감각을 회복할 수 있도록 보호자 알림 여부와 방식에 대해 함께 논의하며 내담자의 자기결정권을 존중하는 접근을 유지할 것입니다.

2 청소년 내담자 부모가 상담정보를 알고 싶어 한다면 어떻게 대처할 것인가요?

(모범답변) 상담정보 공유는 청소년의 비밀보장 원칙과 보호자의 보호책임 사이에서 균형을 맞추는 과정이라고 생각합니다. 청소년 내담자가 아직 미성년자이기 때문에 부모에게 일정 부분 설명해야 할 필요는 있지만, 그 전에 내담자의 동의와 감정이 충분히 고려되어야 한다는 점을 부모에게 먼저 설명할 것입니다. 예를 들어 "내담자가 직접 부모님께 말씀드릴 수 있도록 상담자와 함께 준비하는 시간이 필요하다"는 식으로, 내담자의 자기표현을 지지하면서 부모에게도 신뢰를 얻는 방식으로 접근할 것입니다. 특히 자살 사고나 자해 위험이 있는 경우에는 내담자에게 충분히 미리 설명하고 그 안전을 확보하기 위한 보호자 개입이 불가피하다는 점을 설명할 것입니다.

3 내담자의 자원을 찾아본다면 무엇이라고 할 수 있을까요?

(모범답변) 사례의 내담자에게 가장 주목할 자원은 '말하고 싶다'는 내적 동기와 '가해자에게 말한 적이 있다'는 자기주장 경험입니다. 이 두 가지는 내담자가 스스로 고통에서 벗어나고자 하는 힘이 아직 남아있고, 대인관계 안에서 한계를 느끼면서도 표현해 본 이력이 있다는 점에서 상담 개입의 중요한 기반이 됩니다.

또한 친구 몇몇이 상황을 알고 있다는 점도 사회적 연결망이 완전히 단절된 것은 아니라는 의미이기 때문에 내담자에게 '넌 혼자가 아니다'라는 메시지를 줄 수 있는 긍정적 자원이라고 생각합니다.

PART 03

부록

CHAPTER 01 청소년 관련 통계 요약
CHAPTER 02 최근 면접 질문 기출 리스트 (스터디용)
CHAPTER 03 학습자의 주요 질문과 답변 (Q&A)

CHAPTER 01 청소년 관련 통계 요약

실력다지기 — 통계로 본 청소년 분야[1]

1) **우리나라 청소년(9~24세) 인구**
   2025년 기준, 청소년 인구는 약 762만 6천명으로 우리나라 총인구 5,168만여 명 중 약 14.8%를 차지

2) **청소년쉼터 설치현황**
   2025년 기준, 총 137개소(일시 33개소, 단기 66개소, 중장기 38개소)

3) **드림스타트 센터 설치현황**
   2025년 기준, 총 229개소

4) **청소년들이 경험한 아르바이트**
   - 2025년 청소년 통계에 따르면 '24년 중·고등학교 학생 100명 중 6명(5.8%)은 최근 1년 내 아르바이트 경험이 있으며, 아르바이트 경험률(5.8%)은 '23년과 동일하고 '22년 이후 감소하였다.
   - 아르바이트 경험률은 중학생은 100명 중 1명(1.4%), 고등학생은 100명 중 10명(10.3%) 수준으로 나타났고, '23년보다 중학생은 0.2%p 증가하고 고등학생은 0.6%p 감소하였다.
   - 고교유형별로는 특성화고(18.7%)가 일반·특목·자율고(8.4%)보다 아르바이트 경험률이 높고, 성별로는 남자(6.2%)가 여자(5.4%)보다 높았다.

| 아르바이트 경험 추이 |

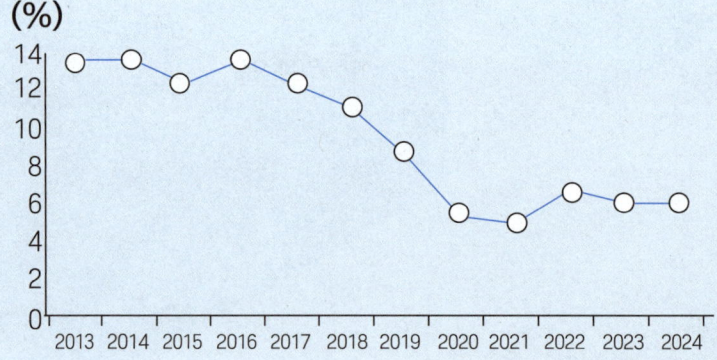

---

1) 출처 : 2023 청소년백서

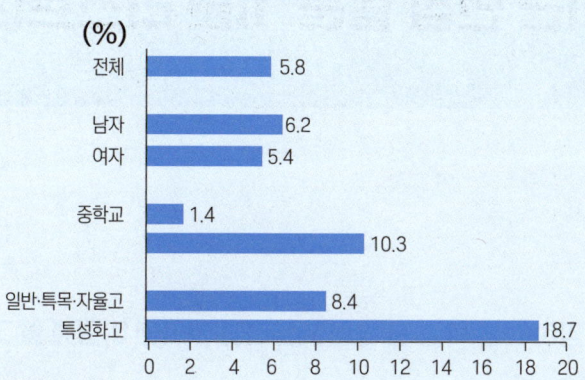

| 아르바이트 경험(2024년) |

자료: 한국청소년정책연구원, 「아동청소년인권실태조사」

5) 청소년의 흡연실태(2024년 통계 기준)
- 24년 중·고등학생 100명 중 약 4명(3.6%)은 최근 30일 내 흡연한 적이 있으며, '23년(4.2%) 대비 0.6%p 감소하였다.
- 남학생(4.8%)의 흡연 경험률이 여학생(2.4%)보다 2배 높게 나타났다.

6) 청소년의 음주실태(2024년 통계 기준)
- '24년 중·고등학생 100명 중 약 10명(9.7%)은 최근 30일 내 음주한 적이 있으며, '23년(11.1%) 대비 1.4%p 감소하였다.
- 남학생(11.8%)의 음주 경험률이 여학생(7.5%)보다 높게 나타났다.

7) 청소년의 가출(2024년 통계 기준)
- '24년 초(4~6)·중·고등학생의 최근 1년 내 가출 경험률은 3.0%로, '23년(2.7%) 대비 0.3%p 증가하였다.
- 성별로는 남자(3.3%)가 여자(2.8%)보다, 학교급별로는 중학생(4.0%)이 고등학생(2.9%)과 초(4~6)(2.3%)보다 가출 경험이 많다.
- 주된 가출 이유는 부모님과의 문제(70.2%)가 가장 많았고, 다음으로 학업 문제(10.8%), 친구들과 함께 하기 위해서(7.9%) 순이다.

8) 청소년수련시설 현황

2025년 기준, 총 866개 중 청소년 수련관 203개(23.4%), 청소년 수련원 152개(17.6%), 청소년 문화의 집 365개(42.1%), 청소년 야영장 34개(3.9%), 유스호스텔 98개(11.3%), 청소년 특화시설 14개(1.6%)소가 있다.

9) 청소년범죄 유형별 현황(2022년 통계 기준)
- '23년 소년범죄자는 6만 6,758명으로 전체 범죄자(136만 명)의 4.9%이다.
- 전체범죄 중 소년범죄 비중은 '22년(4.5%) 대비 0.4%p 증가하였다.
- 범죄유형으로는 재산범죄(42.5%)가 가장 많았고, 기타(27.3%), 강력(폭력)범죄(22.9%), 강력(흉악)범죄(7.3%) 순이며, '22년 대비 강력(폭력)범죄와 강력(흉악)범죄 비중은 감소하였으나 기타 범죄 및 재산범죄의 비중은 증가하였다.

CHAPTER 02 최근 면접 질문 기출 리스트(스터디용)

01 Case 1

1 길을 지나는데 남학생 한 명이 다른 학생 한 명을 괴롭히고 있다면 어떻게 할 것인가?

2 사례의 내담자의 강점은 무엇이라 생각하나요?

3 청소년상담과 성인상담의 차이는 무엇인가요?

4 청소년상담사를 하고자 하는 계기와 영향을 준 인물은?

5 사례

> 메일상담에 인터넷 중독사례인데 학생이 자신이 인터넷 중독인 것 같아 컴퓨터를 안 하려고 해도 학원 숙제 때문에 안할 수가 없고, 엄마에게 말씀드려 보려고 해도 엄마가 일을 늦게 마치셔서 말할 수도 없고, 컴퓨터 위치를 바꿔 보려고 해도 집구조가 그렇게 안 되는 구조이며 '컴퓨터 오래하면 죽일거야'와 같은 자극적인 메시지를 붙여놔도 소용이 없다고 밤마다 죄책감 때문에 울기도 하고 자신이 잘못된걸 알고 고치고 싶지만 힘들다고 호소하는 사례

(1) 사례에 관련하여 이 내담자에게 어떻게 공감을 해줄 것인지 짧게 공감해보라.

(2) 위 사례에 대해 어떻게 상담할 것인지?

(3) 메일 상담인 경우 어떻게 지속할 것인지?

(4) 사례에 적혀있는 내용 외에 추가적으로 탐색하고자 하는 부분이 있다면?

02 Case 2

1 청소년 상담사를 꿈꾸게 된 계기와 그에 관련하여 어떤 활동을 했었는지?

2 저항하는 청소년이 온다면 어떻게 대처할 것인지?

3 가정 밖 청소년 쉼터에 있는 가정 밖 청소년을 청소년의 집에 연락을 해서 데리고 가라고 했는데 그 아이는 계속 집을 나갈 아이이므로 데리고 오지 말라고 한다면 어떻게 할 것인지?

4 내담자가 상담을 거부할 때는 어떻게 할 것인지?

5 사례

> 인터넷 중독 중2 여학생이 인터넷을 그만하고 싶지만 행동은 계속 인터넷을 끊을 수 없다는 사례

(1) 어떤 이론으로 상담할 것인지?

(2) 내담자에게 심리검사를 한다면 인터넷 진단 검사 말고 어떤 검사를 할 것이며 그 이유는 무엇인가?

(3) 중2 인터넷 중독 여학생 사례에 비추어 집단상담을 하게 된다면 어떻게 할 것인가?

6 상담사라면 어떤 멘트로 상담할 것인지를 실연해보라.

03 Case 3

1. 청소년상담과 일반인 상담의 차이는 무엇이며 상담자로서 주의해야 할 점은 무엇인가?

2. 분노를 참지 못하고 폭력을 휘두르는 중학교 2학년 남학생의 전화상담에서 상담목표를 어떻게 세울 것인가?

3. 상담실로 들어간 내담자가 벽을 치고 소리를 지르며 난동을 부리는 상황에서 밖에 있는 상담자인 나는 어떻게 대처할 것인가?

04 Case 4

1. 3급 청소년상담사의 역할과 상담사의 발전을 위해 노력해야 할 것은 무엇인가?

2. 전화상담의 한계를 극복하기 위해 어떻게 면대면 상담으로 유도할 수 있겠는가?

3. 다문화가정의 청소년을 상담할 때의 유의점과 어떻게 상담에 임할 것인지?

05 Case 5

1 지금까지 살아오면서 제일 큰 상처와 시련은 무엇이었습니까?

2 청소년 상담과 일반 상담의 차이점은?

3 현재 하고 있는 일은?

4 사례

> 친구들과 잘 지내다가도 무시당한다는 느낌이 들면 참지 못하고 욱하는 내담자가 학교에서 징계위원회에 아버지를 불러오라고 해서 무서워 죽을 것 같다고 한 전화상담

(1) 사례를 읽고 어떤 이론을 적용할지를 구체적인 적용을 자세히 설명해 보라.

(2) 사례의 내담자를 어떻게 보는지?

06 Case 6

1 자기소개

2 사례를 선호하는 모델과 연결시켜 답하라.

3 내담자가 상담사의 지갑에서 돈을 훔쳤다면 어떻게 할 것인가?

4 사례

> 중학교 2학년 남학생이 청소년 상담센터에 전화로 상담을 의뢰한 경우이다. 평소에는 친구들과 잘 지내다가 친구들이 무시하는 듯한 느낌을 받으면 참지 못하고 폭력을 행사하게 된다고 하였다. 시간이 지나면 자신의 그런 행동에 후회도 한다고 하였다. 이런 상황과 관련하여 학교에서 징계위원회가 열리게 되었고 부모님에게 그런 내용이 전달되게 되었다. 이와 관련하여 아버지가 이 사실을 알게 되면 자신을 죽일 것 같이 무섭다고 하였다.

(1) 사례와 관련하여 내담자에게 어떤 프로그램을 제공해 줄 수 있는가?

(2) 사례와 관련하여 내담자 부모님과 어떤 상담을 하겠는가?

(3) 사례에서 어떤 기법을 적용할 것인지?

(4) 내담자의 표면적으로 드러나는 문제 상황은 무엇인가?

(5) 내담자에 대해 심리검사를 어떻게 진행하겠는가? : MMPI – 임상척도 4번

(6) 본 사례에서 내담자의 강점은?

(7) 사례를 이어가며 상담한다면 어떻게 상담을 진행하겠는가?

07 Case 7

1 집단상담 발달단계에 대하여 말하시오.

2 집단상담 중에 우는 구성원은 어떻게 대처하겠는가?

3 청소년상담사 3급의 역할은?

4 청소년상담사가 되기 위하여 어떤 준비를 하였는가?

5 청소년상담사로서의 본인의 장점과 단점

08 Case 8

1 청소년에게 여가시간이 필요하다고 생각하는지?

2 역대 논문에서는 청소년 여가시간이 많을수록 비행청소년이 많이 양상되는데 어떻게 대처해야 할까요?

3 여가시간이 어떤 것이라고 생각하는가?

4 상담을 하다보면 지역연계가 필요한 경우가 있는데 어떤 곳이 있을까?

09 Case 9

1 청소년상담사를 하려는 이유는 무엇인가?

2 청소년상담사로서 갖추어야 할 자질은 무엇인가?

3 비자발적인 내담자가 왔는데 화가 나 있는 상태라면 어떻게 하겠는가?

4 청소년 내담자가 차비가 없다며 상담자에게 돈을 빌려달라고 한다면?

5 부모가 상담을 받으러 온 자식을 수치스럽고 부끄럽게 생각한다면 부모에게 어떤 말을 해 줄 수 있는가?

10 Case 10

▶ 청소년상담자의 윤리강령이 무엇인지?

(1) 윤리강령 내 이중적 관계를 맺으면 안 되는 이유는?

(2) 비밀보장을 해야 하는 이유

(3) 비밀보장 예외의 경우

Case 11

1 자격 취득 후 계획은?

2 중2 남학생이 학교를 그만두고 취업하려고 한다. 어떻게 상담하겠는가?

3 본인의 청소년기는?

4 청소년상담과 관련된 활동은?

5 성폭력 피해자를 상담하는 상담자로서 상담하는 방법은?

6 청소년상담복지센터에서 하는 사업에 대해 아는 것이 있는지?

Case 12

1 청소년만의 문화 중 한 가지를 설명하고, 그에 따른 적용(하고 싶은) 프로그램에 대해 설명하라.

2 최근 청소년의 가장 큰 문제점이 무엇이라 생각하는가? 그에 따른 해결대책 방안도 함께 설명하세요.

3 내담자가 상담 내내 남의 탓만 한다. 어떻게 상담을 이끌어나가겠는가?

4 사례

> **전화상담**
> 내담자 : 가출한 친구와 같이 있다가 학교도 결석하고 집에 못 들어갔는데 엄마가 죽고 싶지 않으면 전화하라고 하는데 어떻게 해야 할지 몰라 한다. 학교에 가도 공부도 못하고 친구들이 때리고 잘하는 것도 없다. 같이 가출한 친구는 9년째 알고 있는 친구로 가끔 때리기는 하지만 그래도 괜찮은 친구이다. 엄마한테 죽느니 차라리 내가 칼로 찔러 죽는 것이 낫겠다고 자살에 대해 5번 정도 생각해 보았다.
> 상담자 : (   )

▶ 상담자는 어떤 개입을 해야 할지 말해보라.

13 청소년상담사 1급 면접기출 질문

면접 환경 (대기에서 퇴실까지)
대기실에서 7명, 2시부터 대기
개인명찰을 각자 무작위로 선택하여 받고 이름과 번호 작성
앞 조가 면접을 하고 있을 때 2명씩 면접실 앞 대기의자에 앉아 사례배포하고 10분정도 숙지
앞 조가 퇴실하고 10분 정도 있다가 2명 동시 입실
면접 후, 수고하셨습니다. 상호 인사 후 퇴실

1 면접 내용

(1) 사례

상담자의 상담기록
1급의 경우 슈퍼비전을 묻기 때문에 상담기록이 1장의 종이에 적혀 있었음내담자는 15세 중학교 여학생으로, 친구 관계가 원만했으나, 최근 스트레스로 공격성이 강해졌으며 선생님의 지적에 반항이 심해져 의뢰됨

가족관계
1) 아버지 : 고졸, 이혼한 상태로 연락두절, 알코올 중독, 가정폭력으로 문제를 일으킴
2) 어머니 : 고졸, 온화한 성격, 자녀양육에 관심이 있지만, 경제적 어려움으로 밤 10시까지 식당을 하고 있어 자녀들과의 소통을 잘 하지 못해 스트레스가 심해 우울증을 앓고 있음
3) 남동생 : 초3, 산만하지만 교우관계가 원만하며 내담자와는 소원한 관계 보이고 있음

상담 목적 및 전략
또래친구와 관계개선하기(상담에서 배운 말 사용하기 등), 폭력적 행동 줄이기(보상과 함께 부적절한 행동 줄이기 등), 어머니의 문제를 해결하기 위해 지역사회 자원 연계 등

상담자
여, 33세, 상담심리학 석사, 경력 3년, 슈퍼비전 횟수 8회

(2) 면접관(면접위원장 남, 좌측 여, 우측 남) 질문

① 여 : 보신 사례를 슈퍼비전 할 경우 어떤 접근을 해 줄 수 있을 것인가? 사례에 있는 내용 말고 새로운 접근을 말하라.
② 여 : 본인이 선호하는 상담모델은 무엇인가?
③ 남 : 인간중심상담과 강점관점은 어떤 관계가 있는가?
④ 남 : 현장에서 상담활동은 어떤 활동을 했는가?
⑤ 남 : 청소년 상담의 전달체계는 무엇이 있는가?
⑥ 남 : 청소년 안전망이란?

14 사례 도표식 정리

방법	상담	사례/질문
채팅	게임중독	게임중독 사례 1. 어떻게 상담할 것인지 상담 전략에 대해서… 2. 이 사례에 대해 좀 더 탐색할 것이 있다면 무엇이겠느냐?
채팅	게임중독	인터넷 게임 중독으로 고민이 있어서 상담을 하는 사례였습니다. 내담자는 게임을 그만하고 싶은데 몸과 마음이 따로인 것 같다며 컴퓨터만 켜게 되면 게임을 하게 된다고 하였습니다. 상담자가 왜 게임을 계속하게 되는지 묻자, 자신의 게임캐릭터 레벨이 올라가는 것을 보며 희열을 느끼고 친구들과 이야기를 하다가 친구보다 자신의 캐릭터가 레벨이 높으면 성취감을 느낀다고 하였습니다. 마지막에 가서는 내담자가 공부도 해야 하기 때문에 게임을 그만두고 싶다고 합니다. 1. 이 사례의 내담자만의 강점이 있는데, 무엇인가? 2. 인터넷 게임중독자들의 특성이 있는데 무엇인가? 3. 인터넷 게임중독 척도에 대해 설명해보시오. 4. 각자의 경력사항
채팅	게임중독	사례는 게임중독 아이가 채팅상담을 하는 내용이었습니다. 1. 자기소개 2. 사례에 대한 질문 – 추가적으로 실제로 게임중독 아이 상담을 해 본 경험이 있느냐? 3. 인터넷 중독 아이들의 특성
전화	성	남자 청소년이 자위를 너무 많이하는데 하루에 4~5번할 때도 있다고 합니다. 그리고 여자의 속옷을 보면 흥분이 되고 그래서 화장실에 몰래가서 자위를 한 적도 있다고 합니다. 최근에는 친구네 집에 놀러가서 친구의 누나의 속옷을 하나씩 가져오게 되는데 며칠 전 친구가 자신의 누나의 속옷이 자꾸 없어진다는 말을 했다고 합니다. 그래서 이 학생이 고민이라고 전화를 하였습니다. 1. 진짜 상담원처럼 다음에 이어질 내용을 말로 해보라. 2. 부가적으로 성적인 발언을 서슴지 않는 내담자가 노골적인 표현을 하면서 전화를 하면 어떻게 반응할 것인지? 3. 엘리스의 ABCDE를 설명하라. 4. 개입전략을 세워 보아라.
전화	성	위의 사례와 동일 1. 아동상담과 관련된 일을 하고 있습니까? 2. 내담자에게 도움을 줄 수 있는 방법 3가지를 말해보라. 3. 성과 관련된 전화상담에서 주의해야 할 점이 있다면 어떤 것이 있는가?
메일	스킨십/성	고2 남학생이고 친구들은 여자친구가 있어 스킨십 및 성관계를 갖는다는데 본인은 자위행위를 할 뿐, 본인이 한심하다고 생각되며 외롭다고 한 달 뒷면 고 3이 되는데 학업에 집중도 안 되고 운동을 권유받아서 일주일에 4일 정도 운동을 하고 있는 상태이며 대인관계는 원만한 편입니다. 많이 외로운 상태이고 밤이 되면 더욱 더 외로움을 호소하는 사례입니다. 1. 메일 상담에 대해 심층질문 2. 사이버 상담에서 문제해결은 어떻게 할 것인가? 3. 상담목표 설정 4. 이 사례에서 나타난 비합리적 신념은?

메일	스킨십/성	위와 동일한 사례 1. 내담자의 주 호소 문제점은? 2. 메일 상담의 한계점은? 3. 내담자가 상담실을 방문했다고 가정하고 공감을 나타내보세요. 4. 내담자의 장점은? 5. 사례에서 나타난 내담자의 청소년기의 인지적 특징은?
채팅	왕따 문제	초등학교 때 왕따 경험이 있는 고등학교 여학생의 이야기. 친구들과 친하게 지내고 있으나 최근 들어 친구와의 다툼으로 힘들고 매일 밤 울며 또 다시 왕따를 당할까 아주 걱정하고 불안하고 우울해 하는 학생 1. 자기소개 2. 집단상담 프로그램에서 어떤 방법으로 비밀보호를 하며 그것이 왜 필요한가? 3. 사례에서, 어떤 심리검사를 실시해야 할까? 4. 채팅상담의 행정절차에 대해 말해보라. 5. 사례에서 상담목표와 방법에 대해 말해보라. 6. 청소년상담이 일반상담과 다른 점은 무엇인가?
메일	음주 폭력	어버이날 아버지가 술에 취해 집에 들어옴. TV시청을 하던 내담자는 아버지를 보자마자 TV를 끄고 방에 들어가려함. 아버지는 공부는 안하고 TV만 본다고 내담자에게 소리를 지름. 이를 지켜보던 엄마는 남편(내담자의 아버지)한테 들어가서 잠이나 자라고 함. 열 받은 아버지는 전화기를 때려 부수고 난리를 피움. 내담자는 술만 취하면 폭력을 휘두르는 아버지가 싫고 무서움. 아버지가 술에 취해 들어올 땐 내담자와 내담자 엄마는 불안감을 느낌 … 등등 1. 상담활동과 관련해 자기소개를 해 보세요. 2. 만약 남자 고등학생을 상담하던 중, 그 내담자가 "선생님! 사랑해요"라고 말하면 어떻게 반응할 건가요? 3. (사례 관련 질문) 내담자의 강점과 자원을 말해보고, 이를 상담에서 어떻게 활용할 것인가요?
메일	음주 폭력	위와 동일한 사례 1. 일반적인 상담내용은 빼고 어떻게 상담할 것인가? 2. 청소년 상담의 특징에 대해 말하시오. 3. 사례 중 학습이론에 대해 나온 예를 말하시오. 4. 상담의 구조화란?
	인터넷	사례는 인터넷 중독증상을 나타내는 고1 남학생 - 어머니의 메일 상담이었습니다. 1. 어머니가 앞에 있다고 생각하고 공감하여 말해보라. 2. 이 사례에 대해 구조화를 해보라.
	인터넷	사례는 인터넷 중독인 여학생 사례였습니다. 1. 초기 면접시 사례의 개념은? (상담에 대한 이론 부분) 2. 인터넷 중독검사의 기준은? (사례관련) 3. 사례에 대한 공감적 답글과 답글을 통해 내담자가 느낄 수 있는 감정은?(사례 관련)

메일	인터넷	중학교 3학년 여학생의 인터넷상담 사례였는데, 여학생 두 명과 친하지만, 짝을 지을 때면 둘이서만 짝을 짓는 것 같아 소외감을 느낀다고 하였고, 상담자가 싸웠던 적은 없었냐고 질문하니 싸웠던 적도 있었다고, 자신은 남자친구들과 장난치면서 잘 노는데, 두 명의 친구가 너는 남학생들과 더 친한 것 같다. 우리랑 더 친한 게 맞느냐면서 다투었던 적이 있었다고 합니다. 내담자는 자신은 남자친구와 노는 것도 재미있지만, 학교생활을 잘 하려면 여자 친구들과 더 친해야 한다고 생각한다고 하였고, 그 이후 화해를 하긴 했지만 가끔씩 짝을 지을 때면 자신을 빼놓고 둘이서만 짝을 짓는 것 같아 소외감을 느낀다는 상담사례였습니다. 1. 내담자를 MMPI로 검사했을 때 어떤 반응이 나올 것 같습니까? 2. 따돌림을 당하는 아이들을 집단상담프로그램으로 진행하려고 할 때, 6회로 진행하려 한다면 어떤 프로그램을 진행할 것인가?
	인터넷	중1 여학생. 컴퓨터 앞에만 앉으면 쓸데없는 연예인 기사라든지 인터넷을 돌아다니며 시간을 너무 많이 허비한다는 것에 대한 죄책감과 우울감 등을 호소하는 글이었습니다. 학원숙제를 컴퓨터로 해야 하기 때문에 컴퓨터를 아예 안 켤 수도 없고 컴퓨터 앞에만 앉으면 인터넷을 하느라 공부할 시간도 다 놓쳐버리고 잘 시간이 되서야 후회를 하며 자책한다는 내용이었어요. 컴퓨터를 거실에 가져다 두기엔 집의 구조가 마땅치 않고, 인터넷을 끊어보겠다고 컴퓨터 앞에 한 번만 더 하면 죽여 버리겠다는 등 자극적인 말들도 써 붙여 봤지만 끊기가 힘든데 어떻게 하면 좋겠냐는 사례. 1. 지금하고 있는 일을 중심으로 짧게 자기소개 해주세요. 2. 먼저 사례에서 내담자의 강점이 무엇인가? 3. 이 내담자를 상담한다면 어떻게 하겠는가? 4. 인터넷중독을 진단하는 기준이 무엇이며, 그러한 기준으로 보았을 때 이 내담자는 중독인가 아닌가?
	인터넷 중독	위와 같은 사례 1. 자기소개를 자신의 성장과정과 연결해서 소개하시오. 2. 인터넷 중독사례 – 상담의 초점을 어디에 두고 상담을 할것인가? 3. 인터넷 상담의 장단점을 설명하시오.
	자살	자살관련 사례 1. 자기소개 2. 선호하는 이론에 근거하여 사례를 개념화하라. 3. 내담자가 정말 자살하려고 한다면 어떻게 할 것인가? 4. 학생이 앞에 있다고 생각해 보고 어떻게 말할건지 직접 이야기해보라.
	자살	자살에 관한 청소년의 메일상담이었는데 잘하는 것도 없고, 이쁘지도 않고, 집도 가난하고… 긍정적인 생각을 하고 싶은데..잘 안 돼요. 며칠 전부터 아무것도 아닌 것에 눈물이 나요..힘들다고 친구들에게 이야기하고 싶은데..죽고 싶어요.. 1. 자기소개 2. 온라인상담의 좋은점과 한계점 3. 자살에 관해서 비밀보장 예외의 원칙의 적용기준(내담자의 동의) 4. 사례에 나오는 학생을 만약에 집단상담에 적용한다면 어떤 치료적 효과를 내담자가 얻을 수 있는지? 5. 상담자라면 어떤 프로그램을 적용할 것인지? 6. 사례에 나오는 학생들을 위한 프로그램이 어떤 것인지 구체적으로 설명하라.

메일	자살	위와 같은 사례 1. 사례 중심으로 어떻게 상담할 것인가? 2. 직접 메일을 작성해서 말로 해보라. 3. 자살위기 상담을 어떻게 진행해야 할지 어떤 기법을 적용해야 할 것인가?
	자살	위와 같은 사례 1. 자기소개 2. 사례보셨죠? 이 사례 어떻게 보십니까? 3. 그럼 전에 이쪽 일 경험은 전혀 없으신 건가요? 4. 그럼 앞으로 이쪽 일 계속하실 계획인 건가요?
	자살	자살사례 1. 어떤 상담기법으로 상담하겠느냐? 2. 위기상황에서 상담자로서 무엇을 먼저 하겠느냐? 3. 청소년 상담할 때 즐겨하는 상담기법에 대해 이야기해보라.
	자살	우울과 자살에 관한 사례 1. 일반상담과 청소년상담의 다른 점은? 2. MMPI 임상척도 질문 3. 사례에 맞는 상담도구를 물어봄
	자살	가출한 친구와 같이 있다가 다음 날 학교도 가지 않고 엄마에게 전화했는데 엄마는 화가 나셔서 죽이겠다고 하신다. 그 이유로 집에 가기 겁나고 학교에 가도 아이들이 때리고 공부도 못하고 죽고 싶다는 생각을 5번 정도 했고 우울증도 있다는 사례 1. 지금하는 일은 무엇인가요? 2. 상담사례에 대해 어떻게 이끌어가며 상담을 진행하겠습니까? 3. 저항 청소년이 왔을 때 상담을 어떻게 할 것인가?
전화	학교 부적응	오늘 교실에서 친구를 때렸다고 선생님께 혼남. 막상 화가 나서 때리고 나니 상대친구에게 미안한 생각이 들었다. 나를 무시하거나 할 땐 감정이 안 좋아서 때리는데, 때리고 나서 후회스럽다는 내용으로 학생과 상담자의 대화내용입니다. 1. 상담내용의 일부분은 상담자가 되어서 말해보라. 2. 대답한 내용이 상담기법 중 어디에 해당하느냐? 3. 내담자의 심리는 어떠한 상태인가? 4. 사례와 관련하여 집단상담을 한다면 어떤 프로그램을 적용할 것인가? 5. 어떤 이론을 적용할 것인가? 6. 사례의 목표를 설정한다면? 7. 비밀보장의 예외에 대해서 설명해보라.

전화	학교 부적응	연예인이 되서 빨리 사회생활을 하고 싶어 하는 고등학생의 전화상담이었습니다. 학교수업도 지루하고 못 알아듣겠고 자신은 연예인이 될 거라서 학교공부가 도움이 되지 않고 연예인 될 준비를 해야 되는데 마음이 답답하고 조급하고 학교규칙도 엄하고 머리도 못 기르게 한다면서 2년 만에 졸업하는 실업계 고등학교로 전학가고 싶은데 할아버지는 허락하셨는데 삼촌과 고모가 반대하시는 상황이라고 합니다. 내담자 부모님은 안계시고 할아버지, 할머니, 삼촌과 함께 산다고 합니다. 하루라도 빨리 사회생활을 시작하는 게 좋지 않을까요…라는 고민이었습니다. 1. 자기소개 2. 이 내담자의 핵심문제는 무엇인지 말해보세요. 3. 전화상담인데, 내담자의 말로 끝나는데 다음에 이어서 상담자라면 무엇이라고 말할 것인지, 실제상담이라고 생각하고 말해보세요. 4. 아이의 문제로 상담하러 오는 부모는 수치심을 느끼는게 대부분인데 이런 부모에게 어떻게 공감해 줄 것인지 말해보세요.
	학교 부적응	위와 같은 사례 1. 자기소개 2. 요즘 청소년들이 위기를 접하는데 그 이유를 무엇이라고 생각하는지? 3. 사례를 보고 본인이 생각하기에 문제점이 무엇이라고 생각하는지? 4. (사례의 마지막 내용) 다음에 어떻게 상담을 할 것인지?
	학교 부적응	위와 같은 사례 1. 청소년상담사가 되려고 하는 이유는? 2. 전화상담의 단점은? 3. 음란전화 응대에 대한 대처는?
	학업 문제	시험을 보기 전에 항상 불안함과 우울증을 호소하는 여학생.. 현재 중3이고 다른 친구들도 열심히 하고 있기 때문에 지금 성적을 유지 못할까봐 불안해함. 시험보기 한 달 전부터 잠을 못자고 밥도 먹지 못함. 부모님은 별 말씀안하지만 기대하고 있는 것 같다고 생각함. 자기를 도와달라는 사례 1. 청소년상담사가 하는 일은? 2. 사례에서 비합리적 사고를 찾으면? 3. 청소년들의 특징을 이야기하고, 청소년 상담과 성인상담의 차이점은? 4. 상담을 진행하기 위해 더 알아야 할 것은?
메일	학업 문제	위와 같은 사례 1. 주 호소 문제와 왜 여학생이 불안해하는지? 2. 공감의 반응을 해 보아라. 3. 전공은 무엇인가? 4. HTP검사와 REBT에 대해 설명하라.
전화	왕따 문제	여자 아이들 사례였고, 친구들 사이에서 소외감을 느끼는 사례 1. 청소년상담사가 되려는 이유? 2. 상담 기술 중 명료화와 자기 노출에 대해서 말해보고 예를 들어라. 3. 청소년 발달이론에 대해서 말해보세요. 4. 위와 같은 사례를 가지고 온 학생을 어떻게 상담할 것인가?

기타	• 경력을 물어보더니 가족상담을 어떻게 하느냐? • 개인상담과 집단상담의 차이점은? • 청소년상담시 고려해야 할 것 • 집단상담이란? • 청소년상담사의 목적, 자질, 역할 및 신뢰기법 • 청소년상담사 자격증에 관련하여 • 청소년상담에 있어 중요한 기법들 • 수험생이 청소년상담사 자질이 있는지 취득 후에 어떻게 활용할 것인지? • 성관련, 혼전임신, 비행 등 청소년문제에 대한 상담기법 • 유익한 청소년상담 프로그램은? • 청소년상담사가 지원동기, 진로 등 • 각종 상담이론과 기술

CHAPTER 03 학습자의 주요 질문과 답변(Q&A)[1]

01 위기상담은 자살이나 당장 위협이 될 수 있는 주제에 대해서 이야기를 하지 않는 것으로 알고 있습니다. 하지만 [면접가이드]에서의 경우 직접적, 구체적으로 '자살', '죽음' 등에 대해서 질문을 하고 초점 또한 자살동기에 맞추어야 한다고 합니다. 어떤 것이 맞는 것인지 알고 싶고, 또 위기상담에 대해서 좀 더 자세히 알고 싶습니다.

답변
자살(위기)의 문제 내담자가 어떠한 상황인지를 평가하는 것이 중요하므로 자살 준비에 대해서도 구체적, 직접적으로 질문하며 대화의 초점은 자살동기에 맞추어지는 것이 좋습니다.
1) 자살에 대한 위험 평가는 차분하고 직접적으로 한다.
2) '자살', '죽음'이란 단어를 직접 사용하며 자살 준비에 대해서도 구체적, 직접적으로 질문한다.
3) 대화의 초점은 자살동기에 맞추어져야 하며 내담자의 자살 성공을 의심하거나 내담자의 신념을 직접적으로 부정하거나 비난하는 것은 안 된다.

02 학교따돌림 척도와 자기존중감 척도를 이용한 심리검사라 함은 어떠한 검사 안에 이 두 가지의 척도가 있는 것을 말하는 것인지, 아니면 이 두 척도가 따로 들어가 있는 심리검사를 말하는 것인지요?

답변
이는 별도의 심리검사 척도를 말합니다. 따라서 별개의 심리검사를 해 보는 것을 말합니다.

03 1388 청소년 지원단과 청소년동반자의 차이점

답변
1388 청소년지원단은 청소년을 지원하는 민간단체 및 개인들의 자발적인 참여기구입니다. 그리고 청소년 동반자는 청소년을 지원하는 정서적 지지자입니다.

---

[1] 많은 수험생들이 하셨던 질문에 대해 답변을 정리하였습니다. 학습에 도움이 되시길 바랍니다.

04 인터넷 중독자의 특성은?

답변

인터넷 중독을 측정하는 기준은 조절능력의 상실, 내성에 따른 지속적 증가, 금단증상, 강박적 집착 또는 의존의 4가지 증후를 통해서 이루어집니다. 인터넷 중독자의 사회·심리적 특성으로는 우울성, 자존감, 외로움, 충동성, 공격성, 자기효능감, 자기통제력 등이 낮습니다. 그리고 정서적, 신체적, 가족관계, 대인관계, 학업적 측면에 영향을 줍니다.

05 청소년상담사가 되어 집단상담프로그램을 운영한다면 어떤 집단상담을 운영할 것인가?

- 이 질문에는 성장집단, 자조집단, 지지집단 같은 것을 말하는 것인가?
- 아니면 다른 집단상담의 종류가 있는 것인지, 아니면 게슈탈트 집단상담, 행동주의 집단상담 이런 것을 말하는 것인지?

답변

집단상담프로그램을 운영한다면 어떤 집단상담을 운영할 것인지는 이론이 아닌 프로그램의 명칭을 말합니다. 예를 들어 자존감 향상 프로그램이나, 창의성 증진 프로그램, 인터넷 중독예방 프로그램 등을 말합니다.

06 청소년상담사의 면접 시에 청소년상담사 [면접가이드]에서 궁금한 점이 있습니다. 사례가 주어지는데 매년 비슷한 유형이 나오는 것인지, 아니면 2016년에 나온 면접 유형만을 다룬 것인지 궁금합니다.

답변

문의하신 청소년상담사 [면접가이드]에서 다룬 사례는 2016년뿐만 아니라 과년도 면접시험에서 출제되었던 사례 중에서 공통되는 사례를 제외하고 대표성 있는 사례를 중심으로 구성되었습니다. 그리고 사례 공부 시에는 최근 이슈가 되는 시사적인 문제가 면접시험에 출제될 가능성이 있기 때문에 최근 이슈가 되는 청소년문제가 어떤 것이 있는지도 신경 써서 공부하시기 바랍니다.

07 〈전공지식〉 부분에서 청소년상담사의 급수별 역할에 관한 질문인데요. 2급이 기간 인력이라고 하는데, 기간인력은 무슨 뜻인가요?

> **답변**
> - 1급 : 지도인력(청소년상담을 주도하는 전문가)
> - 2급 : 기간인력(청소년 정신을 육성하는 청소년 상담사)
> - 3급 : 실행인력(유능한 청소년 상담사)
> ※ 기간인력에서 기간은 한자어이며, 2급의 기간은 [基幹]으로서 어떤 조직이나 체계를 이룬 것 가운데 중심이 된다는 뜻입니다. 청소년상담의 전반적 업무수행과 청소년의 각 문제영역에 대한 전문적 개입 등을 하는 인력입니다.

08 상담을 받은 여학생이 계부에게 성폭력을 당하고 있으며, 어머니는 모르고 있다고 할 때 상담자가 어떻게 해야 할까요? 어떤 순서로 내담자에게 행동을 취해야 하는지 궁금한데요….

> **답변**
> 상담을 받은 여학생이 계부에게 성폭력을 당하고 있으며, 어머니는 모르고 있다면 당연히 어머니나 상담사의 상급자분이 알 수 있도록 알려야 합니다. 성폭력은 범죄행위입니다. 비밀보장의 제한 사유에 해당하므로 청소년의 인권보호 차원에서 이를 알려 문제가 해결(계부의 처벌, 여학생의 정신건강치료 등)될 수 있도록 해야 합니다.

09 메일상담일 경우에 어떻게 상담을 지속할 수 있을까요? 상담을 요청했던 내담자가 상담을 일방적으로 끊을 수도 있을 텐데요…. 이럴 땐 어떻게 상담을 지속할 수 있을까요?

> **답변**
> 메일상담의 경우 지속성을 위해서는 지속적인 관심을 보이는 것이 좋습니다. 쪽지나 메일을 보내서 내담자의 문제 호전정도를 확인하는 것이 지속성을 위해 중요할 듯합니다.

10 전화상담일 경우에 방문상담으로 유도하는 특별한 방법이 있을까요?

답변
전화상담인 경우 전화상담의 한계에 대해서 이야기를 해주는 것이 필요할 것입니다. 효율적인 문제 해결을 위해서는 방문상담을 권유하면서 내담자가 걱정하는 비밀보장에 대해서는 약속하는 것이 좋습니다. 그리고 방문상담할 경우 어떻게 상담을 진행할지 등에 대한 안내를 해 주는 것도 중요합니다.

11 성폭력 피해자를 상담하는 상담자로서 상담하는 방법은?

▶ 방금 성폭행 당했다고 하는 사람과는 상담이 달라야 하지 않을까요? 방금 성폭행을 당한 사람은 신변안전을 확인하고 증거를 보존할 수 있도록 주의사항을 알려준 후 정신적, 심리적 안정을 찾도록 돕고 가족에게 연락해서 도움을 청해야 한다고 알고 있는데, 그럼 경찰이나 병원연계 등은 언제 해야 할까요? 문제의 질문처럼 성폭력 피해자를 상담할 때는 어떻게 해야 할까요?

답변
전화상담의 경우 방금 성폭행을 당한 사람은 신변안전을 확인하고 증거를 보존할 수 있도록 주의사항을 알려준 후 안정을 찾도록 돕고 가족에게 연락해서 도움을 청해야 합니다. 경찰이나 병원 등과의 연계는 그 이후에 하는 것입니다.

12 집단상담 중 우는 구성원은 어떻게 대처해야 할까요?

답변
우는 집단구성원은 무슨 이유로 그러한지를 탐색할 필요가 있으며 때에 따라서는 개인상담을 별도로 하는 것도 요구됩니다.

13 인터넷 중독 학생이 인터넷을 그만하고 싶지만, 행동은 계속 인터넷을 끊을 수 없다고 하는 사례입니다.

1 이 사례에서 어떤 이론으로 상담해야 할까요?

▶ 저 행동주의 이론을 쓴다면 어떤 기법이 적당할까요?

▶ 인간중심이론을 쓴다면 학생이 중독에서 벗어날 수 있는 능력이 있고 그렇게 할 수 있다는 믿음을 주고 확신을 주는 것이 맞는 것인지요?

2 내담자에게 인터넷 진단검사 말고 어떤 검사를 할 수 있을까요?

> **답변**
> 1. 행동적 기법을 사용한다면 부적응행동이니 이를 줄이기 위해 포화 또는 부적 연습법을 사용할 수 있을 것입니다. 인간중심이론의 경우는 내담자에게 극복능력이 있고 그렇게 할 수 있다는 확신을 심어주는 것이 좋습니다.
> 2. 인터넷 중독테스트를 할 수 있을 것입니다. 인터넷 중독의 정도를 판단하여야 하므로 인터넷 중독테스트를 활용하는 것입니다.

14 일상생활에 장애가 있을 정도로 게임에 빠져 있습니다. 자기 테스트와 몇 가지 검사를 실시해 보고 해석 후 상담을 진행하는 것이 좋다고 나와 있는데 여기서 자기 테스트와 심리검사는 무엇이며 어떠한 것들(종류)이 있는지 궁금합니다. 그리고 자기 테스트의 개념이 궁금합니다.

> **답변**
> [면접가이드] 부록에 있는 척도를 이용하여 검사할 수 있습니다(상세 내용은 부록 참고). 그리고 자기 테스트용(체크리스트) 검사지가 기관에 있다면 그것을 통해 알아 볼 수 있을 것입니다. 대개 기관에 처음 방문하면 간단한 체크리스트용 질문지가 있습니다. 그리고 일상생활에 장애가 있다고 하였으니 이것도 어느 정도인지 일상생활 수행척도 등의 질문지를 활용해 볼 수 있을 것입니다.

15 [면접가이드] 사례에서 진로문제에 대한 전화상담에서 청소년이 연예인이 되고 싶은 사례인데, 상담자로서 어떻게 접근할 것인가? 의 문제에서 모범답변을 보면, '주위에 멘토 역할을 하고 있는 많은 분들과도 상담을 해 볼 필요가 있을 것입니다.'라고 하셨는데, 학생과의 전화상담에서 주위 분들과의 통화가 가능할까요?

> **답변**
> 주위의 멘토가 될 수 있을만한 분들과 청소년이 대화를 해 볼 수 있도록 상담자가 청소년에게 권유하는 것입니다. 상담자는 전화상담의 한계로 멘토가 될 수 있을만한 분들과 상담을 하는 것이 쉽지는 않을 것이기 때문입니다.

16 상담사가 일반적으로 상담을 할 때 고민이 있는 내담자에게 고민을 듣고, '걱정하지 마라. 다 잘 될 거다. 힘내라. 이런 문제는 그다지 큰 문제가 아니다. 별거 아니다.' 라는 식의 말을 하면서 내담자를 안심시키고 위로하는 상담이 옳은 것인가요?

> **답변**
> 때에 따라서는 도움이 될 수도 있고 그렇지 않을 때도 있습니다. 만약에 '걱정하지 마라. 다 잘 될 거다.'라고 말한 내용이 일반적(현실적)인 부분의 답변이었다면 힘이 되지만, 비현실적인 것이라면 이는 바람직하지 않는 상담자의 반응이 됩니다.

17 분노를 참지 못하고 폭력을 휘두르는 중학교 2학년 남학생의 전화상담에서 상담목표를 어떻게 세울 것인가?

> **답변**
> 행동수정 전략을 목표로 상담을 진행하되, 전화상담보다는 직접 대변상담을 권유하는 것이 좋을 것입니다.

18 상담실로 들어가 내담자가 벽을 치고 소리를 지르며 난동을 부리는 상황에서 밖에 있는 상담자인 당신은 어떻게 대처할 것인가?

답변
상담실에서 내담자가 난동을 부린다면 동료들과 상의하여 이를 해결하는 노력을 하며 최대한 진정시키기 위해 힘쓸 수 있겠습니다. 그것이 어렵다면 상담진행이 어려움을 내담자에게 말하는 것이 좋습니다.

19 내담자가 상담사의 지갑에서 돈을 훔쳤다면 어떻게 할 것인가?

답변
이는 청소년내담자의 경우 우선 범죄행위임을 내담자에게 알려야 할 것입니다. 그리고 상급자와 상의하여 청소년내담자의 도벽성향의 정도를 측정하여 이를 해결하기 위한 상담을 진행하면 될 것입니다.

20 청소년만의 문화 중 한 가지를 설명하고, 그에 따라 적용하고 싶은 프로그램에 대해 말해보라고 한다면?

답변
여가 문화 쪽으로 방향을 잡아 청소년이 여가를 잘 보낼 수 있는 아이디어를 브레인스토밍을 통해 제안을 반영하여 프로그램을 정하면 됩니다. 동아리활동이나, 자원봉사활동 프로그램을 진행하는 것이 좋을 것입니다.

21 친구들이 무시한다고 생각하고 욱하여 폭행하는 중2 남학생의 사례에 어떤 상담이론과 기법을 적용하면 좋을까요?

> **답변**
> 인지행동치료가 사용될 수 있습니다. 잘못된 생각일 수 있음을 전제로 했을 경우 사고와 행동, 정서를 변화시킬 필요가 있습니다.

22 청소년쉼터에 있는 가정 밖 청소년을 집(부모)에 연락해서 데리고 가라고 했는데, 그 아이는 계속 나갈 아이이니 안 데리고 가겠다고 하면 어떻게 대처해야 하는지요?

> **답변**
> 부모의 인식을 바꿀 필요가 있을 것입니다. 함께 부모 - 자녀 상담을 통해 문제를 해결하는 것이 바람직합니다.

23 고2 남학생의 사례에서 친구들은 여자 친구가 있어 스킨십 및 성관계를 갖는다는데 본인은 자위행위를 할 뿐, 본인이 한심하다고 생각되며 외롭다. 이 사례에서 나타난 내담자의 청소년기의 인지적 특징은?

> **답변**
> 고등학교 2학년 학생으로서 여자 친구가 있을 수도 있고 없을 수도 있음을 인지시킬 필요가 있습니다. 본인을 이와 같은 이유로 한심한 존재라고 생각하는 자체가 비합리적 신념입니다.

24 [사례] 친구들과 잘 지내다가도 무시당하는 느낌이 들면 폭력을 행하여 학교에서 아버지를 불러오라고 했는데 무서워한다.

▶ 어떤 이론을 적용할 것인지 또는 선호하는 모델과 연결시켜 말해보라.

답변
이론은 인지행동이론입니다. 무시당하는 느낌은 비합리적인 신념일 수 있으며 폭력적인 행동도 수정하여야 합니다. 따라서 인지행동치료를 적용할 수 있을 것입니다. 선호하는 것도 이를 적용하는 것이 좋을 것입니다.

25 [사례] 고2 남학생이 친구들은 여자 친구가 있는데 자신은 자위만 하고 있어 한심하고 외롭다. 운동을 권유받아서 일주일에 4일 정도 운동하고 있는 상태이며 대인 관계는 원만함.

▶ 사례에서 나타난 내담자의 청소년기의 인지적 특성은?

답변
한심하고 외롭다는 생각이 비합리적인 신념입니다. 따라서 이를 수정할 필요가 있을 것입니다. 23번과 같은 맥락에서 생각해보면 됩니다.

26 채팅상담의 행정절차에 대해 말해보라.

답변
채팅상담은 인터넷으로 이루어지는 것입니다. 상담의 일반적 과정에 맞추어 설명하면 다음과 같습니다. 우선 접수와 상담의 적격성 여부 판단 - 상담 요청자에 대한 사정(질문내용에 따른 정보수집) - 상담의 진행 - 평가 및 종결의 순서가 될 것입니다.

27 [사례] 아버지가 술에 취해 들어오면 나는 방으로 들어감. 아버지는 내담자에게 공부 안한다고 소리 지르고 엄마는 잠이나 자라고 함. 열 받은 아버지가 폭력을 휘두름. 아버지가 술에 취해 들어오면 내담자와 내담자 엄마는 불안감을 느낌. 사례 중 학습이론에 대해 나온 예를 말해보라.

> **답변**
> 아버지가 술에 취해 들어오면 나는 방으로 들어가는 것에서 반응행동의 회피가 있습니다. 아버지가 술에 취해 들어오면(자극) 내담자와 내담자 엄마는 불안감을 느낌(반응) 의 내용에서 고전적 조건화가 있습니다.

28 [사례] 인터넷 중독 증상을 나타내는 남학생과 어머니의 메일상담.

▶ 이 사례에 대해 구조화한다면?

> **답변**
> - 비밀보장의 원칙과 비밀보장의 한계를 말해준다.
> - 상담시간과 상담의 빈도, 그리고 총 상담횟수에 대해 이야기한다.
> - 상담 장소를 정한다.
> - 연락방법에 대해 이야기한다.
> - 내담자가 기대하는 것에 대해 탐색한다.
> - 상담자의 역할과 내담자의 역할에 대해 설명한다.

29 가족상담을 어떻게 진행하는 것이 좋은가?

> **답변**
> 가족은 체계적인 개입이 중요하므로 모든 가족구성원이 나온 상태에서 상담을 하는 것이 가장 바람직합니다. 그리고 개인상담이 필요함을 상담자가 인식하였을 때는 별도로 개인상담을 진행하는 유연성도 필요합니다.

30. 내담자가 상담자의 핸드폰 번호를 알려달라고 할 경우 어떻게 할 것인가?

답변
응급상황의 청소년내담자가 아니면 가르쳐 줄 의무는 없습니다.

31. 상담 중에 계속되는 다른 문제점들을 제기할 때 상담자로서 어떻게 대응할 것인가?

답변
다른 문제보다 현재 개입하고 있는 문제에 집중하는 것이 좋겠다고 이야기하는 것이 바람직합니다.

32. 상담이론이나 기법을 적용할 수 없거나 적용하기 힘든 경우의 내담자가 있다면 어떻게 상담을 진행할 것인가?

답변
우선 상급자와 논의하는 것이 필요하며, 적용하기 힘들면 다른 전문가에 의뢰하는 것이 좋습니다.

33. 약속을 하지 않고 찾아온 내담자에게 어떻게 대처할 것인가?

답변
약속을 하지 않았으니 상담이 어려울 수 있음을 알리고, 추후 상담 약속시간을 잡는 것이 좋습니다.

34 초등학생 집단상담 시, 욕하고 싸우고 있다면 어떻게 할 것인가?

답변

욕하고 싸운다면 상담 진행이 어려울 것입니다. 집단상담 회기인 경우 집단상담에서 싸운 아이들을 제외하고 진행하는 것이 바람직합니다.

35 쉼터에 가기를 거부하는 청소년, 그런데 숙식을 요구한다면 어떻게 대처할 것인가?

답변

개별적으로 숙식을 제공하는 것은 어려운 일입니다. 쉼터 입소를 지속적으로 권유하는 것이 좋습니다.

36 비합리적 신념을 논박하는 방법은 무엇인지?

답변

논박하는 방법은 논리성, 현실성, 파급효과, 융통성, 실용성을 고려하여 내담자의 비합리적 신념에 대해 논박하는 것입니다.

37 부모님이 안 계시는 내담자를 상담할 때 신경 써야 할 점이 있다면?

답변

부모님이 안 계시는 청소년 내담자는 상처받은 마음들이 있는지 잘 살피고, 여기에 대한 공감을 표현하여 라포를 형성하는 것입니다.

38. 상담시간을 초과해서 말하는 내담자인 경우, 어떻게 종결할 것인지?

답변
상담시간은 융통성 있게 진행할 수 있겠지만, 많은 시간을 초과한 사례라면 상담자가 적절한 때에 요약을 하고 나머지는 다음 상담회기에서 이야기를 하자고 권유하고 종결하는 것이 좋습니다.

39. 청소년 내담자가 개인적인 전화번호를 물어본다면 어떻게 할 것인지?

답변
전화번호를 물어보는 의미가 무엇인지 우선 파악을 해 보는 것이 좋습니다. 일반적으로 알려주지 않습니다. 30번과 같이 응급적 상황이 아니면 가르쳐 줄 의무는 없습니다.

40. 밖에서 내담자가 상담받길 원한다면 어떻게 할 것인가?

답변
다른 장소에서 상담받길 원한다면 그 이유를 물어보고 합당하다면 상급자와 논의한 후 다른 장소에서 상담이 이루어질 수도 있을 것입니다.

41. 다문화가정 자녀들을 대상으로 집단상담을 한다면 어떤 프로그램을 진행할 것인가?

답변
다문화가정의 자녀의 경우 집단으로 진행할 때 사회기술훈련프로그램이 필요할 것입니다. 사회기술훈련은 대인관계적인 측면에서 다문화가정이 아닌 일반가정 자녀와의 사회적 관계를 잘 형성할 수 있도록 돕는 것입니다.

42. 청소년 프로그램을 개발해야 한다면 어떤 것을 해 보겠는가?

답변
청소년프로그램의 개발은 청소년 자신의 인성과 관련된 프로그램을 개발하고 싶습니다. 학교폭력의 이슈도 있으니 청소년 심성계발 프로그램도 좋을 것입니다.

43. 부모가 상담을 받으러 온 자식을 수치스럽고 부끄럽게 생각한다면 부모에게 어떤 말을 해 줄 수 있는가?

답변
상담자는 부모에게 아이의 강점을 같이 찾아 볼 것을 권유하고, 자녀가 강점을 소유하고 있음을 알려주고 자녀를 긍정적으로 바라보는 시선이 무엇보다 중요함을 알립니다.

44. 내담자가 상담효과에 대해 만족하지 못하면 어떻게 할 것인가?

답변
호소 문제를 탐색하며 상담목표와 전략을 평가해보고, 내담자와 함께 수정 해보며 더 진행하도록 하겠습니다. 그리고 문제 해결에 효과가 없을 경우 다른 상담자에게 사례를 의뢰하거나 슈퍼비전을 받는 것이 좋을 것입니다.

45. 상담에서 저항하는 청소년이 갑자기 폭력을 휘두른다면 어떻게 할 것인가?

답변
내담자가 흥분이 가라앉을 동안 상담자는 침착함을 잃지 않는 것이 가장 중요하며, 내담자의 이야기를 계속해서 경청하고 있다는 비언어적 표현을 하는 것이 좋습니다. 흥분이 가라앉았다면 폭력을 휘둘렀을 때의 감정에 대해서 이야기를 해보고 만약 무의식적으로 폭력을 휘둘렀다면 전문의의 도움을 요청하여 심리치료를 받는 것이 좋습니다.

46. '청소년은 미래의 존재가 아니라, 현재의 존재다'라고 보는 관점이 있는데 이것은 무엇을 말하는가?

답변
청소년은 자기정체성을 확립하는 것이 중요합니다. 미래에 무엇이 되기 위한 존재가 아닌, 지금 그 자체로 의미 있고 가치 있는 존재라는 의미에서, 자아정체감 형성과정에 있는 청소년기는 현재 그 자체로 의미가 있다는 것입니다.

47. 상담을 하게 되면 항상 좋은 결과만 있는 것은 아니다. 상담이 막힐 때마다 스트레스를 받게 될 텐데 이런 스트레스를 해소할 방법이 있는가?

답변
이는 개인적인 스트레스 해소방안을 묻는 질문입니다. 개별적으로 준비하면 됩니다.
상담자는 항상 정서적, 감정적인 소진에 대해서 대비해야 하며, 꾸준한 자아성찰과 지식을 함양하는 것이 좋다고 생각합니다. 개인적으로 스트레스는 음악을 듣거나, 운동을 통해 해소하고 있습니다.

48. 요즘 청소년들이 가져야 할 가치관들은?

답변
요즘 청소년들은 입시 위주의 학업에 많은 중점을 두고 교육을 받고 있습니다. 이처럼 입시 위주의 학업이 강조되다 보니, 체육이나 도덕(윤리)의 경우는 등한시 되는 경우가 많습니다. 이로 인하여 청소년들에게 학교폭력이나 왕따 등 여러 가지 인성적인 면에서 문제가 많이 발생한다고 생각합니다. 이러한 문제들을 해결하기 위해 도덕성과 단체 활동을 통한 협동과 관련된 가치관을 함양하는 것이 좋다고 생각합니다.

49. 청소년의 여가는 필요한 것인지?

답변
필요하다고 생각합니다. 여가는 틀에 박힌 생활에서 잠시 탈출하는 해방감을 충족시켜주며, 적극적인 활동을 조장하여 심리적 안정감, 인간관계 개선 등의 효과가 있는 것으로 알고 있습니다.

50 게임중독 아이의 부모를 상담할 때 주의점이 있다면?

답변

자녀가 게임중독이라는 것을 알고 기분이 나쁜 상태일 것 같습니다. 이러한 문제의 학생 부모는 상담자에게 의지하거나 대안을 요구하는 경우가 많을 것입니다. 상담자는 게임중독 된 학생의 부모님을 만나서 상담을 할 경우 더 많은 준비가 요구됩니다. 예를 들어 부모와 공감할 수 있는 내용이나 학생의 장점, 학생의 잠재력을 개발할 수 있는 프로그램을 알려주면서 자녀의 안 좋은 면 때문에 생긴 걱정과 불안을 줄여줄 수 있을 것입니다.

51 내담자는 조손가정의 고등학생이며, 연예인을 지망하기 위해 인문계고등학교에서 실업계로의 전학을 원하는 사례로, 도움이 될 수 있는 집단프로그램과 그 이유는? 그리고 상담이론을 적용한다면 어떤 이론을 적용할 수 있는가?

답변

진로방향을 탐색할 수 있는 집단프로그램이 좋을 것입니다. 진로향상 집단프로그램 등을 생각할 수 있는데, 이는 진로에 대한 문제로 갈등하고 있기 때문입니다. 이 사례를 상담이론으로 적용한다면 진로상담이론 중 특성요인 상담이론도 좋을 것입니다. 이는 내담자의 적성과 직업적인 정보를 매칭해 줄 수 있는 상담이론입니다.

52 청소년상담과 성인상담의 차이는?

답변

대상, 목표, 그리고 방법적인 측면에서 차이가 있습니다. 청소년상담 위주로 정리하면 다음과 같습니다.
1) 청소년과 그 관련인들이 대상입니다.
2) 청소년의 건전한 발달과 성장을 위한 상담목표들이 있습니다. 또한 위기청소년들을 위한 지원의 하나로 상담을 하게 됩니다.
3) 개인상담뿐만 아니라, 집단상담, 매체상담 등 보다 다양한 방법으로 이루어지는 것이 청소년상담입니다.

53 메일상담의 경우 지속하는 방법은?

답변
메일상담을 지속하기 위해서는 관심과 피드백이 중요합니다. 대면상담보다는 집중적인 떨어질 수 있으니, 지속적인 관심과 피드백을 한다면 지속성을 유지할 수 있을 것입니다.

54 청소년상담의 전달체계는 무엇이 있는가?

답변
청소년 상담의 전달체계는 다양합니다. 청소년상담사 [면접가이드]에 있는 내용에서 청소년 안전망의 부분을 보시면 이와 관련된 기관들이 많습니다. 이 기관들이 전달체계에 해당합니다.

55 위기 청소년상담과 일반 청소년상담의 차이는 무엇인가?

답변
위기상담은 위기상황에 있는 내담자에게 시급하게 해결해야 할 문제에 집중하여 그 위기를 벗어날 수 있도록 하는 것에 초점을 둡니다. 또한 청소년 안전망의 연계체계를 활용하여 지역사회 통합지원체계로 접근하는 것도 중요합니다. 이러한 부분이 일반 청소년상담과 다른 부분입니다.

56 학교폭력을 당한 학생의 법률지원은 어떻게 할 수 있는지?

답변
법률지원은 안내차원에서 가능할 것입니다. 「학교폭력예방 및 대책에 관한 법률」을 숙지하고 법률구조공단에 연락하여 법률적인 지원을 받을 수 있도록 안내할 수 있습니다.

57. 내담자가 상담자에게 전이 감정을 느낄 때, 어떻게 하는 것이 좋은지?

답변
내담자의 전이감정이 나타나면 이에 대한 민감성을 가지고 내담자의 무의식영역에 무엇이 정신적·외상적인 원인인지를 이해하는 것이 중요합니다.

58. 면접강의 '청소년관련 정책 및 전달체계' 강의 듣다 말고 문의 합니다. 2급, 3급 공통강의인 까닭인지 많이 어렵고 이런 것 까지 자세히 알아야 하는지.. 2급, 3급을 나누어 강의 해주셨으면 하는 바람이 생기기도 합니다. 뚜렷이 구분 지을 수 없다는 것도 이해는 하지만.. 3급 면접에서 잘 모르는 2급 질문에 서툰 답을 하려다 감점이 된다는 이야기를 들은 것 같기도 한데.. 아직 강의를 다 듣지 못해 교수님의 꼼꼼한 팁을 듣지 않고 섣부른 질문 드리는 것인지 모르지만... 3급은 어디까지는 알아야하는지 좀 더 집중적으로 공부해야 할 부분은 어딘지 알려 주셨으면 합니다. 필기시험에서 교수님의 교수법을 그대로 공부한 것이 아직 발표는 나지 않았지만, 합격의 비법이었기에 녹슨 머리에 반복학습만이 방법이라 일찍 서둘러 듣는데... 너무 어렵습니다. 이해는 하지만 키포인트 단어들이 내 기억장치에서 입을 통해 나올 수 있을지... 걱정입니다. 교수님의 좋은 강의 감사합니다.

답변
면접가이드는 2급에도, 3급에도 출제될 수 있는 내용입니다. 깊이는 2급이 훨씬 깊습니다. 정책이나 전달체계는 꼭 물어보는 것입니다. 면접가이드에 있는 것은 기출지문들이 거의 대부분입니다. 하시는 것이 도움이 될 것입니다. 직접 말로 하시는 구술연습을 스터디 모임을 통해 꼭 해보셔야 실전에 하실 수 있습니다.

59 원고를 외우려 해도 잘 안 외워지는데 어떻게 해야 잘 외울 수 있을까요?? 그리고 교재에 주어진 사례는 생략된 부분이 많아 너무 짤막짤막하게 나와서 생략되지 않은 사례가 필요한데 어디서 구할 수 있나요??

> **답변**
> 문장을 외우려고 하지 마시고요. 우선 중심단어 즉, 맥을 잡으시고 여기에 문장을 만들려고 하시면 됩니다. 그리고 직접 말씀하신 내용을 녹음하여 여러 번 반복해서 듣길 바랍니다. 기출사례는 기억에 의해 복원된 내용이라 짧습니다. 그래도 중요한 핵심은 들어있으므로 실전에서 사례를 받았을 경우 이해가 가능할 겁니다. 긴 사례집은 있지만 면접 공부에 도움이 되지는 않습니다. 사례집은 다음 카페에서 검색해보면 찾을 수 있습니다.

60 사례파트에서 어떻게 상담을 진행해야 하냐고 물어본다면 상담목표와 방법을 말해야하는 건가요? 그리고 저 질문은 그 다음에 이어질 내용을 말로 해보라 혹은 그 다음에 무슨 말을 해주겠는가와 같은 질문으로 봐야 하나요?

> **답변**
> 사례파트에서 [어떻게 상담을 진행해야 하나] 라고 물어본다면 이는 상담이론의 적용과 관련됩니다. 파악한 문제의 원인을 말씀하시고 이에 대해 어떠한 상담이론을 작용할 것인지를 간략하게 말씀하시면 됩니다. 상담목표 전략은 대개 사례개념화의 질문이 나오거나 상담의 목표나 전략은 어떻게 세울 것인가의 질문에 나왔을 때 하면 됩니다.

61 2급 필기시험에 교수님강의 많은 도움이 되어 합격할 수 있어서 머리 숙여 감사드립니다! 면접강의도 명쾌한 강의, 감사하게 수강하고 있습니다! 면접가이드 내용에서 가정 밖 청소년에 대한 견해에서 사후적 개입보다 사전적인 예방책이 중요하다고 하셨는데 그 예방책에 어떠한 것들이 있는지 설명 부탁드립니다!

> **답변**
> 피드백에 감사드립니다. 가정 밖 청소년의 사전적 개입은 문제의 원인을 찾는 것에서부터 출발합니다. 문제가 있는 가정에 가출이 많이 이루어진다고 보면, 여성가족부, 지방자치단체, 민간기관이 협력하여 건강가정이 될 수 있도록 지원하는 것이 있을 수 있습니다. 만약 청소년 개인에게 문제원인을 찾는다면 관심대상 청소년에 대해 학교와 지역사회, 부모가 관심과 지지를 해주며 예방적인 차원에서 상담을 진행하여 주는 것도 좋을 것입니다.

62 면접가이드에서 학교폭력의 가해자는 어떤 문제가 발생하는지 구체적으로 알려주시면 감사하겠습니다! 저는 피해자가 자살 등을 할 경우 죄책감 등을 느낄 수 있다는 정도로만 알고 있습니다. 필기 강의 때 많은 저의 질문 마다 않으시고 일일이 성심껏 답해 주셔서 너무 감사했습니다!

> **답변**
> 피드백에 감사드립니다. 학교폭력 가해자에게 나타난 문제점은 죄책감에 시달려 살아가는 것도 있을 수 있지만, 폭력성의 문제로 인해 학교나 사회부적응이 나타날 수 있습니다. 그리고 14세 이상의 경우 범죄자라는 꼬리표를 달고 사회에서 살아가야 하는 문제도 있을 수 있습니다.

63 상담사례 면접 시 면접 전 사례를 읽고 면접장에 들어간다고 하였는데.. 사례를 읽고 간단히 메모정도를 하여 들어갈 수는 없는 건지요? 주어진 사례를 바르게 요약하고 간파하는 것도 문제지만 긴장된 가운데 기억하는 것도, 그것을 아는 만큼 대답할 수 있을지.. 걱정이 앞섭니다. 필기도구는 전혀 가지고 갈 수 없습니까? 5번 정도 강의를 들으면 된다는 말씀대로 열심히 듣고 또 들어야 하겠습니다….

> **답변**
> 사례내용의 유인물은 가지고 들어가서 볼 수는 있지만, 별도의 메모장을 가지고 들어갈 수 없습니다. 기억해서 말씀하셔야 합니다.

64 안녕하세요. 저는 작년에 면접시험을 보고 불합격해서 올해 다시 준비하고 있는데요. 면접가이드에는 없지만.. 작년에 면접관님이 물어보셔서 갑자기 생각나서 이렇게 질문을 올려요. 작년에 면접 첫 질문이 교육자와 상담사의 차이에 대해 면접관님이 물어보시더라구요. 인터넷에서 사전으로 찾아보니까 교육자는 '교육을 직업으로 하는 사람들만이 아니라, 사회에 교육적 영향을 주고 있는 사람들', 상담사는 '서로 의논하여 문제를 해결할 수 있도록 도와주거나 궁금증을 풀어 주는 일을 전문으로 하는 사람'이라고 하는데요. 면접가이드에서 '청소년상담사는 어떤 일을 하는 사람인가?'에 대한 질문에서 청소년상담사는 '상담자, 교육자, 중개자, 옹호자 등의 역할을 수행합니다.'이렇게 모범답변이 적혀있어요. 그럼 교육자와 상담사를 같은 맥락으로 봐도 되는 건가요?

답변
교육자와 상담자는 다른 개념입니다. 교육자는 가르치는 역할입니다. 즉, 정보를 제공하는 역할입니다. 상담자는 문제해결을 목표로 도움을 제공하기 위한 면담, 치료 등의 의미를 지니고 있습니다. 청소년상담사는 위의 2가지 역할을 모두 하게 됩니다.

65 학교폭력대책 심의위원회 구성원은 구체적으로 누가 참석하는지요?

답변
학교폭력대책 심의위원회 구성 : 교육지원청에 두며 10명~50명의 위원으로 구성하되, 전체 위원의 1/3 이상은 학부모로 위촉합니다. 그 외 구성원은 경찰관·판사·검사·변호사·학교폭력 관련 전문가 등으로 구성됩니다.

66 메일상담의 한계점에 대해 알려주시면 감사하겠습니다.

답변
메일상담은 사이버상담 중 하나입니다. 한계 및 문제점은 비지속성, 의사소통의 제약, 위기 상담 시 적극적 대처의 어려움, 신뢰문제. 대화예절의 파괴를 들 수 있습니다.

67 만약 예상치 못한 질문이나 생각하지 못한 후속질문을 접했을 시 '그 부분에 대해선 생각을 해보지 못했습니다. 죄송합니다'라고 대답하는 게 좋나요? 면접가이드 이외의 질문을 받았을 때 당황해서 이렇게 대답할 듯한데 머라고 답변해야 현명하게 처신할 수 있을까요?

> **답변**
> 잘 모르는 것이 나오면 솔직히 대답하는 것이 더 나을 것입니다. 꼭 숙지하겠다는 것도 잊지 마시구요. 그런데, 지식적인 것 말고는 대답할 수 있는 성격의 질문입니다.

68 학교 밖 청소년지원사업 중 두드림, 해밀이 꿈드림과 같은 용어인가요?

> **답변**
> 두드림 해밀은 2015년도에 '학업중단 청소년 자립 및 학습지원사업'이 '학교 밖 청소년 지원사업'으로 변경되면서 꿈드림으로 명칭이 변경되었습니다. Do Dream(꿈을 두드려라)의 의미와 해밀(비가 온 뒤에 맑게 개인 하늘)의 의미에서 꿈드림(꿈을 드린다)으로 용어의 해석이 약간 변경되었지만 두드림 해밀 사업을 그대로 계승했다고 보시면 됩니다. 즉 현재는 '꿈드림'으로만 알고 계시면 됩니다.

69 면접가이드에서 치아문제 등을 갖고 있는 준희에게 지역자원 연계가 필요하다고 하셨는데 구체적으로 어떤 기관과의 연계가 필요한지 알려주시면 감사하겠습니다!

> **답변**
> 치아문제라면 병원(치과병원, 의원)이나 보건소라는 자원을 연계할 수 있을 것입니다.

70 면접복장과 헤어스타일에 대해 말해주세요. 정장차림 말고도 수수한 옷차림도 가능 할까요? 그리고 남자의 경우 헤어스타일은 어떻게 하는 것이 바람직할까요?

> **답변**
> 수수한 차림도 됩니다만, 될 수 있으면 정장차림을 취하는 것이 좋습니다. 그리고 캐주얼은 피하시길 바랍니다. 헤어스타일은 가지런한 상태로 자연스러운 것이 좋습니다.

71

1. 성폭력신고는 경찰서에 하는 건가요?

2. 자살생각을 가지고 있는 경우에도 부모님에게 알리고 또 관련기관에 신고를 해야하나요?

3. 자살을 구체적으로 계획하고 있거나 자살을 시도했을 경우 관련기관이라면 신고를 경찰서에 하는지요?

4. 면접가이드에서 왕따 문제 학생 집단상담으로 또래 도우미 집단상담을 진행한다고 하셨는데 또래도우미가 집단상담의 리더로 집단상담을 진행한다는 것인지요?

5. 면접 시 보통 몇 개의 질문을 받게 되는지요? 많은 질문 드려서 죄송하고 늘 감사합니다!

> **답변**
> 1. 네. 맞습니다. 관할 경찰서에 신고하게 됩니다.
> 2. 맞습니다. 부모님과 기관 상급자나 센터장에게 알리는 것이 중요합니다.
> 3. 자살을 구체적으로 계획하고 있거나 자살을 시도했을 경우 경찰서, 자살예방센터, 상급자 등에게 알릴 의무가 있습니다.
> 4. 이것은 또래상담의 하나입니다. 개인적 상담과 집단상담으로 이끌어 갈 수 있습니다. 충분히 훈련받는 또래도우미가 이를 도와 상담을 이끌어갈 수도 있습니다.
> 5. 면접생마다 다릅니다. 적게는 3가지부터 많게는 6가지 정도 받는다고 보시면 됩니다.

72 상담사례에서 어떻게 상담하겠느냐는 그 다음에 무슨 말을 할 것인가라는 질문과 같은 질문으로 봐야 되나요? 만약 다르다면 그 다음에 무슨 말을 할 것인가라는 질문은 공감을 위주로 답변을 해야 하나요?

답변
상담사례에서 어떻게 상담하겠느냐는 질문은 어떤 상담이론을 적용하겠는가를 묻는 것이라고 보시면 됩니다. 그리고 '그 다음에 무슨 말을 할 것인가'라는 질문은 상담자로서 면접을 진행할 때 어떤 표현을 할 것인가를 묻는 것입니다. 사례에 따라 공감이 될 수도 있고 직면이 될 수도 있겠지요.

73 상담사례를 연습하는데 있어 면접가이드에 나와 있는 것만 공부해도 사례를 받았을 때 충분히 대처할 수 있는지 궁금해요. 실전에선 분명 긴 지문의 사례가 나올 텐데, 짧은 사례가 나온 가이드교재만으로 면접 때 긴 지문의 사례를 읽고 핵심적인 내용들을 뽑아 낼 수 있는 사례개념화가 가능할지 의문이에요. 따라서 긴 지문의 사례를 별도로 찾아서 공부해야 할지 짧은 사례가 나온 면접가이드만으로도 긴 지문의 사례를 대처할 수 있을지 의문입니다.

답변
교재 사례의 내용은 면접 기출의 사례를 기억에 의해 복원한 것입니다. 핵심만 이루어진 것이므로 짧습니다. 실전에서는 이보다 깁니다. 다만, 교재의 답변내용을 이해하시면 사례개념화를 실전에서 할 수 있습니다.

74 사례를 보면 컴퓨터 중독이나 성중독이 많이 나옵니다. 컴퓨터나 성에 관련하여 적용 가능한 심리검사를 보면 교재에서는 '중독심리검사'라고 나오는데.... 정확히 구분이 안 되지요? 컴퓨터 중독 심리검사와 성관련 중독검사를 나누어서 정확한 명칭과 함께 설명 부탁드립니다.

답변
컴퓨터 중독 심리검사와 성관련 중독검사는 중독과 관련된 척도입니다. 중독 증상을 측정할 때 A척도를 B척도로 수정 번안하여 사용이 가능합니다. 물론 전문가들로부터 타당도를 확보 받는 것이 요구됩니다. 척도에 대한 것은 네이버에서 [중독]을 치시고 이와 관련된 학위논문을 보시면 척도를 부록에서 찾을 수 있습니다.

75 청소년기본법과 청소년보호법에서의 연령 규정에 차이를 두는 이유에 대해 알고 싶습니다.

> **답변**
> 청소년기본법은 일반법이기 때문에 연령이 폭넓습니다.
> 청소년보호법은 보호에 관한 법률이므로 보호대상의 규정을 두어야 합니다. 그래서 19금이라는 말도 있겠지요.

76 안녕하세요~ 교수님 강의 열심히 듣고 있습니다. 한 가지 궁금한 것은 합리적 정서행동 치료법이 나오는데 그게 인지행동치료라 같은 개념인지요? 앞에서는 합리적 정서 행동치료라고 나오고 뒷쪽 강의에서는 인지행동치료라고 나와서 궁금합니다.

> **답변**
> 네. 같은 의미로 받아들이시면 됩니다. 인지행동상담이론에 합리적 정서행동치료, 인지치료가 포함되는 개념입니다.

77 내담자인 청소년이 차비를 빌려달라고 한다면 빌려주면 안 된다고 하는데 진짜 차비가 없어 빌려달라고 할 수도 있는데 빌려주지 않는다면 그것도 좀 너무하지 않을까요? 저는 그냥 원래는 빌려주면 안 되지만 진짜 차비가 없는지 탐색해본 다음 빌려주겠습니다. 라고 답변한다면 면접에서 떨어질까요?

> **답변**
> 청소년이 차비를 빌려 달라고 한다면 빌려주지 않는 것이 원칙입니다. 상담관계에서 내담자와 금전거래를 하는 것은 바람직하지 않기 때문입니다.

78 심리상담, 심리치료 차이점은 무엇인가요?

> **답변**
> 학자들마다 주장하는 바가 다르지만 주로 심리상담은 발달, 교육, 예방을 목적으로 하고 심리치료는 교정, 적응, 치료를 목표로 합니다. 또 다른 견해로 심리상담은 주변 환경의 영향을 강조하지만 심리치료는 개인의 내면의 문제점을 치료한다는 부분입니다. 하지만 치료를 위해 상담을 하기도 하고 상담을 하면서 치료도 병행하는 둘 다 같은 영역으로 보는 학자도 있습니다.

79 사례문제입니다.

중학교 2학년 남학생이 청소년 상담센터에 전화로 상담을 의뢰한 경우이다. 평소에는 친구들과 잘 지내다가 친구들이 무시하는 듯한 느낌을 받으면 참지 못하고 폭력을 행사하게 된다고 하였다. 시간이 지나면 자신의 그런 행동에 후회도 한다고 하였다. 이런 상황과 관련하여 학교에서 징계위원회가 열리게 되었고 부모님에게 그런 내용이 전달되게 되었다. 이와 관련하여 아버지가 이 사실을 알게 되면 자신을 죽일 것 같이 무섭다고 하였다.

1 사례와 관련하여 내담자에게 어떤 프로그램을 제공해 줄 수 있는가?

2 사례와 관련하여 내담자 부모님과 어떤 상담을 하겠는가?

▶ 면접 준비를 하면서 어떻게 답변을 해야 할지 잘 모르겠습니다. 도와주세요…

답변
1. 인지행동프로그램이 필요할 것입니다.
2. 폭력을 행사하는 것은 타인의 권리를 침해하는 것이니 부모가 알아야 하며 자녀의 인지행동프로그램에 대해 관심을 가지고 함께 참여하는 것도 필요합니다.

80 내담자가 상담을 거부할 때는 어떻게 할 것인지? 잘 모르겠습니다.. 도와주세요…^^

답변
거부의 이유를 파악하고 자기결정의 원칙에 의거해 거부를 인정합니다. 다만, 문제발생시 다시 찾아 도움을 요청할 것을 권유합니다.

81 공감, 반영, 수용에 대해 구분하여 설명 부탁드립니다.

답변
1) 공감 - 상담자가 내담자의 입장이 되어 그의 주관적 세계를 이해하려고 노력하는 것
2) 반영 - 내담자의 정서적 느낌을 상담자가 참신한 말로 부연해 주는 것
3) 수용 - 상담자가 내담자의 이야기에 주의를 집중하고 있고, 내담자를 인격적으로 존중하고 있음을 보여주는 것

82. 질문에 대하여 친절하게 답글을 주셔서 감사합니다. 집단상담의 발달단계에 대해서 알고싶습니다. 도와주세요... ^^

답변

집단상담은 준비단계 - 초기단계 - 과도기적 단계 - 작업단계 - 종결단계 - 추수단계 이렇게 6단계로 구분됩니다. 각 단계에 대한 자세한 내용은 이론서를 참고하시면 됩니다.

83. 사례문제입니다.

내담자는 부모님이 이혼 후 아버지, 할머니, 동생이랑 살고 있다. 반에서 공부는 잘 하는 편이고 아버지랑 사이가 안 좋다. 할머니는 그나마 내담자의 말을 잘 들어주는 편이다. 공부를 더 잘하고 싶어 학원이나 과외를 원한다고 아버지께 말씀드리니 쌍욕하고 돈 없다하고 맞음. 아버지는 엄마한테 돈 달라고 하라고 함. 그리고 상담센터를 찾아옴.

1 내담자의 강점을 찾으시오

2 어떻게 접근할 것인지 초기, 중기, 종결로 말하시오.

3 위 사례는 위기청소년이 아니니 청소년동반자는 해당이 안 되지요? 정확한 접근 방법을 알고 싶습니다.

답변

1. 학습을 하고자 하는 의지가 높고 할머니와의 대화체계가 형성되어 있음. 이혼 후 충격으로 인한 비행은 보이지 않음
2. 사례개념화로 접근하는 문제입니다.
   (1) 초기 - 주문제와 진단이 이루어짐
   (2) 중기 - 상담의 목표와 계획을 세움
   (3) 종결 - 목표달성에 대한 상담평가와 변화를 유지시키기 위한 노력
3. 청소년동반자 프로그램보다는 상담과 사례관리에 의한 자원연계가 보다 효율적입니다.

84 질문 있습니다.

1. 비자발적 내담자 상담 시 동기부여가 중요하다는데 동기부여의 효과적인 방법은 뭐가 있을까요?

2. 전화상담이나 이메일상담자를 내방하게 하는 방법은 뭘까요?

> **답변**
> 1. 관계형성과 함께, 변화의 가능성이나 강점을 찾아 이를 강조하는 것이 좋습니다. 동기부여는 동기를 갖도록 하는 것이므로 문제 지적보다는 장점을 부각시키는 것이 좋습니다.
> 2. 전화 상담이나 이메일 상담의 한계를 지적하면서 방문상담의 좋은 점을 말하면서 권유하면 됩니다. 또한 사례에 따라 달라질 것입니다.

85 면접시작 전 사례를 보는 시간은 정확히 얼마 정도나 되나요? 그리고 그동안 사례개념화를 생각해야 할 텐데 어떤 것들 위주로 탐색해야 하죠?

> **답변**
> 짧으면 5분, 길면 10분입니다. 사례개념화의 틀을 생각하면서 읽어 가시길 바랍니다.
> 1. 주호소 문제, 2. 문제 진단, 3. 목표설정, 4. 상담계획(이론 등)을 생각하시길 바랍니다.

86 저의 질문에 빠르고 정확하게 답을 주셔서 공부하는 데 많은 도움이 됩니다. 공부하는데 모르는 것이 있어서 또 올립니다. 도와주세요. 집단상담 프로그램에서 어떤 방법으로 비밀보장을 하며 그것이 왜 필요한가요?

> **답변**
> 집단상담에서도 집단성원을 모인 상태에서 비밀보장에 대한 주의사항을 전달합니다. 즉, 집단 내에서의 이야기에 대해 다른 성원들의 사생활을 보호하는 것을 원칙으로 합니다. 상담관계이므로 당연히 윤리적으로 비밀보장이 요구됩니다.

87 면접가이드에서 남자 청소년의 잦은 자위행위 및 성도착증으로 인한 절도행위에서 개입전략을 세워보라고 한다면 어떻게 해야 하는지요?

> **답변**
> 개입전략은 상담을 하는 경우, 다른 자원을 연계하는 경우 다양합니다. 자위에 대해 정상적인 발달과정이라고 말하며 상담을 이끌어가되, 정도가 잠재적 위험군에 속한 듯하니, 이에 대한 검사를 실시하고 상담이나 필요한 자원들을 연계하여 도움을 주는 계획을 세우는 것이 필요합니다. 성상담을 전문적으로 하는 기관에 연계하는 것을 고려할 수 있습니다.

88 작년 면접 때 나온 문제입니다.

1 메일상담으로 어머니가 자녀가 학원에서 친구들에게 폭력과 집단 괴롭힘을 당하고 있다고 고민 상담을 한 경우 어머니께 무슨 말을 해줘야 할까요? 상담목표와 개입전략을 어떻게 세워야 할지 모르겠습니다.

2 학교 밖 청소년을 모집해서 프로그램을 운영해야 할 경우 학교 밖 청소년을 어떻게 모집하면 좋을지도 부탁드립니다. 꿈드림을 연계한다고 하면 되는 건지…

> **답변**
> 1. 당연히 이에 대해 학원선생님이나, 가해 학생의 부모에게 말을 해서 문제가 해결될 수 있도록 해야 합니다. 어머니에게 이를 감추기보다는 학원에 이야기를 하여 해결하는 것이 옳습니다. 폭력은 허용되지 않아야 하기 때문입니다. 상담은 이렇게 이끌어가면 됩니다.
> 2. 학교 밖 청소년의 모집은 상담소의 모집광고(홍보)를 하면 됩니다. 가만히 있으면 찾아오지는 않기 때문입니다. 프로그램의 내용, 대상, 효과, 일정 등을 기재한 모집광고를 하는 것이 좋습니다. 좋은 취지의 프로그램이므로 학교 관계자의 도움을 받을 수도 있습니다. 다만, 개인정보는 보호되는 전제하에 진행하는 것입니다.

89. 마지막 기출 보며 혼자 공부하다보니 막히는 게 너무 많습니다. 교재도 찾아보았으나 모르는 부분이 있어서 질문 올립니다. 전부는 아니어도 몇 가지만이라도 답변 부탁합니다.

1 자녀의 문제를 받아들이지 못하는 부모 상담은 어떻게 진행해야 하는지요?

2 청소년 동반자의 단점

3 상담 도중 내담자가 상담자와 가치관이 맞지 않는다며 상담을 거부할 때는 어떻게 해야 하나요?

4 역전이가 일어났을 경우 어떻게 할 것인지, 또 어떻게 알 수 있는지요?

5 외부에서 검사자료를 요청할 경우 어떻게 해야 하나요?

> **답변**
> 1. 자녀의 강점을 중심으로 부모에게 접근해야겠지요. 부모상담과 자녀상담을 별도로 진행하고 이후에 함께 상담을 합니다.
> 2. 동반자의 부족으로 업무량이 많고 동반자가 변경되는 경우 부작용이 있을 수 있습니다.
> 3. 청소년의 자기결정권을 존중하는 게 좋습니다.
> 4. 자기성찰이 중요합니다. 개입이 어렵다면 다른 상담자로 대체해야 합니다.
> 5. 법적위임에 따른 것이면 가능하며, 내담자의 동의를 받았다면 제공이 가능합니다.

90. 인터넷을 끊고자 하는데 잘되지 않는 중2 인터넷 중독 여학생 사례에 비추어 집단 상담을 하게 된다면 어떻게 할 것인지?

> **답변**
> 집단상담 프로그램을 운영하는 것이 좋습니다. 예를 들어 자존감 향상 프로그램이나, 창의성 증진 프로그램, 인터넷 중독예방 프로그램 등을 말하시면 됩니다.

REFERENCE 참고문헌

| 도서·수험서·논문 |

- 강봉규 외(2001), 현대 상담이론과 실제, 교육과학사
- 권석만(2012), 현대 이상심리학, 학지사
- 김수환(2017). 디지털리터러시의 교육과정 적용 방안 연구. 한국교육학술정보원
- 김형준·유상현(2025), 청소년상담사3급/2급 이론서, 나눔book
- 김형준·유상현(2025), 임상심리사 2급 이론서, 나눔book
- 김형준 외(2025), 직업상담사 2급 이론서, 나눔book
- 김형준(2025), 청소년지도사 면접교재, 나눔book
- 김형준(2025), 심리학, 넥스트스터디 출판사
- 김형준(2025), 직업상담심리학개론, 넥스트스터디 출판사
- 성열준 외(2016), 청소년문화론, 양성원
- 설동훈(2006), 다문화 가족에 대한 사회적 인식. 전북대 사회복지학과
- 이명우 역(2015), 상담실무자를 위한 사례개념화 이해와 실제, 학지사
- 이용교, 디지털(2021) 청소년복지, 인간과 복지,
- 이원혜(2014), 정신장애 진단 및 통계 편람, 심리학용어사전, 한국심리학회
- 이장호(2005), 상담심리학의 기초, 학지사
- 이창숙(2002), 청소년기 자녀를 둔 이혼을 원하는 부부의 가족상담 사례연구
- 전동일 외(2016), 청소년복지론, 동문사
- 천정웅(2013), 청소년문제와 보호, 양서원
- 청소년 백서(2024_2025)
- 청소년지도사 면접가이드북(2025), 김형준, 나눔book
- 탁진국(2007), 심리검사 개발과 평가방법의 이해, 학지사
- 한국 상담연구원 상담연수 자료
- 한국청소년정책연구원(2014), 청소년학개론, 교육과학사
- 한상철(2004), 청소년학, 학지사
- 그 외 다수의 논문

REFERENCE 참고문헌

| 홈페이지 |

- 국가 통계지표(통계청)
- 나무위키
- 대구청소년넷
- 법제처
- 보건복지부
- 여성가족부
- 청소년관련 단체
- 청소년상담사 관련 카페 등
- 통계청
- 포털 사이트(구글, 네이버, 다음)
- 한국 청소년상담복지개발원
- 한국산업인력공단
- 한국정보화진흥원

| 김형준 교수 |

- 사회복지학 박사, 교육학 박사, 심리학 박사
- 현) 오산대학교 사회복지상담과 겸임교수
- 현) 서울상담복지협동조합 이사장
- 현) 한국유아보육복지학회 학술이사
- 현) (사) 대한민국가족지킴이 등기이사
- 현) 노량진 메가공무원 학원 강사(사회복지학, 직업상담심리학, 심리학)
- 현) 나눔book 대표
- 현) 나눔복지교육원 대표
- 현) 에이치알디이러닝(주) 대표이사

| 유상현 교수 |

학력 및 경력

- 상담학 박사 / 전문상담사 1급(No. 847)
- 전) 천안보호관찰소 상담위원
- 현) 제페토상담센터 센터장
- 현) 한국법무보호복지공단 충남지부 상담위원
- 현) 직업상담사2급 전임교수(직업상담학, 나눔복지교육원)
- 현) 직업상담사1급 전임교수(고급직업상담학, 나눔복지교육원)
- 현) 단국대학교 보건복지대학원 강사

주요 저서

- 청소년상담사 2급 이론서 / 실전문제집 / 기출문제집(공저, 나눔book)
- 청소년상담사 3급 이론서 / 실전문제집 / 기출문제집(공저, 나눔book)
- 임상심리사 2급 이론서 / 필기 기출문제집 / 핵심요약 및 실기기출문제집(공저, 나눔book)

2025 김형준 청소년상담사 면접가이드 1·2·3급 공통 **- 예시수록, 사례형질문 수록 -**

발행일 2025년 6월 12일

발행인 조순자
펴낸곳 인성재단(나눔book)
편저자 김형준, 유상현
표지디자인 김지원
편집디자인 김지원

※ 낙장이나 파본은 교환해 드립니다.
※ 이 책의 무단 전제 또는 복제행위는 저작권법 제136조에 의거하여 처벌을 받게 됩니다.

정 가 33,000원   **ISBN** 979-11-94539-85-8